Confessionum mearum libri tredecim et de malis et de bonis meis deum laudant iustum et bonum atque in eum excitant humanum intellectum et affectum. Interim quod ad me attinet, hoc in me egerunt cum scriberentur et agunt cum leguntur. quid de illis alii sentiant, ipsi viderint; multis tamen fratribus eos multum placuisse et placere scio.

-Retr. 2.6.1

Confessiones

ab Aurelio Augustino

Texto sublato ab editione Migne

formato et correcto a Ryane Granto

©Mediatrix Press
MMXIV

PRAESCRIPTIO. 1

LIBER PRIMUS. 5

LIBER SECUNDUS. 21

LIBER TERTIUS. 29

LIBER QUARTUS 41

LIBER QUINTUS. 57

LIBER SEXTUS. 71

LIBER SEPTIMUS. 87

LIBER OCTAVUS. 105

LIBER NONUS. 123

LIBER DECIMUS. 141

LIBER UNDECIMUS. 173

LIBER DUODECIMUS. 191

LIBER TERTIUS DECIMUS. 213

PRAESCRIPTIO

Nonnullis annis, magnum postulatum inter doctores discipulosque esset ut novem editionem librorum *Confessiones* imprimeatur. Nisus igitur sum ad textum praesentem comparandum, sed propter limitationes quae obsident me, opus est mihi a primo conatu placari. Revera, cum mallem producere textum cum notis et explicatione, proporro instrumento critico ad plurimes manuscriptas utendas, tamen hoc imitamen quod de Patrologiá Latiná a Migne refactum est sufficiat. Relinquo faciendum illius operis ad tempus futurum in quo habeam materies et multas horas necessarias.

Hoc opus tamen longe implebit inopiam legibilium librorum ecclesiasticorum Latine, qui non nimis cari esset, praecipue de uno clarissimo patrum, Sancto Augustino, prosa cujus concepta magna in paucissimis comprimit, dirigens homines omnis aetatis, ad ipsam sapientiam veram, quae non enim est "quid", sed "Quis".

Ryan Grant
Mediatrix Press
MMIV

Confessiones

LIBER PRIMUS

ORTUS, INFANTIA ET PUERITIA

Invocatio Dei

Quomodo invocabimus Deum?

1. 1. *Magnus es, Domine, et laudabilis valde: magna virtus tua et sapientiæ tuæ non est numerus.* Et laudare te vult homo, aliqua portio creaturæ tuæ, et homo circumferens mortalitatem suam, circumferens testimonium peccati sui et testimonium, quia *superbis resistis*; et tamen laudare te vult homo, aliqua portio creaturæ tuæ. Tu excitas, ut laudare te delectet, quia fecisti nos ad te et inquietum est cor nostrum, donec requiescat in te. Da mihi, Domine, scire et intellegere, utrum sit prius invocare te an laudare te et scire te prius sit an invocare te. Sed quis te invocat o nesciens te? Aliud enim pro alio potest invocare nesciens. An potius invocaris, ut sciaris? *Quomodo* autem *invocabunt, in quem non crediderunt? Aut quomodo credunt sine prædicante? Et laudabunt Dominum qui requirunt eum.* Quærentes enim inveniunt eum et invenientes laudabunt eum. Quæram te, Domine, invocans te et invocem te credens in te; prædicatus enim es nobis. Invocat te, Domine, fides mea, quam dedisti mihi, quam inspirasti mihi per humanitatem Filii tui, per ministerium prædicatoris tui.

Cur invocabimus Deum?

2. 2. Et quomodo invocabo Deum meum, Deum et Dominum meum, quoniam utique in me ipsum eum vocabo, cum invocabo eum? Et quis locus est in me, quo veniat in me Deus meus? Quo Deus veniat in me, *Deus*, qui *fecit cælum et terram*? Itane, Domine Deus meus, est quidquam in me, quod capiat te? An vero cælum et terra, quæ fecisti et in quibus me fecisti, capiunt te? An quia sine te non esset quidquid est, fit, ut quidquid est capiat te? Quoniam itaque et ego sum, quid peto, ut venias in me, qui non essem, nisi esses in me? Non enim ego iam inferi, et tamen etiam ibi es. Nam *etsi descendero in infernum, ades.* Non ergo essem, Deus meus, non omnino essem, nisi esses in me. An potius non essem, nisi essem in te, *ex quo omnia, per quem omnia, in quo omnia*? Etiam sic, Domine, etiam sic. Quo te invoco, cum in te sim? Aut unde venias in me? Quo enim recedam extra cælum et terram, ut inde in me veniat Deus meus, qui dixit: *Cælum et terram ego impleo*?

CONFESSIONES

Deus implet omnia.

3. 3. Capiunt ergone te cælum et terra, quoniam tu imples ea? An imples et restat, quoniam non te capiunt? Et quo refundis quidquid impleto cælo et terra restat ex te? An non opus habes, ut quoquam continearis, qui contines omnia, quoniam quæ imples continendo imples? Non enim vasa, quæ te plena sunt, stabilem te faciunt, quia etsi frangantur non effunderis. Et cum effunderis super nos, non tu iaces, sed erigis nos, nec tu dissiparis, sed conligis nos. Sed quæ imples omnia, te toto imples omnia. An quia non possunt te totum capere omnia, partem tui capiunt et eandem partem simul omnia capiunt? An singulas singula et maiores maiora, minores minora capiunt? Ergo est aliqua pars tua maior, aliqua minor? An ubique totus es et res nulla te totum capit?

Quid est Deus?

4. 4. Quid es ergo Deus meus? Quid, rogo, nisi Dominus Deus? *Quis* enim *Dominus præter Dominum? Aut quis Deus præter Deum nostrum?* Summe, optime, potentissime, omnipotentissime, misericordissime et iustissime, secretissime et præsentissime, pulcherrime et fortissime, stabilis et incomprehensibilis, immutabilis, mutans omnia, numquam novus, numquam vetus, innovans omnia et *in vetustatem perducens superbos et nesciunt*; semper agens, semper quietus, colligens et non egens, portans et implens et protegens, creans et nutriens et perficiens, quærens, cum nihil desit tibi. Amas nec æstuas, zelas et securus es, pænitet te et non doles, irasceris et tranquillus es, opera mutas nec mutas consilium; recipis quod invenis et numquam amisisti; numquam inops et gaudes lucris, numquam avarus et usuras exigis. Supererogatur tibi, ut debeas, et quis habet quidquam non tuum? Reddis debita nulli debens, donas debita nihil perdens. Et quid diximus, Deus meus, vita mea, dulcedo mea sancta, aut quid dicit aliquis, cum de te dicit? Et væ tacentibus de te, quoniam loquaces muti sunt.

Desiderat anima et invocat Deum.

5. 5. Quis mihi dabit adquiescere in te? Quis dabit mihi, ut venias in cor meum et inebries illud, ut obliviscar mala mea et unum bonum meum amplectar, te? Quid mihi es? Miserere, ut loquar. Quid tibi sum ipse, ut amari te iubeas a me et, nisi faciam, irasceris mihi et mineris ingentes miserias? Parvane ipsa est, si non amem

te? Ei mihi! Dic mihi per miserationes tuas, Domine Deus meus, quid sis mihi. *Dic animæ meæ: Salus tua ego sum.* Sic dic, ut audiam. Ecce aures cordis mei ante te, Domine; aperi eas et *dic animæ meæ: Salus tua ego sum.* Curram post vocem hanc et apprehendam te. Noli abscondere a me faciem tuam; moriar, ne moriar, ut eam videam.

5. 6. Angusta est domus animæ meæ, quo venias ad eam: dilatetur abs te. Ruinosa est: refice eam. Habet quæ offendant oculos tuos: fateor et scio. Sed quis mundabit eam? Aut cui alteri præter te clamabo: *Ab occultis meis munda me, Domine, et ab alienis parce servo tuo? Credo, propter quod et loquor. Domine, tu scis.* Nonne tibi prolocutus sum *adversum me delicta mea*, Deus meus, *et tu dimisisti impietatem cordis mei?* Non iudicio *contendo tecum*, qui veritas es; et ego nolo fallere me ipsum, ne mentiatur iniqvitas mea sibi. Non ergo iudicio contendo tecum, quia, *si iniquitates observaveris, Domine, Domine, quis sustinebit*?

Ortus et infantia

Homo nescit unde veniat.

6. 7. Sed tamen sine me loqui apud misericordiam tuam, me *terram et cinerem*, sine tamen loqui, quoniam ecce misericordia tua est, non homo, irrisor meus, cui loquor. Et tu fortasse irrides me, sed conversus misereberis mei. Quid enim est quod volo dicere, Domine, nisi quia nescio, unde venerim huc, in istam dico vitam mortalem an mortem vitalem? Nescio. Et susceperunt me *consolationes miserationum tuarum*, sicut audivi a parentibus carnis meæ, ex quo et in qua me formasti in tempore; non enim ego memini. Exceperunt ergo me *consolationes* lactis humani, nec mater mea vel nutrices meæ sibi ubera implebant, sed tu mihi per eas dabas alimentum infantiæ secundum institutionem tuam et divitias usque ad fundum rerum dispositas Tu etiam mihi dabas nolle amplius, quam dabas, et nutrientibus me dare mihi velle quod eis dabas; dare enim mihi per ordinatum affectum volebant quo abundabant ex te. Nam bonum erat eis bonum meum ex eis, quod ex eis non, sed per eas erat; ex te quippe bona omnia, Deus, et ex Deo meo salus mihi universa. Quod animadverti postmodum clamante te mihi per hæc ipsa, quæ tribuis intus et foris. Nam tunc sugere noram et adquiescere delectationibus, flere autem offensiones carnis meæ, nihil amplius.

CONFESSIONES

Quales sint infantes.

6. 8. Post et ridere cœpi, dormiens primo, deinde vigilans. Hoc enim de me mihi indicatum est et credidi, quoniam sic videmus alios infantes; nam ista mea non memini. Et ecce paulatim sentiebam, ubi essem, et voluntates meas volebam ostendere eis, per quos implerentur, et non poteram, quia illæ intus erant, foris autem illi nec ullo suo sensu valebant introire in animam meam. Itaque iactabam membra et voces, signa similia voluntatibus meis, pauca quæ poteram, qualia poteram: non enim erant veresimilia. Et cum mihi non obtemperabatur vel non intellecto vel ne obesset, indignabar non subditis maioribus et liberis non servientibus et me de illis flendo vindicabam. Tales esse infantes didici, quos discere potui, et me talem fuisse magis mihi ipsi indicaverunt nescientes quam scientes nutritores mei.

Solus Deus semper vivit.

6. 9. Et ecce infantia mea olim mortua est et ego vivo. Tu autem, Domine, qui et semper vivis et nihil moritur in te, quoniam ante primordia sæculorum et ante omne, quod vel ante dici potest, tu es et Deus es Dominusque omnium, quæ creasti, et apud te rerum omnium instabilium stant causæ et rerum omnium mutabilium immutabiles manent origines et omnium irrationalium et temporalium sempiternæ vivunt rationes, dic mihi supplici tuo, Deus, et misericors misero tuo, dic mihi, utrum alicui iam ætati meæ mortuæ successerit infantia mea. An illa est, quam egi intra viscera matris meæ? Nam et de illa mihi nonnihil indicatum est et prægnantes ipse vidi feminas. Quid ante hanc etiam, dulcedo mea, Deus meus? Fuine alicubi aut aliquis? Nam quis mihi dicat ista, non habeo; nec pater nec mater potuerunt nec aliorum experimentum nec memoria mea. An irrides me ista quærentem teque de hoc, quod novi, laudari a me iubes et confiteri me tibi?

Prima initia vitæ.

6. 10. *Confiteor tibi, Domine cæli et terræ*, laudem dicens tibi de primordiis et infantia mea, quæ non memini; et dedisti ea homini ex aliis de se conicere et auctoritatibus etiam muliercularum multa de se credere Eram enim et vivebam etiam tunc et signa, quibus sensa mea nota aliis facerem, iam in fine infantiæ quærebam. Unde hoc tale animal nisi abs te, Domine? An quisquam se faciendi erit

artifex? Aut ulla vena trahitur aliunde, qua esse et vivere currat in nos, præterquam quod tu facis nos, Domine, cui esse et vivere non aliud atque aliud, quia summe esse ac summe vivere id ipsum est? Summus enim es et non mutaris, neque peragitur in te hodiernus dies, et tamen in te peragitur, quia in te sunt et ista omnia; non enim haberent vias transeundi, nisi contineres ea. Et quoniam anni tui non deficiunt, anni tui hodiernus dies: et quam multi iam dies nostri et patrum nostrorum per hodiernum tuum transierunt et ex illo acceperunt modos et utcumque extiterunt, et transibunt adhuc alii et accipient et utcumque existent. *Tu autem idem ipse es* et omnia crastina atque ultra omniaque hesterna et retro hodie facies, hodie fecisti. Quid ad me, si quis non intellegat? Gaudeat et ipse dicens: *Quid est hoc?* Gaudeat etiam sic et amet non inveniendo invenire potius quam inveniendo non invenire te.

Ne infans quidem mundus est a peccatis.

7. 11. Exaudi, Deus. Væ peccatis hominum! Et homo dicit hæc, et misereris eius, quoniam tu fecisti eum et peccatum non fecisti in eo. Quis me commemorat peccatum infantiæ meæ, quoniam *nemo mundus* a peccato coram te, nec infans, cuius est *unius diei vita super terram*? Quis me commemorat? An quilibet Tantillus nunc parvulus, in quo video quod non memini de me? Quid ergo tunc peccabam? An quia uberibus inhiabam plorans? Nam si nunc faciam, non quidem uberibus, sed escæ congruenti annis meis ita inhians, deridebor atque reprehendar iustissime. Tunc ergo reprehendenda faciebam, sed quia reprehendentem intellegere non poteram, nec mos reprehendi me nec ratio sinebat. Nam extirpamus et eicimus ista crescentes. Nec vidi quemquam scientem, cum aliquid purgat, bona proicere. An pro tempore etiam illa bona erant, flendo petere etiam quod noxie daretur, indignari acriter non subiectis hominibus liberis et maioribus hisque, a quibus genitus est, multisque præterea prudentioribus non ad nutum voluntatis obtemperantibus feriendo nocere niti quantum potest, quia non obœditur imperiis, quibus perniciose obœdiretur? Ita imbecillitas membrorum infantilium innocens est, non animus infantium. Vidi ego et expertus sum zelantem parvulum; nondum loquebatur et intuebatur pallidus amaro aspectu collactaneum suum. Quis hoc ignorat? Expiare se dicunt ista matres atque nutrices nescio quibus remediis. Nisi vero et ista innocentia est, in fonte lactis ubertim manante atque abundante opis egentissimum et illo adhuc uno alimento vitam ducentem consortem non pati. Sed

CONFESSIONES

blande tolerantur hæc, non quia nulla vel parva, sed quia ætatis accessu peritura sunt. Quod licet probes, cum ferri æquo animo eadem ipsa non possunt, quando in aliquo annosiore deprehenduntur.

7. 12. Tu itaque, Domine Deus meus, qui dedisti vitam infanti et corpus, quod ita, ut videmus, instruxisti sensibus, compegisti membris, figura decorasti proque eius universitate atque incolumitate omnes conatus animantis insinuasti, iubes me laudare te in istis et *confiteri* tibi *et psallere nomini tuo, Altissime*, quia Deus es omnipotens et bonus, etiamsi sola ista fecisses, quæ nemo alius potest facere nisi tu, une, a quo est omnis modus, formosissime, qui formas omnia et lege tua ordinas omnia. Hanc ergo ætatem, Domine, quam me vixisse non memini, de qua aliis credidi et quam me egisse ex aliis infantibus coniectura sit, piget me adnumerare huic vitæ meæ, quam vivo in hoc sæculo. Quantum enim attinet ad oblivionis meæ tenebras, par illi est, quam vixi in matris utero. Quod si et *in iniquitate conceptus sum et in peccatis mater mea me in utero aluit*, ubi, oro te, Deus meus, ubi, Domine, *ego, servus tuus*, ubi aut quando innocens fui? Sed ecce omitto illud tempus: et quid mihi iam cum eo est, cuius nulla vestigia recolo?

Pueritia

Augustinus loqui discit.

8. 13. Nonne ab infantia huc pergens veni in pueritiam? Vel potius ipsa in me venit et successit infantiæ? Nec discessit illa: quo enim abiit? Et tamen iam non erat. Non enim eram infans, qui non farer, sed iam puer loquens eram. Et memini hoc, et unde loqui didiceram, post adverti. Non enim docebant me maiores homines præbentes mihi verba certo aliquo ordine doctrinæ sicut paulo post litteras, sed ego ipse mente, quam dedisti mihi, Deus meus, cum gemitibus et vocibus variis et variis membrorum motibus edere vellem sensa cordis mei, ut voluntati pareretur, nec valerem quæ volebam omnia nec quibus volebam omnibus. Prensabam memoria, cum ipsi appellabant rem aliquam et cum secundum eam vocem corpus ad aliquid movebant, videbam, et tenebam hoc ab eis vocari rem illam, quod sonabant, cum eam vellent ostendere. Hoc autem eos velle ex motu corporis aperiebatur tamquam verbis naturalibus omnium gentium, quæ fiunt vultu et nutu oculorum ceteroque membrorum actu et sonitu vocis indicante affectionem animi in petendis, habendis,

reiciendis fugiendisve rebus. Ita verba in variis sententiis locis suis posita et crebro audita quarum rerum signa essent paulatim colligebam measque iam voluntates edomito in eis signis ore per hæc enuntiabam. Sic cum his, inter quos eram, voluntatum enuntiandarum signa communicavi et vitæ humanæ procellosam societatem altius ingressus sum pendens ex parentum auctoritate nutuque maiorum hominum

In schola verberatur et irridetur a maioribus.

9. 14. Deus, Deus meus, quas ibi miserias expertus sum et ludificationes, quandoquidem recte mihi vivere puero id proponebatur, obtemperare monentibus, ut in hoc sæculo florerem et excellerem linguosis artibus ad honorem hominum et falsas divitias famulantibus. Inde in scholam datus sum, ut discerem litteras, in quibus quid utilitatis esset ignorabam miser. Et tamen, si segnis in discendo essem, vapulabam. Laudabatur enim hoc a maioribus, et multi ante nos vitam istam agentes præstruxerant ærumnosas vias, per quas transire cogebamur multiplicato labore et dolore filiis Adam. Invenimus autem, Domine, homines rogantes te et didicimus ab eis, sentientes te, ut poteramus, esse magnum aliquem, qui posses etiam non apparens sensibus nostris exaudire nos et subvenire nobis. Nam puer cœpi rogare te, *auxilium et refugium meum*, et in tuam invocationem rumpebam nodos linguæ meæ et rogabam te parvus non parvo affectu, ne in schola vapularem. Et cum me non exaudiebas, quod *non erat ad insipientiam mihi*, ridebantur a maioribus hominibus usque ab ipsis parentibus, qui mihi accidere mali nihil volebant, plagæ meæ, magnum tunc et grave malum meum.

9. 15. Estne quisquam, Domine, tam magnus animus, prægrandi affectu tibi cohærens, estne, inquam, quisquam - facit enim hoc quædam etiam stoliditas - est ergo, qui tibi pie cohærendo ita sit affectus granditer, ut eculeos et ungulas atque huiuscemodi varia tormenta, pro quibus effugiendis tibi per universas terras cum timore magno supplicatur, ita parvi æstimet, diligens eos, qui hæc acerbissime formidant, quemadmodum parentes nostri ridebant tormenta, quibus pueri a magistris affligebamur? Non enim aut minus ea metuebamus aut minus te de his evadendis deprecabamur, et peccabamus tamen minus scribendo aut legendo aut cogitando de litteris, quam exigebatur a nobis. Non enim deerat, Domine, memoria vel ingenium, quæ nos habere voluisti pro illa ætate satis, sed delectabat ludere et

vindicabatur in nos ab eis qui talia utique agebant. Sed maiorum nugæ negotia vocantur, puerorum autem talia cum sint, puniuntur a maioribus, et nemo miseratur pueros vel illos vel utrosque. Nisi vero approbat quisquam bonus rerum arbiter vapulasse me, quia ludebam pila puer et eo ludo impediebar, quominus celeriter discerem litteras, quibus maior deformius luderem. Aut aliud faciebat idem ipse, a quo vapulabam, qui si in aliqua quæstiuncula a condoctore suo victus esset, magis bile atque invidia torqueretur quam ego, cum in certamine pilæ a collusore meo superabar?

Amore ludendi inobœdiens erat.

10. 16. Et tamen peccabam, Domine Deus, ordinator et creator rerum omnium naturalium, peccatorum autem tantum ordinator, Domine Deus meus, peccabam faciendo contra præcepta parentum et magistrorum illorum. Poteram enim postea bene uti litteris, quas volebant ut discerem quocumque animo illi mei. Non enim meliora eligens inobœdiens eram, sed amore ludendi, amans in certaminibus superbas victorias et scalpi aures meas falsis fabellis, quo prurirent ardentius, eadem curiositate magis magisque per oculos emicante in spectacula, ludos maiorum; quos tamen qui edunt, ea dignitate præditi excellunt, ut hoc pæne omnes optent parvulis suis, quos tamen cædi libenter patiuntur, si spectaculis talibus impediantur ab studio, quo eos ad talia edenda cupiunt pervenire. *Vide* ista, *Domine*, misericorditer *et libera nos* iam invocantes te, libera etiam eos qui nondum te invocant, ut invocent te et liberes eos.

Graviter ægrotans baptismum flagitavit.

11. 17. Audieram enim ego adhuc puer de vita æterna promissa nobis per humilitatem Domini Dei nostri descendentis ad superbiam nostram et signabar iam signo crucis eius et condiebar eius sale iam inde ab utero matris meæ, quæ multum speravit in te. Vidisti, Domine, cum adhuc puer essem et quodam die pressu stomachi repente æstuarem pæne moriturus, vidisti, Deus meus, quoniam custos meus iam eras, quo motu animi et qua fide baptismum Christi tui, Dei et Domini mei, flagitavi a pietate matris meæ et matris omnium nostrum, Ecclesiæ tuæ. Et conturbata mater carnis meæ, quoniam et sempiternam salutem meam carius parturiebat corde casto in fide tua, iam curaret festinabunda, ut sacramentis salutaribus initiarer et abluerer, te, Domine Iesu, confitens in remissionem

peccatorum, nisi statim recreatus essem. Dilata est itaque mundatio mea, quasi necesse esset, ut adhuc sordidarer, si viverem, quia videlicet post lavacrum illud maior et periculosior in sordibus delictorum reatus foret. Ita iam credebam et illa et omnis domus, nisi pater solus, qui tamen non evicit in me ius maternæ pietatis, quominus in Christum crederem, sicut ille nondum crediderat. Nam illa satagebat, ut tu mihi pater esses, Deus meus, potius quam ille, et in hoc adiuvabas eam, ut superaret virum, cui melior serviebat, quia et in hoc tibi utique id iubenti serviebat.

Quo consilio dilatus sit baptismus.

11. 18. Rogo te, Deus meus, vellem scire, si tu etiam velles, quo consilio dilatus sum, ne tunc baptizarer, utrum bono meo mihi quasi laxata sint lora peccandi. An non laxata sunt? Unde ergo etiam nunc de aliis atque aliis sonat undique in auribus nostris: "Sine illum, faciat; nondum enim baptizatus est". Et tamen in salute corporis non dicimus: "Sine vulneretur amplius; nondum enim sanatus est". Quanto ergo melius et cito sanarer et id ageretur mecum meorum meaque diligentia, ut recepta salus animæ meæ tuta esset tutela tua, qui dedisses eam. Melius vero. Sed quot et quanti fluctus impendere tentationum post pueritiam videbantur, noverat eos iam illa mater et terram per eos, unde postea formarer, quam ipsam iam effigiem committere volebat.

Non amabat litteras, in quas urgebatur.

12. 19. In ipsa tamen pueritia, de qua mihi minus quam de adulescentia metuebatur, non amabam litteras et me in eas urgeri oderam; et urgebar tamen et bene mihi fiebat, nec faciebam ego bene; non enim discerem, nisi cogerer. Nemo autem invitus bene facit, etiamsi bonum est quod facit. Nec qui me urgebant, bene faciebant, sed bene mihi fiebat abs te, Deus meus. Illi enim non intuebantur, quo referrem quod me discere cogebant præterquam ad satiandas insatiabiles cupiditates copiosæ inopiæ et ignominiosæ gloriæ. Tu vero, cui *numerati sunt capilli nostri*, errore omnium, qui mihi instabant ut discerem, utebaris ad utilitatem meam, meo autem qui discere nolebam, utebaris ad pœnam meam, qua plecti non eram indignus Tantillus puer et tantus peccator. Ita non de bene facientibus tu bene faciebas mihi et de peccante me ipso iuste retribuebas mihi. Iussisti enim et sic est, ut pœna sua sibi sit omnis inordinatus animus.

CONFESSIONES

De Græcis ac Latinis litteris quid sentiat.

13. 20. Quid autem erat causæ, cur græcas litteras oderam, quibus puerulus imbuebar, ne nunc quidem mihi satis exploratum est. Adamaveram enim latinas, non quas primi magistri, sed quas docent qui grammatici vocantur Nam illas primas, ubi legere et scribere et numerare discitur, non minus onerosas pœnalesque habebam quam omnes græcas. Unde tamen et hoc nisi de peccato et vanitate vitæ, qua *caro eram et spiritus ambulans et non revertens*? Nam utique meliores, quia certiores, erant primæ illæ litteræ, quibus fiebat in me et factum est et habeo illud, ut et legam, si quid scriptum invenio, et scribam ipse, si quid volo, quam illæ, quibus tenere cogebar Æneæ nescio cuius errores oblitus errorum meorum et plorare Didonem mortuam, quia se occidit ab amore, cum interea me ipsum in his a te morientem Deus, vita mea, siccis oculis ferrem miserrimus.

13. 21. Quid enim miserius misero non miserante se ipsum et flente Didonis mortem, quæ fiebat amando Æneam, non flente autem mortem suam, quæ fiebat non amando te, Deus, lumen cordis mei et panis oris intus animæ meæ et virtus maritans mentem meam et sinum cogitationis meæ? Non te amabam et fornicabar abs te et fornicanti sonabat undique: *Euge, euge*. Amicitia enim mundi huius fornicatio est *abs te* et *Euge, euge* dicitur, ut pudeat, si non ita homo sit. Et hæc non flebam et flebam Didonem *exstinctam ferroque extrema secutam*, sequens ipse extrema condita tua relicto te et terra iens in terram; et si prohiberer ea legere, dolerem, quia non legerem quod dolerem. Talis dementia honestiores et uberiores litteræ putantur quam illæ, quibus legere et scribere didici.

Pœtica figmenta nimis amavit, artes utiles fastidivit.

13. 22. Sed nunc in anima mea clamet Deus meus, et veritas tua dicat mihi: Non est ita, non est ita; melior est prorsus doctrina illa prior. Nam ecce paratior sum oblivisci errores Æneæ atque omnia eius modi quam scribere et legere. At enim vela pendent liminibus grammaticarum scholarum, sed non illa magis honorem secreti quam tegimentum erroris significant. Non clament adversus me quos iam non timeo, dum confiteor tibi quæ vult anima mea, Deus meus, et adquiesco in reprehensione malarum viarum mearum, ut diligam bonas vias tuas, non clament adversus me venditores grammaticæ vel emptores, quia, si proponam eis interrogans, utrum verum sit quod Ænean aliquando Carthaginem venisse pœta

dicit, indoctiores nescire se respondebunt, doctiores autem etiam negabunt verum esse. At si quæram, quibus litteris scribatur Æneæ nomen, omnes mihi, qui hæc didicerunt, verum respondent secundum id pactum et placitum, quo inter se homines ista signa firmarunt. Item si quæram, quid horum maiore vitæ huius incommodo quisque obliviscatur, legere et scribere an poetica illa figmenta, quis non videat, quid responsurus sit, qui non est penitus oblitus sui? Peccabam ergo puer, cum illa inania istis utilioribus amore præponebam vel potius ista oderam, illa amabam. Iam vero unum et unum duo, duo et duo quattuor odiosa cantio mihi erat et dulcissimum spectaculum vanitatis equus ligneus plenus armatis et Troiæ incendium *atque ipsius umbra Creusæ*.

Ob difficultatem linguæ peregrinæ poetæ Græci dulcissimi facti sunt ei amari.

14. 23. Cur ergo græcam etiam grammaticam oderam talia cantantem? Nam et Homerus peritus texere tales fabellas et dulcissime vanus est. Mihi tamen amarus erat puero. Credo etiam Græcis pueris Vergilius ita sit, cum eum sic discere coguntur ut ego illum. Videlicet difficultas, difficultas omnino ediscendæ linguæ peregrinæ, quasi felle aspergebat omnes suavitates Græcas fabulosarum narrationum. Nulla enim verba illa noveram et sævis terroribus ac poenis, ut nossem, instabatur mihi vehementer. Nam et Latina aliquando infans utique nulla noveram et tamen advertendo didici sine ullo metu atque cruciatu inter etiam blandimenta nutricum et ioca arridentium et lætitias alludentium. Didici vero illa sine poenali onere urgentium, cum me urgeret cor meum ad parienda concepta sua, et qua non esset, nisi aliqua verba didicissem non a docentibus, sed a loquentibus, in quorum et ego auribus parturiebam quidquid sentiebam. Hinc satis elucet maiorem habere vim ad discenda ista liberam curiositatem quam meticulosam necessitatem. Sed illius fluxum hæc restringit legibus tuis, Deus, legibus tuis a magistrorum ferulis usque ad tentationes martyrum, valentibus legibus tuis miscere salubres amaritudines revocantes nos ad te a iucunditate pestifera, qua recessimus a te.

Omnia Deo serviant.

15. 24. *Exaudi*, Domine, *deprecationem meam*, ne deficiat anima mea sub disciplina tua neque deficiam in confitendo tibi miserationes tuas, quibus eruisti me ab omnibus viis meis pessimis, ut dulcescas mihi super omnes seductiones, quas

sequebar, et amem te validissime et amplexer manum tuam totis præcordiis meis et ervas me ab omni temptatione *usque in finem*. Ecce enim tu, Domine, *rex meus et Deus meus*, tibi serviat quidquid utile puer didici, tibi serviat quod loquor et scribo et lego et numero, quoniam cum vana discerem, tu disciplinam dabas mihi et in eis vanis peccata delectationum mearum dimisisti mihi. Didici enim in eis multa verba utilia; sed et in rebus non vanis disci possunt, et ea via tuta est, in qua pueri ambularent.

Turpes poetæ male pueros instituunt.

16. 25. Sed væ tibi, flumen moris humani! *Quis resistet tibi?* Quandiu non siccaberis? Quousque volves Evæ filios in mare magnum et formidulosum, quod vix transeunt qui lignum conscenderint? Nonne ego in te legi et tonantem Iovem et adulterantem? Et utique non posset hæc duo, sed actum est, ut haberet auctoritatem imitandum verum adulterium lenocinante falso tonitru. Quis autem pænulatorum magistrorum audit aure sobria ex eodem pulvere hominem clamantem et dicentem: *Fingebat hæc Homerus et humana ad deos transferebat; divina mallem ad nos?* Sed verius dicitur, quod fingebat hæc quidem ille, sed hominibus flagitiosis divina tribuendo, ne flagitia flagitia putarentur et ut quisquis ea fecisset, non homines perditos, sed cælestes deos videretur imitatus.

16. 26. Et tamen, o flumen Tartareum, iactantur in te fili hominum cum mercedibus, ut hæc discant, et magna res agitur, cum hoc agitur publice in foro, in conspectu legum supra mercedem salaria decernentium, et saxa tua percutis et sonas dicens: "Hinc verba discuntur, hinc adquiritur eloquentia rebus persuadendis sententiisque explicandis maxime necessaria". Ita vero non cognosceremus verba hæc, imbrem et aureum et gremium et fucum et templa cæli et alia verba, quæ in eo loco scripta sunt, nisi Terentius induceret nequam adulescentem proponentem sibi Iovem ad exemplum stupri, dum spectat tabulam quandam pictam in pariete, ubi *inerat pictura hæc, Iovem quo pacto Danaæ misisse aiunt in gremium quondam imbrem aureum, fucum factum mulieri?* Et vide, quemadmodum se concitat ad libidinem quasi cælesti magisterio:

> *At quem Deum!* inquit. *Qui templa cæli summo sonitu concutit.*
> *Ego homuncio id non facerem? Ego illud vero feci ac libens.*

Non omnino per hanc turpitudinem verba ista commodius discuntur, sed per hæc verba turpitudo ista confidentius perpetratur. Non accuso verba quasi vasa electa atque pretiosa, sed vinum erroris, quod in eis nobis propinabatur ab ebriis doctoribus, et nisi biberemus, cædebamur nec appellare ad aliquem iudicem sobrium licebat. Et tamen ego, Deus meus, in cuius conspectu iam secura est recordatio mea, libenter hæc didici et eis delectabar miser et ob hoc bonæ spei puer appellabar.

Egregium Augustini ingenium poetarum deliramentis atterebatur.

17. 27. Sine me, Deus meus, dicere aliquid et de ingenio meo, munere tuo, in quibus a me deliramentis atterebatur. Proponebatur enim mihi negotium animæ meæ satis inquietum præmio laudis et dedecoris vel plagarum metu, ut dicerem verba Iunonis irascentis et dolentis, quod non posset *Italia Teucrorum avertere regem*, quæ numquam Iunonem dixisse audieram. Sed figmentorum poeticorum vestigia errantes sequi cogebamur et tale aliquid dicere solutis verbis, quale poeta dixisset versibus; et ille dicebat laudabilius, in quo pro dignitate adumbratæ personæ iræ ac doloris similior affectus eminebat verbis sententias congruenter vestientibus. Ut quid mihi illud, o vera vita, Deus meus, quod mihi recitanti acclamabatur præ multis coætaneis et collectoribus meis? Nonne ecce illa omnia fumus et ventus? Itane aliud non erat, ubi exerceretur ingenium et lingua mea? Laudes tuæ, Domine, laudes tuæ per Scripturas tuas suspenderent palmitem cordis mei, et non raperetur per inania nugarum turpis præda volatilibus. Non enim uno modo sacrificatur transgressoribus angelis.

Homines, dum observant grammaticorum præcepta, legem Dei neglegunt.

18. 28. Quid autem mirum, quod in vanitates ita ferebar et a te, Deus meus, ibam foras, quando mihi imitandi proponebantur homines, qui aliqua facta sva non mala si cum barbarismo aut solœcismo enuntiarent, reprehensi confundebantur, si autem libidines suas integris et rite consequentibus verbis *copiose ornateque* narrarent, laudati gloriabantur? Vides hæc, Domine, et taces *longanimis et multum misericors et verax*. Numquid semper tacebis? Et nunc eruis de hoc immanissimo profundo quærentem te animam et sitientem delectationes tuas, et cuius cor dicit tibi: *Quæsivi vultum tuum; vultum tuum, Domine, requiram*; nam longe a vultu tuo in affectu tenebroso. Non enim pedibus aut spatiis locorum itur abs te aut reditur ad

te, aut vero filius ille tuus minor equos vel currus vel naves quæsivit aut avolavit pinna visibili aut moto poplite iter egit, ut in longinqua regione vivens prodige dissiparet quod dederas proficiscenti dulcis pater, quia dederas, et egeno redeunti dulcior; in affectu ergo libidinoso, id enim est tenebroso atque id est longe a vultu tuo.

18. 29. Vide Domine Deus, et patienter, ut vides, vide, quomodo diligenter observent filii hominum pacta litterarum et syllabarum accepta a prioribus locutoribus et a te accepta æterna pacta perpetuæ salutis neglegant, ut qui illa sonorum vetera placita teneat aut doceat, si contra disciplinam grammaticam sine aspiratione primæ syllabæ hominem dixerit, magis displiceat hominibus, quam si contra tua præcepta hominem oderit, cum sit homo. Quasi vero quemlibet inimicum hominem perniciosius sentiat quam ipsum odium, quo in eum irritatur, aut vastet quisquam persequendo alium gravius, quam cor suum vastat inimicando. Et certe non est interior litterarum scientia quam scripta conscientia, id se alteri facere quod nolit pati. Quam tu secretus es, habitans in excelsis in silentio, Deus solus magnus, lege infatigabili spargens pœnales cæcitates supra illicitas cupiditates, cum homo eloquentiæ famam quæritans ante hominem iudicem circumstante hominum multitudine inimicum suum odio immanissimo insectans vigilantissime cavet, ne per linguæ errorem dicat; inter hominibus, et ne per mentis furorem hominem auferat ex hominibus, non cavet.

Augustini pueri peccata.

19. 30. Horum ego puer morum in limine iacebam miser, et huius harenæ palæstra erat illa, ubi magis timebam barbarismum facere quam cavebam, si facerem, non facientibus invidere. Dico hæc et confiteor tibi, Deus meus, in quibus laudabar ab eis, quibus placere tunc mihi erat honeste vivere. Non enim videbam voraginem turpitudinis, in quam *proiectus* eram *ab oculis tuis.* Nam in illis iam quid me fœdius fuit, ubi etiam talibus displicebam fallendo innumerabilibus mendaciis et pædagogum et magistros et parentes amore ludendi, studio spectandi nugatoria et imitandi ludicra inquietudine? Furta etiam faciebam de cellario parentum et de mensa vel gula imperitante vel ut haberem quod darem pueris, ludum suum mihi, quo pariter utique delectabantur, tamen vendentibus. In quo etiam ludo

LIBER PRIMUS

fraudulentas victorias ipse vana excellentiæ cupiditate victus sæpe aucupabar. Quid autem tam nolebam pati atque atrociter, si deprehenderem, arguebam, quam id quod aliis faciebam? Et, si deprehensus arguerer, sævire magis quam cedere libebat. Istane est innocentia puerilis? Non est, Domine, non est, oro te, Deus meus. Nam hæc ipsa sunt, quæ a pædagogis et magistris, a nucibus et pilulis et passeribus, ad præfectos et reges, aurum, prædia, mancipia, hæc ipsa omnino succedentibus maioribus ætatibus transeunt, sicuti ferulis maiora supplicia succedunt. Humilitatis ergo signum in statura pueritiæ, rex noster, probasti, cum aisti: *Talium est regnum cælorum.*

Gratias agit Deo de donis eius.

20. 31. Sed tamen, Domine, tibi excellentissimo atque optimo conditori et rectori universitatis, *Deo nostro gratias*, etiamsi me puerum tantum esse voluisses. Eram enim etiam tunc, vivebam atque sentiebam meamque incolumitatem, vestigium secretissimæ unitatis, ex qua eram, curæ habebam, custodiebam interiore sensu integritatem sensuum meorum inque ipsis parvis parvarumque rerum cogitationibus veritate delectabar. Falli nolebam, memoria vigebam, locutione instruebar, amicitia mulcebar, fugiebam dolorem, abiectionem, ignorantiam. Quid in tali animante non mirabile atque laudabile? At ista omnnia dei mei dona sunt. Non mihi ego dedi hæc: et bona sunt et hæc omnia ego. Bonus ergo est qui fecit me, et ipse est bonum meum et illi exsulto bonis omnibus, quibus etiam puer eram. Hoc enim peccabam, quod non in ipso, sed in creaturis eius me atque ceteris voluptates, sublimitates, veritates quærebam, atque ita irruebam in dolores, confusiones, errores. *Gratias* tibi, dulcedo mea et honor meus et fiducia mea, Deus meus, *gratias* tibi de donis tuis; sed tu mihi ea serva. Ita enim servabis me, et augebuntur et perficientur quæ dedisti mihi, et ero ipse tecum, quia et ut sim tu dedisti mihi.

LIBER SECUNDUS

SEXTUS DECIMUS ANNUS ÆTATIS

Inquies adulescens

Cur recordetur quæ sibi molestissima sint.

1. 1. Recordari volo transactas fœditates meas et carnales corruptiones animæ meæ, non quod eas amem, sed ut amem te, Deus meus. Amore amoris tui facio istuc, recolens vias meas nequissimas in amaritudine recogitationis meæ, ut tu dulcescas mihi, dulcedo non fallax, dulcedo felix et secura, et colligens me a dispersione, in qua frustatim discissus sum, dum ab uno te aversus in multa evanui. Exarsi enim aliquando satiari inferis in adulescentia et silvescere ausus sum variis et umbrosis amoribus, et contabuit species mea et computrui coram oculis tuis placens mihi et placere cupiens oculis hominum.

Immoderatis animi motibus imbecilla ætas æstuavit.

2. 2. Et quid erat, quod me delectabat, nisi amare et amari? Sed non tenebatur modus ab animo usque ad animum, quatenus est luminosus limes amicitiæ, sed exhalabantur nebulæ de limosa concupiscentia carnis et scatebra pubertatis et obnubilabant atque offuscabant cor meum, ut non discerneretur serenitas dilectionis a caligine libidinis. Utrumque in confuso æstuabat et rapiebat imbecillam ætatem per abrupta cupiditatum atque mersabat gurgite flagitiorum. Invaluerat super me ira tua, et nesciebam. Obsurdueram stridore catenæ mortalitatis meæ, pœna superbiæ animæ meæ, et ibam longius a te, et sinebas, et iactabar et effundebar et diffluebam et ebulliebam per fornicationes meas, et tacebas. O tardum gaudium meum! Tacebas tunc, et ego ibam porro longe a te in plura et plura sterilia semina dolorum superba deiectione et inquieta lassitudine.

2. 3. Quis mihi modularetur ærumnam meam et novissimarum rerum fugaces pulchritudines in usum verteret earumque suavitatibus metas præfigeret, ut usque ad coniugale litus exæstuarent fluctus ætatis meæ, si tranquillitas in eis non poterat esse fine procreandorum liberorum contenta, sicut præscribit lex tua, Domine, qui formas etiam propaginem mortis nostræ, potens imponere lenem manum ad temperamentum spinarum a paradiso tuo seclusarum? Non enim longe est a nobis

omnipotentia tua, etiam cum longe sumus a te. Aut certe sonitum nubium tuarum vigilantius adverterem: *Tribulationem autem carnis habebunt huiusmodi. Ego autem vobis parco*; et: *Bonum est homini mulierem non tangere*; et: *Qui sine uxore est, cogitat ea quæ sunt Dei, quomodo placeat Deo; qui autem matrimonio iunctus est, cogitat ea quæ sunt mundi, quomodo placeat uxori.* Has ergo voces exaudirem vigilantior et abscisus *propter regnum cælorum* felicior expectarem amplexus tuos.

2. 4. Sed efferbui miser, sequens impetum fluxus mei relicto te, et excessi omnia legitima tua nec evasi flagella tua: quis enim hoc mortalium? Nam tu semper aderas misericorditer sæviens, et amarissimis aspergens offensionibus omnes illicitas iucunditates meas, ut ita quæererem sine offensione iucundari, et ubi hoc possem, non invenirem quidquam præter te, Domine, præter te, *qui fingis* dolorem *in præcepto* et percutis, ut sanes, et occidis nos, ne moriamur abs te. Ubi eram et quam longe exulabam a deliciis domus tuæ anno illo sexto decimo ætatis carnis meæ, cum accepit in me sceptrum et totas manus ei dedi vesania libidinis licentiosæ per dedecus humanum, illicitæ autem per leges tuas? Non fuit cura meorum ruentem excipere me matrimonio, sed cura fuit tantum, ut discerem sermonem facere quam optimum et persuadere dictione.

Studia intermissa.

3. 5. Et anno quidem illo intermissa erant studia mea, dum mihi reducto a Madauris, in qua vicina urbe iam cœperam litteraturæ atque oratoriæ percipiendæ gratia peregrinari, longinquioris apud Carthaginem peregrinationis sumptus præparabantur animositate magis quam opibus patris, municipis Thagastensis admodum tenuis. Cui narro hæc? Neque enim tibi, Deus meus, sed apud te narro hæc generi meo, generi humano, quantulacumque ex particula incidere potest in istas meas litteras. Et ut quid hoc? Ut videlicet ego et quisquis hæc legit cogitemus, de quam profundo clamandum sit ad te. Et quid propius auribus tuis, si cor confitens et vita ex fide est? Quis enim non extollebat laudibus tunc hominem, patrem meum, quod ultra vires rei familiaris suæ impenderet filio, quidquid etiam longe peregrinanti studiorum causa opus esset? Multorum enim civium longe opulentiorum nullum tale negotium pro liberis erat, cum interea non satageret idem pater, qualis crescerem tibi aut quam castus essem, dummodo essem disertus vel desertus potius a cultura tua, Deus, qui es unus, verus et bonus Dominus agri tui,

cordis mei.

Feriatur a schola in voluptates se mersit.

3. 6. Sed ubi sexto illo et decimo anno interposito otio ex necessitate domestica feriatus ab omni schola cum parentibus esse cœpi, excesserunt caput meum vepres libidinum, et nulla erat eradicans manus. Quin immo ubi me ille pater in balneis vidit pubescentem et inquieta indutum adulescentia, quasi iam ex hoc in nepotes gestiret, gaudens matri indicavit, gaudens vinulentia, in qua te iste mundus oblitus est Creatorem suum et creaturam tuam pro te amavit, de vino invisibili perversæ atque inclinatæ in ima voluntatis suæ. Sed matris in pectore iam inchoaveras templum tuum et exordium sanctæ habitationis tuæ; nam ille adhuc catechumenus et hoc recens erat. Itaque illa exilivit pia trepidatione ac tremore et quamvis mihi nondum fideli, timuit tamen vias distortas, in quibus ambulant qui ponunt *ad te tergum et non faciem.*

Matris monita ac sollicitudines.

3. 7. Ei mihi! Et audeo dicere tacuisse te, Deus meus, cum irem abs te longius? Itane tu tacebas tunc mihi? Et cuius erant nisi tua verba illa per matrem meam, fidelem tuam, quæ cantasti in aures meas? Nec inde quidquam descendit in cor, ut facerem illud. Volebat enim illa, et secreto memini, ut monuerit cum sollicitudine ingenti, ne fornicarer maximeque ne adulterarem cuiusquam uxorem. Qui mihi monitus muliebres videbantur, quibus obtemperare erubescerem. Illi autem tui erant, et nesciebam et te tacere putabam atque illam loqui, per quam mihi tu non tacebas, et in illa contemnebaris a me, a me, filio eius, filio *ancillæ tuæ*, servo tuo. Sed nesciebam et præceps ibam tanta cæcitate, ut inter coætaneos meos puderet me minoris dedecoris, quoniam audiebam eos iactantes flagitia sua et tanto gloriantes magis, quanto magis turpes essent, et libebat facere non solum libidine facti verum etiam laudis. Quid dignum est vituperatione nisi vitium? Ego, ne vituperarer, vitiosior fiebam, et ubi non suberat, quo admisso æquarer perditis, fingebam me fecisse quod non feceram, ne viderer abiectior, quo eram innocentior, et ne vilior haberer, quo eram castior.

3. 8. Ecce cum quibus comitibus iter agebam platearum Babyloniæ et volutabar in cæno eius tamquam in cinnamis et unguentis pretiosis. Et in umbilico eius quo

tenacius hærerem, calcabat me inimicus invisibilis et seducebat me, quia ego seductilis eram. Non enim et illa, quæ iam *de medio Babylonis fugerat,* sed ibat in ceteris eius tardior, mater carnis meæ, sicut monuit me pudicitiam, ita curavit quod de me a viro suo audierat, iamque pestilentiosum et in posterum periculosum sentiebat cohercere termino coniugalis affectus, si resecari ad vivum non poterat; non curavit hoc, quia metus erat, ne impediretur spes mea compede uxoria, non spes illa, quam in te futuri sæculi habebat mater, sed spes litterarum, quas ut nossem nimis volebat parens uterque, ille, quia de te prope nihil cogitabat, de me autem inania, illa autem, quia non solum nullo detrimento, sed etiam nonnullo adiumento ad te adipiscendum futura existimabat usitata illa studia doctrinæ. Ita enim conicio recolens, ut possum, mores parentum meorum. Relaxabantur etiam mihi ad ludendum habenæ ultra temperamentum severitatis in dissolutionem affectionum variarum, et in omnibus erat caligo intercludens mihi, Deus meus, serenitatem veritatis tuæ, et *prodiebat tamquam ex adipe iniquitas mea.*

Furtum illud pirorum

Pirorum ingens onus cum comitibus furatus est.

4. 9. Furtum certe punit lex tua, Domine et lex scripta in cordibus hominum, quam ne ipsa quidem delet iniquitas; quis enim fur æquo animo furem patitur? Nec copiosus adactum inopia. Et ego furtum facere volui et feci nulla compulsus egestate nisi penuria et fastidio iustitiæ et sagina iniquitatis. Nam id furatus sum, quod mihi abundabat et multo melius, nec ea re volebam frui, quam furto appetebam, sed ipso furto et peccato. Arbor erat pirus in vicinia nostræ vineæ pomis onusta nec forma nec sapore illecebrosis. Ad hanc excutiendam atque asportandam nequissimi adulescentuli perreximus nocte intempesta, quousque ludum de pestilentiæ more in areis produxeramus, et abstulimus inde onera ingentia non ad nostras epulas, sed vel proicienda porcis, etiamsi aliquid inde comedimus, dum tamen fieret a nobis quod eo liberet, quo non liceret. Ecce cor meum, Deus, ecce cor meum, quod miseratus es in imo abyssi. Dicat tibi nunc ecce cor meum, quid ibi quærebat, ut essem gratis malus et malitiæ meæ causa nulla esset nisi malitia. Fœda erat, et amavi eam; amavi perire, amavi defectum meum, non illud, ad quod deficiebam, sed defectum meum ipsum amavi, turpis anima et dissiliens a firmamento tuo *in exterminium,* non dedecore aliquid, sed dedecus

appetens.

Peccata admittuntur immoderata inclinatione in bona infima.

5. 10. Etenim species est pulchris corporibus et auro et argento et omnibus, et in contactu carnis congruentia valet plurimum ceterisque sensibus est sua cuique accommodata modificatio corporum; habet etiam honor temporalis et imperitandi atque superandi potentia suum decus, unde etiam vindictæ aviditas oritur; et tamen in cuncta hæc adipiscenda non est egrediendum abs te, Domine, neque deviandum a lege tua. Et vita, quam hic vivimus, habet illecebram suam propter quemdam modum decoris sui et convenientiam cum his omnibus infimis pulchris. Amicitia quoque hominum caro nodo dulcis est propter unitatem de multis animis. Propter universa hæc atque huiusmodi peccatum admittitur, dum immoderata in ista inclinatione, cum extrema bona sint, meliora et summa deseruntur, tu, Domine Deus noster, et veritas tua et lex tua. Habent enim et hæc ima delectationes, sed non sicut Deus meus, qui fecit omnia, quia in ipso delectatur iustus, et ipse est deliciæ rectorum corde.

5. 11. Cum itaque de facinore quæritur, qua causa factum sit, credi non solet, nisi cum appetitus adipiscendi alicuius illorum bonorum, quæ infima diximus, esse potuisse apparuerit aut metus amittendi. Pulchra sunt enim et decora, quamquam præ bonis superioribus et beatificis abiecta et iacentia. Homicidium fecit. Cur fecit? Adamavit eius coniugem aut prædium aut voluit deprædari, unde viveret, aut timuit ab illo tale aliquid amittere aut læsus ulcisci se exarsit. Num homicidium sine causa faceret ipso homicidio delectatus? Quis crediderit? Nam et de quo dictum est væcordi et nimis crudeli homine, quod *gratuito potius malus atque crudelis erat*; prædicta est tamen causa: *Ne per otium*, inquit, *torpesceret manus aut animus*. Quære id quoque? Cur ita? Ut scilicet illa exercitatione scelerum capta urbe honores, imperia, divitias assequeretur et careret metu legum et difficultate rerum propter inopiam rei familiaris et conscientiam scelerum. Nec ipse igitur Catilina amavit facinora sua, sed utique aliud, cuius causa illa faciebat.

Omnia peccata sunt re vera imitatio perversa celsitudinis Dei.

6. 12. Quid ego miser in te amavi, o furtum meum, o facinus illud meum nocturnum sexti decimi anni ætatis meæ? Non enim pulchrum eras, cum furtum esses. Aut

vero aliquid es, ut loquar ad te? Pulchra erant poma illa, quæ furati sumus, quoniam creatura tua erat, pulcherrime omnium, Creator omnium, Deus bone, Deus summum Bonum et bonum verum meum; pulchra erant illa poma, sed non ipsa concupivit anima mea miserabilis. Erat mihi enim meliorum copia, illa autem decerpsi, tantum ut furarer. Nam decerpta proieci epulatus inde solam iniquitatem, qua lætabar fruens. Nam et si quid illorum pomorum intravit in os meum, condimentum ibi facinus erat. Et nunc, Domine Deus meus, quæro, quid me in furto delectaverit, et ecce species nulla est: non dico sicut in æquitate atque prudentia, sed neque sicut in mente hominis atque memoria et sensibus et vegetante vita, neque sicut speciosa sunt sidera et decora locis suis et terra et mare plena fetibus, qui succedunt nascendo decedentibus; non saltem ut est quædam defectiva species et umbratica vitiis fallentibus.

6. 13. Nam et superbia celsitudinem imitatur, cum tu sis unus super omnia *Deus excelsus*. Et ambitio quid nisi honores quærit et gloriam, cum tu sis præ cunctis honorandus unus et gloriosus in æternum? Et sævitia potestatum timeri vult: quis autem timendus nisi unus Deus, cuius potestati eripi aut subtrahi quid potest, quando aut ubi aut quo vel a quo potest? Et blanditiæ lascivientium amari volunt: sed neque blandius est aliquid tua caritate nec amatur quidquam salubrius quam illa præ cunctis formosa et luminosa veritas tua. Et curiositas affectare videtur studium scientiæ, cum tu omnia summe noveris. Ignorantia quoque ipsa atque stultitia simplicitatis et innocentiæ nomine tegitur, quia te simplicius quidquam non reperitur. Quid te autem innocentius, quandoquidem opera sua malis inimica sunt? Et ignavia quasi quietem appetit: quæ vero quies certa præter Dominum? Luxuria satietatem atque abundantiam se cupit vocari: tu es autem plenitudo et indeficiens copia incorruptibilis suavitatis. Effusio liberalitatis obtendit umbram: sed bonorum omnium largitor affluentissimus tu es. Avaritia multa possidere vult: et tu possides omnia. Invidentia de excellentia litigat: quid te excellentius? Ira vindictam quærit: te iustius quis vindicat? Timor insolita et repentina exhorrescit rebus, quæ amantur, adversantia, dum præcavet securitati: tibi enim quid insolitum? Quid repentinum? Aut quis a te separat quod diligis? Aut ubi nisi apud te firma securitas? Tristitia rebus amissis contabescit, quibus se oblectabat cupiditas, quia ita sibi nollet, sicut tibi auferri nihil potest.

LIBER SECUNDUS

6. 14. Ita fornicatur anima, cum avertitur abs te et quærit extra te ea quæ pura et liquida non invenit, nisi cum redit ad te. Perverse te imitantur omnes, qui longe se a te faciunt et extollunt se adversum te. Sed etiam sic te imitando indicant Creatorem te esse omnis naturæ et ideo non esse, quo a te omni modo recedatur. Quid ergo in illo furto ego dilexi et in quo Dominum meum vel vitiose atque perverse imitatus sum? An libuit facere contra legem saltem fallacia, quia potentatu non poteram, ut mancam libertatem captivus imitarer faciendo impune quod non liceret tenebrosa omnipotentiæ similitudine? Ecce est ille servus fugiens dominum suum et consecutus umbram. O putredo, o monstrum vitæ et mortis profunditas! Potuitne libere quod non licebat, non ob aliud, nisi quia non licebat?

Ut Deus misertus est, ita homines misereantur Augustini.

7. 15. *Quid retribuam Domino*, quod recolit hæc memoria mea et anima mea non metuit inde? Diligam te, Domine, et gratias agam et confitear nomini tuo, quoniam tanta dimisisti mihi mala et nefaria opera mea. Gratiæ tuæ deputo et misericordiæ tuæ, quod peccata mea tamquam glaciem solvisti. Gratiæ tuæ deputo et quæcumque non feci mala: quid enim non facere potui, qui etiam gratuitum facinus amavi? Et omnia mihi dimissa esse fateor, et quæ mea sponte feci mala et quæ, te duce, non feci. Quis est hominum, qui suam cogitans infirmitatem audet viribus suis tribuere castitatem atque innocentiam suam, ut minus amet te, quasi minus ei necessaria fuerit misericordia tua, qua donas peccata conversis ad te? Qui enim vocatus a te secutus est vocem tuam et vitavit ea, quæ me de me ipso recordantem et fatentem legit, non me derideat ab eo medico ægrum sanari, a quo sibi præstitum est, ut non ægrotaret, vel potius ut minus ægrotaret, et ideo te tantumdem, immo vero amplius diligat, quia per quem me videt tantis peccatorum meorum languoribus exui, per eum se videt tantis peccatorum languoribus non implicari.

Quid amaverit in furto.

8. 16. *Quem fructum* habui miser aliquando *in his*, quæ nunc recolens erubesco, maxime in illo furto, in quo ipsum furtum amavi, nihil aliud, cum et ipsum esset nihil et eo ipso ego miserior? Et tamen solus id non fecissem (sic recordor animum tunc meum) solus omnino id non fecissem. Ergo amavi ibi etiam consortium eorum, cum quibus id feci. Non ergo nihil aliud quam furtum amavi; immo vero nihil aliud, quia et illud nihil est. Quid est re vera? Quis est, qui doceat me, nisi qui illuminat

27

cor meum et discernit umbras eius? Quid est, quod mihi venit in mentem quærere et discutere et considerare, quia si tunc amarem poma illa, quæ furatus sum, et eis frui cuperem, possem etiam solus, si satis esset, committere illam iniquitatem, qua pervenirem ad voluptatem meam, nec confricatione consciorum animorum accenderem pruritum cupiditatis meæ? Sed quoniam in illis pomis voluptas mihi non erat, ea erat in ipso facinore, quam faciebat consortium simul peccantium.

Consortium ipsum simul peccantium est peccanti gratum.

9. 17. Quid erat ille affectus animi? Certe enim plane turpis erat nimis, et væ mihi erat qui habebam illum. Sed tamen quid erat? *Delicta quis intellegit?* Risus erat quasi titillato corde, quod fallebamus eos, qui hæc a nobis fieri non putabant et vehementer nolebant. Cur ergo eo me delectabat, quo id non faciebam solus? An quia etiam nemo facile solus ridet? Nemo quidem facile, sed tamen etiam solos et singulos homines, cum alius nemo præsens est, vincit risus aliquando, si aliquid nimie ridiculum vel sensibus occurrit vel animo. At ego illud solus non facerem, non facerem omnino solus. Ecce est coram te, Deus meus, viva recordatio animæ meæ. Solus non facerem furtum illud, in quo me non libebat id quod furabar, sed quia furabar; quod me solum facere prorsus non liberet, nec facerem. O nimis inimica amicitia, seductio mentis investigabilis, ex ludo et ioco nocendi aviditas, et alieni damni appetitus, nulla lucri mei, nulla ulciscendi libidine, sed cum dicitur: "Eamus, faciamus" et pudet non esse impudentem.

Innocentiam expetit et quietem in Deo.

10. 18. Quis exaperit istam tortuosissimam et implicatissimam nodositatem? Fœda est; nolo in eam intendere, nolo eam videre. Te volo, iustitia et innocentia, pulchra et decora honestis luminibus et insatiabili satietate. Quies est apud te valde et vita imperturbabilis. Qui intrat in te, intrat *in gaudium Domini sui* et non timebit et habebit se optime in optimo. Defluxi abs te ego et *erravi*, Deus meus, nimis devius ab stabilitate tua in adulescentia et factus sum mihi regio egestatis.

LIBER TERTIUS

CARTHAGINE HONESTIS STUDIIS DEDITUS

Oblectamenta scholasticorum

In amorem ruit.

1. 1. Veni Carthaginem, et circumstrepebat me undique sartago flagitiosorum amorum. Nondum amabam et amare amabam et secretiore indigentia oderam me minus indigentem. Quærebam quid amarem, amans amare, et oderam securitatem et viam sine muscipulis, quoniam fames mihi erat intus ab interiore cibo, te ipso, Deus meus, et ea fame non esuriebam, sed eram sine desiderio alimentorum incorruptibilium, non quia plenus eis eram, sed quo inanior, fastidiosior. Et ideo non bene valebat anima mea et ulcerosa proiciebat se foras, miserabiliter scalpi avida contactu sensibilium. Sed si non haberent animam, non utique amarentur. Amare et amari dulce mihi erat magis, si et amantis corpore fruerer. Venam igitur amicitiæ coinquinabam sordibus concupiscentiæ candoremque eius obnubilabam de Tartaro libidinis, et tamen fœdus atque inhonestus, elegans et urbanus esse gestiebam abundanti vanitate. Rui etiam in amorem, quo cupiebam capi. *Deus meus, misericordia mea*, quanto felle mihi suavitatem illam et quam bonus aspersisti, quia et amatus sum et perveni occulte ad vinculum fruendi et colligabar lætus ærumnosis nexibus, ut cæderer virgis ferreis ardentibus zeli et suspicionum et timorum et irarum atque rixarum.

Spectaculorum theatricorum insana cupiditas.

2. 2. Rapiebant me spectacula theatrica plena imaginibus miseriarum mearum et fomitibus ignis mei. Quid est, quod ibi homo vult dolere cum spectat luctuosa et tragica, quæ tamen pati ipse nollet? Et tamen pati vult ex eis dolorem spectator et dolor ipse est voluptas eius. Quid est nisi miserabilis insania? Nam eo magis eis movetur quisque, quo minus a talibus affectibus sanus est, quamquam, cum ipse patitur, miseria, cum aliis compatitur, misericordia dici solet. Sed qualis tandem misericordia in rebus fictis et scenicis? Non enim ad subveniendum provocatur auditor, sed tantum ad dolendum invitatur et actori earum imaginum amplius favet, cum amplius dolet. Et si calamitates illæ hominum vel antiquæ vel falsæ sic agantur, ut qui spectat non doleat, abscedit inde fastidiens et reprehendens; si

autem doleat, manet intentus et gaudens lacrimat.

Lacrimæ et dolores aliquando ab hominibus amantur.

2. 3. Lacrimæ ergo amantur et dolores. Certe omnis homo gaudere vult. An cum miserum esse neminem libeat, libet tamen esse misericordem, quod quia non sine dolore est, hac una causa amantur dolores? Et hoc de illa vena amicitiæ est. Sed quo vadit? Quo fluit? Ut quid decurrit in torrentem picis bullientis, æstus immanes tætrarum libidinum, in quos ipsa mutatur et vertitur per nutum proprium de cælesti serenitate detorta atque deiecta? Repudietur ergo misericordia? Nequaquam. Ergo amentur dolores aliquando. Sed cave immunditiam, anima mea, sub tutore Deo meo, Deo patrum nostrorum et laudabili et superexaltato in omnia sæcula, cave immunditiam. Neque enim nunc non misereor, sed tunc in theatris congaudebam amantibus, cum sese fruebantur per flagitia, quamvis hæc imaginarie gererent in ludo spectaculi, cum autem sese amittebant, quasi misericors contristabar; et utrumque delectabat tamen. Nunc vero magis misereor gaudentem in flagitio quam velut dura perpessum detrimento perniciosæ voluptatis et amissione miseræ felicitatis. Hæc certe verior misericordia, sed non in ea delectat dolor. Nam etsi approbatur officio caritatis qui dolet miserum, mallet tamen utique non esse quod doleret, qui germanitus misericors est. Si enim est malivola benivolentia, quod fieri non potest, potest et ille, qui veraciter sinceriterque misereatur, cupere esse miseros, ut misereatur. Nonnullus itaque dolor approbandus, nullus amandus est. Hoc enim tu, Domine Deus, qui animas amas, longe alteque purius quam nos et incorruptibilius misereris, quod nullo dolore sauciaris. *Et ad hæc quis idoneus?*

Tunc miser dolere amabat.

2. 4. At ego tunc miser dolere amabam et quærebam, ut esset quod dolerem, quando mihi in ærumna aliena et falsa et saltatoria ea magis placebat actio histrionis meque alliciebat vehementius, qua mihi lacrimæ excutiebantur. Quid autem mirum, cum infelix pecus aberrans a grege tuo et impatiens custodiæ tuæ turpi scabie fœdarer? Et inde erant dolorum amores, non quibus altius penetrarer (non enim amabam talia perpeti, qualia spectare) sed quibus auditis et fictis tamquam in superficie raderer; quos tamen quasi ungues scalpentium fervidus tumor et tabes et sanies horrida consequebatur. Talis vita mea numquid vita erat, Deus meus?

Misericordia Dei nec in gravibus pœnis eum dereliquit.

3. 5. Et circumvolabat super me fidelis a longe misericordia tua. In quantas iniquitates distabui, et sacrilegam curiositatem secutus sum, ut deserentem te deduceret me ad ima infida et circumventória obsequia dæmoniorum, quibus immolabam facta mea mala, et in omnibus flagellabas me ! Ausus sum etiam in celebritate sollemnitatum tuarum intra parietes ecclesiæ tuæ concupiscere et agere negotium procurandi fructus mortis unde me verberasti gravibus pœnis, sed nihil ad culpam meam, o tu prægrandis *misericordia mea, Deus meus, refugium meum* a terribilibus nocentibus, in quibus vagatus sum præfidenti collo ad longe recedendum a te, amans vias meas et non tuas, amans fugitivam libertatem.

Ab eversionibus condiscipulorum semper abhorruit.

3. 6. Habebant et illa studia, quæ honesta vocabantur, ductum suum intuentem fora litigiosa, ut excellerem in eis, hoc laudabilior quo fraudulentior. Tanta est cæcitas hominum de cæcitate etiam gloriantium. Et maior iam eram in schola rhetoris et gaudebam superbe et tumebam typho, quamquam longe sedatior, *Domine, tu scis*, et remotus omnino ab eversionibus, quas faciebant eversores (hoc enim nomen scævum et diabolicum velut insigne urbanitatis est) inter quos vivebam pudore impudenti, quia talis non eram; et cum eis eram et amicitiis eorum delectabar aliquando, a quorum semper factis abhorrebam, hoc est ab eversionibus, quibus proterve insectabantur ignotorum verecundiam, quam perturbarent gratis illudendo atque inde pascendo malivolas lætitias suas. Nihil est illo actu similius actibus dæmoniorum. Quid itaque verius quam eversores vocarentur, eversi plane prius ipsi atque perversi deridentibus eos et seducentibus fallacibus occulte spiritibus in eo ipso, quod alios irridere amant et fallere?

QUID IN LITTERAM STUDIIS EUM DELECTAVERIT AC MOVERIT PRIMUM

Hortensium Ciceronis legit, qui affectus eius mutat.

4. 7. Inter hos ego imbecilla tunc ætate discebam libros eloquentiæ, in qua eminere cupiebam fine damnabili et ventoso per gaudia vanitatis humanæ, et usitato iam discendi ordine perveneram in librum cuiusdam Ciceronis, cuius linguam fere omnes mirantur, pectus non ita. Sed liber ille ipsius exhortationem continet ad philosophiam et vocatur *Hortensius*. Ille vero liber mutavit affectum meum et ad te

ipsum, Domine, mutavit preces meas et vota ac desideria mea fecit alia. Viluit mihi repente omnis vana spes et immortalitatem sapientiæ concupiscebam æstu cordis incredibili et surgere cœperam, ut ad te redirem. Non enim ad acuendam linguam, quod videbar emere maternis mercedibus, cum agerem annum ætatis undevicesimum iam defuncto patre ante biennium, non ergo ad acuendam linguam referebam illum librum neque mihi locutionem, sed quod loquebatur persuaserat.

4. 8. Quomodo ardebam, deus meus, quomodo ardebam revolare a terrenis ad te, et nesciebam quid ageres mecum! *Apud te est enim sapientia.* Amor autem sapientiæ nomen græcum habet philosophiam, quo me accendebant illæ litteræ. Sunt qui seducant per philosophiam magno et blando et honesto nomine colorantes et fucantes errores suos, et prope omnes, qui ex illis et supra temporibus tales erant, notantur in eo libro et demonstrantur, et manifestatur ibi salutifera illa admonitio spiritus tui per servum tuum bonum et pium: *Videte, ne quis vos decipiat per philosophiam et inanem seductionem secundum traditionem hominum, secundum elementa huius mundi et non secundum Christum quia in ipso inhabitat omnis plenitudo divinitatis corporaliter.* Et ego illo tempore, *scis tu,* lumen cordis mei, quoniam nondum mihi hæc apostolica nota erant, hoc tamen solo delectabar in illa exhortatione, quod non illam aut illam sectam, sed ipsam quæcumque esset sapientiam ut diligerem et quærerem et assequerer et tenerem atque amplexarem fortiter, excitabar sermone illo et accendebar et ardebam, et hoc solum me in tanta flagrantia refrangebat, quod nomen Christi non erat ibi, quoniam hoc nomen *secundum misericordiam tuam, Domine,* hoc nomen salvatoris mei, Filii tui, in ipso adhuc lacte matris tenerum cor meum pie biberat et alte retinebat, et quidquid sine hoc nomine fuisset quamvis litteratum et expolitum et veridicum non me totum rapiebat.

Scripturas sanctas legere incepit easque sprevit.

5. 9. Itaque institui animum intendere in Scripturas sanctas et videre, quales essent. Et ecce video rem non compertam superbis neque nudatam pueris, sed incessu humilem, successu excelsam et velatam mysteriis, et non eram ego talis, ut intrare in eam possem aut inclinare cervicem ad eius gressus. Non enim sicut modo loquor, ita sensi, cum attendi ad illam scripturam, sed visa est mihi indigna, quam Tullianæ dignitati compararem. Tumor enim meus refugiebat modum eius et acies mea non

penetrabat interiora eius. Verum autem illa erat, quæ cresceret cum parvulis, sed ego dedignabar esse parvulus et turgidus fastu mihi grandis videbar.

Manichæorum doctrinam adhibuit

Dum veritatem quærit, in falsa offendit.

6. 10. Itaque incidi in homines superbe delirantes, carnales nimis et loquaces, in quorum ore laquei diaboli et viscum confectum commixtione syllabarum nominis tui et Domini Iesu Christi et Paracleti consolatoris nostri Spiritus Sancti. Hæc nomina non recedebant de ore eorum, sed tenus sono et strepitu linguæ; ceterum cor inane veri. Et dicebant: "Veritas et veritas", et multum eam dicebant mihi, et nusquam erat in eis, sed falsa loquebantur non de te tantum, qui vere Veritas es, sed etiam de istis elementis huius mundi, creatura tua, de quibus etiam vera dicentes philosophos transgredi debui præ amore tuo, mi pater summe bone, pulchritudo pulchrorum omnium. O Veritas, Veritas, quam intime etiam tum medullæ animi mei suspirabant tibi, cum te illi sonarent mihi frequenter et multipliciter voce sola et libris multis et ingentibus! Et illa erant fercula, in quibus mihi esurienti te inferebantur pro te sol et luna, pulchra opera tua, sed tamen opera tua, non tu, nec ipsa prima. Priora enim spiritalia opera tua quam ista corporea quamvis lucida et cælestia. At ego nec priora illa, sed te ipsam, te, Veritas, in qua *non est commutatio nec momenti obumbratio*, esuriebam et sitiebam. Et apponebantur adhuc mihi in illis ferculis phantasmata splendida, quibus iam melius erat amare istum solem saltem istis oculis verum quam illa falsa animo decepto per oculos. Et tamen, quia te putabam, manducabam, non avide quidem, quia nec sapiebas in ore meo sicuti es (neque enim tu eras illa figmenta inania) nec nutriebar eis, sed exhauriebar magis. Cibus in somnis simillimus est cibis vigilantium, quo tamen dormientes non aluntur: dormiunt enim. At illa nec similia erant ullo modo tibi, sicut nunc mihi locuta es, quia illa erant corporalia phantasmata, falsa corpora, quibus certiora sunt vera corpora ista, quæ videmus visu carneo, sive cælestia sive terrestria; cum pecudibus et volatilibus videmus hæc, et certiora sunt, quam cum imaginamur ea. Et rursus certius imaginamur ea quam ex eis suspicamur alia grandiora et infinita, quæ omnino nulla sunt. Qualibus ego tunc pascebar inanibus et non pascebar. At tu, amor meus, in quem deficio, ut fortis sim, nec ista corpora es, quæ videmus quamquam in cælo, nec ea, quæ non videmus ibi, quia tu ista

CONFESSIONES

condidisti nec in summis tuis conditionibus habes. Quanto ergo longe es a phantasmatis illis meis, phantasmatis corporum, quæ omnino non sunt! Quibus certiores sunt phantasiæ corporum eorum, quæ sunt, et eis certiora corpora, quæ tamen non es. Sed nec anima es, quæ ita est corporum (ideo melior vita corporum certiorque quam corpora) sed tu vita es animarum, vita vitarum, vivens te ipsa et non mutaris, vita animæ meæ.

6. 11. Ubi ergo mihi tunc eras et quam longe? Et longe peregrinabar abs te exclusus et a siliquis porcorum, quos de siliquis pascebam. Quanto enim meliores grammaticorum et poetarum fabellæ quam illa decipula! Nam versus et carmen et Medea volans utiliores certe quam quinque elementa arie fucata propter quinque antra tenebrarum, quæ omnino nulla sunt et occidunt credentem. Nam versum et carmen etiam ad vera pulmenta transfero; volantem autem Medeam etsi cantabam, non asserebam, etsi cantari audiebam, non credebam: illa autem credidi. Væ, væ! Quibus gradibus deductus in profunda inferi, quippe laborans et æstuans inopia veri, cum te, Deus meus (tibi enim confiteor, qui me miseratus es et nondum confitentem) cum te non secundum intellectum mentis, quo me præstare voluisti beluis, sed secundum sensum carnis quærerem. Tu autem eras interior intimo meo et superior summo meo. Offendi illam mulierem audacem, inopem prudentiæ, ænigma Salomonis, sedentem super sellam in foribus et dicentem: *Panes occultos libenter edite et aquam dulcem furtivam bibite.* Quæ me seduxit, quia invenit foris habitantem in oculo carnis meæ et talia ruminantem apud me, qualia per illum vorassem.

Manichæi stulti deceptores.

7. 12. Nesciebam enim aliud, vere quod est, et quasi acutule movebar, ut suffragarer stultis deceptoribus, cum a me quærerent, unde malum et utrum forma corporea Deus finiretur et haberet capillos et ungues et utrum iusti existimandi essent qui haberent uxores multas simul et occiderent homines et sacrificarent de animalibus. Quibus rerum ignarus perturbabar et recedens a veritate ire in eam mihi videbar, quia non noveram malum non esse nisi privationem boni usque ad quod omnino non est. Quod unde viderem, cuius videre usque ad corpus erat oculis et animo usque ad phantasma? Et non noveram Deum esse spiritum, non cui membra essent per longum et latum nec cui esse moles esset, quia moles in parte minor est quam

in toto suo, et si infinita sit, minor est in aliqua parte certo spatio definita quam per infinitum et non est tota ubique sicut spiritus, sicut Deus. Et quid in nobis esset, secundum quod essemus, et recte in Scriptura diceremur *ad imaginem Dei*, prorsus ignorabam.

Aliud alio tempore hominibus licet.

7. 13. Et non noveram iustitiam veram interiorem non ex consuetudine iudicantem, sed ex lege rectissima Dei omnipotentis, qua formarentur mores regionum et dierum pro regionibus et diebus, cum ipsa ubique ac semper esset, non alibi alia nec alias aliter, secundum quam iusti essent Abraham et Isaac et Iacob et Moyses et David et illi omnes laudati ore Dei; sed eos ab imperitis iudicari iniquos, iudicantibus *ex humano die* et universos mores humani generis ex parte moris sui metientibus, tamquam si quis nescius in armamentis, quid cui membro accommodatum sit, ocrea velit caput contegi et galea calciari et murmuret, quod non apte conveniat, aut in uno die indicto a pomeridianis horis iustitio quisquam stomachetur non sibi concedi quid venale proponere, quia mane concessum est, aut in una domo videat aliquid tractari manibus a quoquam servo, quod facere non sinatur qui pocula ministrat, aut aliquid post præsepia fieri, quod ante mensam prohibeatur et indignetur, cum sit unum habitaculum et una familia, non ubique atque omnibus idem tribui. Sic sunt isti qui indignantur, cum audierint illo sæculo licuisse iustis aliquid, quod isto non licet iustis, et quia illis aliud præcepit Deus, istis aliud pro temporalibus causis, cum eidem iustitiæ utrique servierint, cum in uno homine et in uno die et in unis ædibus videant aliud alii membro congruere et aliud iam dudum licuisse, post horam non licere, quiddam in illo angulo permitti aut iuberi, quod in isto iuxta vetetur et vindicetur. Numquid iustitia aria est et mutabilis? Sed tempora, quibus præsidet, non pariter eunt; tempora enim sunt. Homines autem, quorum vita super terram brevis est, quia sensu non valent causas contexere sæculorum priorum aliarumque gentium, quas experti non sunt, cum his quas experti sunt, in uno autem corpore vel die vel domo facile possunt videre, quid cui membro, quibus momentis, quibus partibus personisve congruat, in illis offenduntur, hic serviunt.

CONFESSIONES

7. 14. Hæc ego tunc nesciebam et non advertebam, et feriebant undique ista oculos meos, et non videbam. Et cantabam carmina et non mihi licebat ponere pedem quemlibet ubilibet, sed in alio atque alio metro aliter atque aliter et in uno aliquo versu non omnibus locis eumdem pedem; et ars ipsa, qua canebam, non habebat aliud alibi, sed omnia simul. Et non intuebar iustitiam, cui servirent boni et sancti homines, longe excellentius atque sublimius habere simul omnia quæ præcipit et nulla ex parte variari et tamen variis temporibus non omnia simul, sed propria distribuentem ac præcipientem. Et reprehendebam cæcus pios patres non solum, sicut Deus iuberet atque inspiraret, utentes præsentibus, verum quoque, sicut Deus revelaret, futura prænuntiantes.

Ubique et semper flagitia contra naturam detestanda sunt et regnatori serviendum est.

8. 15. Numquid aliquando aut alicubi iniustum est diligere Deum *ex toto corde et ex tota anima et ex tota mente et* diligere *proximum tamquam te ipsum*? Itaque flagitia, quæ sunt contra naturam, ubique ac semper detestanda atque punienda sunt, qualia Sodomitarum fuerunt. Quæ si omnes gentes facerent, eodem criminis reatu divina lege tenerentur, quæ non sic fecit homines, ut se illo uterentur modo. Violatur quippe ipsa societas, quæ cum Deo nobis esse debet, cum eadem natura, cuius ille auctor est, libidinis perversitate polluitur. Quæ autem contra mores hominum sunt flagitia, pro morum diversitate vitanda sunt, ut pactum inter se civitatis aut gentis consuetudine vel lege firmatum nulla civis aut peregrini libidine violetur. Turpis enim omnis pars universo suo non congruens. Cum autem Deus aliquid contra morem aut pactum quorumlibet iubet, etsi numquam ibi factum est, faciendum est, et si omissum, instaurandum, et si institutum non erat, instituendum est. Si enim regi licet in civitate, cui regnat, iubere aliquid, quod neque ante illum quisquam nec ipse umquam iusserat, et non contra societatem civitatis eius obtemperatur, immo contra societatem non obtemperatur (generale quippe pactum est societatis humanæ obœdire regibus suis) quanto magis Deo regnatori universæ creaturæ suæ ad ea quæ iusserit sine dubitatione serviendum est! Sicut enim in potestatibus societatis humanæ maior potestas minori ad obœdiendum præponitur, ita Deus omnibus.

8. 16. Item in facinoribus, ubi libido est nocendi sive per contumeliam sive per

iniuriam et utrumque vel ulciscendi causa, sicut inimico inimicus, vel adipiscendi alicuius extra commodi, sicut latro viatori, vel evitandi mali, sicut ei qui timetur, vel invidendo, sicut feliciori miserior aut in aliquo prosperatus ei, quem sibi æquari timet aut æqualem dolet, vel sola voluptate alieni mali, sicut spectatores gladiatorum aut irrisores aut illusores quorumlibet. Hæc sunt capita iniquitatis, quæ pullulant principandi et spectandi et sentiendi libidine, aut una aut duabus earum aut simul omnibus, et vivitur male adversus tria et septem, psalterium decem chordarum, decalogum tuum, Deus altissime et dulcissime. Sed quæ flagitia in te, qui non corrumperis? Aut quæ adversus te facinora, cui noceri non potest? Sed hoc vindicas, quod in se homines perpetrant, quia etiam cum in te peccant, impie faciunt in animas suas, et mentitur iniquitas sibi sive corrumpendo ac pervertendo naturam suam, quam tu fecisti et ordinasti, vel immoderate utendo concessis rebus vel in non concessa flagrando *in eum usum, qui est contra naturam*; aut rei tenentur animo et verbis sævientes adversus te et adversus stimulum calcitrantes, aut cum diruptis limitibus humanæ societatis lætantur audaces privatis conciliationibus aut diremptionibus, prout quidque delectaverit aut offenderit. Et ea fiunt, cum tu derelinqueris, fons vitæ, qui es unus et verus creator et rector universitatis, et privata superbia diligitur in parte, unum falsum. Itaque pietate humili reditur in te, et purgas nos a consuetudine mala et propitius es peccatis confitentium et exaudis *gemitus compeditorum* et solvis a vinculis, quæ nobis fecimus, si iam non erigamus adversum te cornua falsæ libertatis avaritia plus habendi et damno totum amittendi, amplius amando proprium nostrum quam te, omnium bonum.

Multa quæ homines improbant, Deus probat, multa autem laudantur, quæ Deus damnat.

9. 17. Sed inter flagitia et facinora et tam multas iniquitates sunt peccata proficientium, quæ a bene iudicantibus et vituperantur ex regula perfectionis et laudantur spe frugis sicut herba segetis. Et sunt quædam similia vel flagitio vel facinori et non sunt peccata, quia nec te offendunt, Dominum Deum nostrum, nec sociale consortium, cum conciliantur aliqua in usum vitæ congrue tempori (et incertum est an libidine habendi) aut puniuntur corrigendi studio potestate ordinata, et incertum est an libidine nocendi. Multa itaque facta, quæ hominibus improbanda viderentur, testimonio tuo approbata sunt et multa laudata ab

hominibus te teste damnantur, cum sæpe se aliter habet species facti et aliter facientis animus atque articulus occulti temporis. Cum vero

aliquid tu repente inusitatum et improvisum imperas, etiamsi hoc aliquando vetuisti, quamvis causam imperii tui pro tempore occultes et quamvis contra pactum sit aliquorum hominum societatis, quis dubitet esse faciendum, quando ea iusta est societas hominum, quæ servit tibi? Sed beati qui te imperasse sciunt. Fiunt enim omnia a servientibus tibi vel ad exhibendum, quod ad præsens opus est, vel ad futura prænuntianda.

Quæ stulta et ridicula Manichæi prædicent.

10. 18. Hæc ego nesciens irridebam illos sanctos servos et Prophetas tuos. Et quid agebam, cum irridebam eos, nisi ut irriderer abs te sensim atque paulatim perductus ad eas nugas, ut crederem ficum plorare, cum decerpitur, et matrem eius arborem lacrimis lacteis? Quam tamen ficum si comedisset aliquis sanctus alieno sane, non suo scelere decerptam, misceret visceribus et anhelaret de illa angelos, immo vero particulas Dei gemendo in oratione atque ructando; quæ particulæ summi et veri Dei ligatæ fuissent in illo pomo, nisi electi sancti dente ac ventre solverentur. Et credidi miser magis esse misericordiam præstandam fructibus terræ quam hominibus, propter quos nascerentur. Si quis enim esuriens peteret, qui Manichæus non esset, quasi capitali supplicio damnanda buccella videretur, si ei daretur.

Monica somnium vidit, quod ei conversionem filii multo ante ostendit.

11. 19. Et misisti manum tuam ex alto, et de hac profunda caligine *eruisti animam meam*, cum pro me fleret ad te mea mater, fidelis tua, amplius quam flent matres corporea funera. Videbat enim illa mortem meam ex fide et spiritu, quem habebat ex te, et exaudisti eam, Domine. Exaudisti eam nec despexisti lacrimas eius, cum profluentes rigarent terram sub oculis eius in omni loco orationis eius: exaudisti eam. Nam unde illud somnium, quo eam consolatus es, ut vivere mecum cederet et habere mecum eamdem mensam in domo? Quod nolle cœperat aversans et detestans blasphemias erroris mei. Vidit enim se stantem in quadam regula lignea et advenientem ad se iuvenem splendidum hilarem atque arridentem sibi, cum illa esset mærens et mærore confecta. Qui cum causas ab ea quæsisset mæstitiæ suæ quotidianarumque lacrimarum docendi, ut assolet, non discendi gratia, atque illa

respondisset perditionem meam se plangere, iussisse illum, quo secura esset, atque admonuisse, ut attenderet et videret, ubi esset illa, ibi esse et me. Quod illa ubi attendit, vidit me iuxta se in eadem regula stantem. Unde hoc, nisi quia erant aures tuæ ad cor eius, o tu bone omnipotens, qui sic curas unumquemque nostrum, tamquam solum cures, et sic omnes, tamquam singulos?

11. 20. Unde illud etiam, quod cum mihi narrasset ipsum visum et ego ad id trahere conarer, ut illa se potius non desperaret futuram esse quod eram, continuo sine aliqua hæsitatione: "Non - inquit - non enim mihi dictum est: Ubi ille, ibi et tu, sed: Ubi tu, ibi et ille". Confiteor tibi, Domine, recordationem meam, quantum recolo (quod sæpe non tacui), amplius me isto per matrem vigilantem responso tuo, quod tam vicina interpretationis falsitate turbata non est et tam cito vidit quod videndum fuit (quod ego certe, antequam dixisset, non videram) etiam tum fuisse commotum quam ipso somnio, quo feminæ piæ gaudium tanto post futurum ad consolationem tunc præsentis sollicitudinis tanto ante prædictum est. Nam novem ferme anni secuti sunt, quibus ego *in illo limo profundi* ac tenebris falsitatis, cum sæpe surgere conarer et gravius alliderer, volutatus sum, cum tamen illa vidua casta, pia et sobria, quales amas, iam quidem spe alacrior, sed fletu et gemitu non segnior, non desineret horis omnibus orationum suarum de me plangere ad te, et *intrabant in conspectum tuum preces* eius, et me tamen dimittebas adhuc volvi et involvi illa caligine.

Alterum responsum Dei per quemdam episcopum Monicæ datum.

12. 21. Et dedisti alterum responsum interim, quod recolo. Nam et multa prætereo, propter quod propero ad ea quæ me magis urgent confiteri tibi, et multa non memini. Dedisti ergo alterum per sacerdotem tuum, quemdam episcopum nutritum in ecclesia et exercitatum in libris tuis. Quem cum illa femina rogasset, ut dignaretur mecum colloqui et refellere errores meos et dedocere me mala ac docere bona (faciebat enim hoc, quos forte idoneos invenisset) noluit ille, prudenter sane, quantum sensi postea. Respondit enim me adhuc esse indocilem, eo quod inflatus essem novitate hæresis illius et nonnullis quæstiunculis iam multos imperitos exagitassem, sicut illa indicaverat ei. "Sed - inquit - sine illum ibi. Tantum roga pro eo Dominum; ipse legendo reperiet, quis ille sit error et quanta impietas". Simul etiam narravit se quoque parvulum a seducta matre sua datum fuisse Manichæis

CONFESSIONES

et omnes pæne non legisse tantum verum etiam scriptitasse libros eorum sibique apparuisse nullo contra disputante et convincente, quam esset illa secta fugienda: itaque fugisse. Quæ cum ille dixisset atque illa nollet adquiescere, sed instaret magis deprecando et ubertim flendo, ut me videret et mecum dissereret, ille iam substomachans tædio: "Vade - inquit - a me; ita vivas, fieri non potest, ut filius istarum lacrimarum pereat".

LIBER QUARTUS

PER NOVEM ANNOS DOCTOR TAGASTE ET CARTHAGINE

Sectator initiatis

Superbia, superstitione et vanitate opprimebantur.

1. 1. Per idem tempus annorum novem, ab undevicesimo anno ætatis meæ usque ad duodetricesimum, seducebamur et seducebamus falsi atque fallentes in variis cupiditatibus et palam per doctrinas, quas liberales vocant, occulte autem falso nomine religionis, hic superbi, ibi superstitiosi, ubique vani, hac popularis gloriæ sectantes inanitatem usque ad theatricos plausus et contentiosa carmina et agonem coronarum fænearum et spectaculorum nugas et intemperantiam libidinum, illac autem purgari nos ab istis sordibus expetentes, cum eis, qui appellarentur electi et sancti, afferremus escas, de quibus nobis in officina aqualiculi sui fabricarent angelos et deos, per quos liberaremur. Et sectabar ista atque faciebam cum amicis meis per me ac mecum deceptis. Irrideant me arrogantes et nondum salubriter prostrati et elisi a te, Deus meus, ego tamen confitear tibi dedecora mea *in laude tua*. Sine me, obsecro, et da mihi circumire præsenti memoria præteritos circuitus erroris mei et immolare tibi hostiam iubilationis. Quid enim sum ego mihi sine te nisi dux in præceps? Aut quid sum, cum mihi bene est, nisi sugens lac tuum aut fruens te cibo, qui non corrumpitur? Et quis homo est quilibet homo, cum sit homo? Sed irrideant nos fortes et potentes, nos autem infirmi et inopes confiteamur tibi.

Artem rhetoricam publice docebat, coniugem non legitimam domi habebat.

2. 2. Docebam in illis annis artem rhetoricam et victoriosam loquacitatem victus cupiditate vendebam. Malebam tamen, *Domine, tu scis*, bonos habere discipulos, sicut appellantur boni, et eos sine dolo docebam dolos, non quibus contra caput innocentis agerent, sed aliquando pro capite nocentis. Et, Deus, vidisti de longinquo lapsantem in lubrico et in multo fumo scintillantem fidem meam, quam exhibebam in illo magisterio diligentibus vanitatem et quærentibus mendacium, socius eorum. In illis annis unam habebam non eo quod legitimum vocatur coniugio cognitam, sed quam indagaverat vagus ardor inops prudentiæ, sed unam tamen, ei quoque

servans tori fidem; in qua sane experirer exemplo meo, quid distaret inter coniugalis placiti modum, quod fœderatum esset generandi gratia, et pactum libidinosi amoris, ubi proles etiam contra votum nascitur, quamvis iam nata cogat se diligi.

Haruspicum artem detestabatur.

2. 3. Recolo etiam, cum mihi theatrici carminis certamen inire placuisset, mandasse mihi nescio quem haruspicem, quid ei dare vellem mercedis, ut vincerem, me autem fœda illa sacramenta detestatum et abominatum respondisse, nec si corona illa esset immortaliter aurea, muscam pro victoria mea necari sinere. Necaturus enim erat ille in sacrificiis suis animantia et illis honoribus invitaturus mihi suffragatura dæmonia videbatur. Sed hoc quoque malum non ex tua castitate repudiavi, *Deus cordis mei*. Non enim amare te noveram, qui nisi fulgores corporeos cogitare non noveram. Talibus enim figmentis suspirans anima nonne *fornicatur abs te*, et *fidit in falsis et pascit ventos*? Sed videlicet sacrificari pro me nollem dæmonibus, quibus me illa superstitione ipse sacrificabam. Quid est enim aliud *ventos pascere* quam ipsos pascere, hoc est errando eis esse voluptati atque derisui?

Astrologi obstinate consulti.

3. 4. Ideoque illos planos, quos mathematicos vocant, plane consulere non desistebam, quod quasi nullum eis esset sacrificium et nullæ preces ad aliquem spiritum ob divinationem dirigerentur. Quod tamen christiana et vera pietas consequenter repellit et damnat. *Bonum est* enim *confiteri* tibi, Domine, et dicere: *Miserere mei; cura animam meam, quoniam peccavi tibi*, neque ad licentiam peccandi abuti indulgentia tua, sed meminisse dominicæ vocis: *Ecce sanus factus es; iam noli peccare, ne quid tibi deterius contingat*. Quam totam illi salubritatem interficere conantur, cum dicunt: "De cælo tibi est inevitabilis causa peccandi", et: "Venus hoc fecit aut Saturnus aut Mars", scilicet ut homo sine culpa sit, *caro et sanguis* et superba putredo, culpandus sit autem cæli ac siderum creator et ordinator. Et quis est hic nisi Deus noster, suavitas et origo iustitiæ, qui reddes *unicuique secundum opera eius*, et *cor contritum et humiliatum non spernis*?

Vindicianus et Nebridius frustra dehortantur eum ne astrologos consulat.

LIBER QUARTUS

3. 5. Erat eo tempore vir sagax, medicinæ artis peritissimus atque in ea nobilissimus, qui pro consule manu sua coronam illam agonisticam imposuerat non sano capiti meo, sed non ut medicus. Nam illius morbi tu sanator, qui resistis *superbis, humilibus autem das gratiam*. Numquid tamen etiam per illum senem defuisti mihi aut destitisti mederi animæ meæ? Quia enim factus ei eram familiarior et eius sermonibus (erant enim sine verborum cultu vivacitate sententiarum iucundi et graves) assiduus et fixus inhærebam, ubi cognovit ex colloquio meo libris genethliacorum esse me deditum, benigne ac paterne monuit, ut eos abicerem neque curam et operam rebus utilibus necessariam illi vanitati frustra impenderem, dicens ita se illa didicisse, ut eius professionem primis annis ætatis suæ deferre voluisset, qua vitam degeret, et si Hippocratem intellexisset, et illas utique litteras potuisse intellegere; et tamen non ob aliam causam se postea illis relictis medicinam assecutum, nisi quod eas falsissimas comperisset et nollet vir gravis decipiendis hominibus victum quærere. "At tu - inquit - quo te in hominibus sustentas, rhetoricam tenes, hanc autem fallaciam libero studio, non necessitate rei familiaris sectaris. Quo magis mihi te oportet de illa credere, qui eam tam perfecte discere elaboravi, quam ex ea sola vivere volui". A quo ego cum quæsissem, quæ causa ergo faceret, ut multa inde vera pronuntiarentur, respondit ille, ut potuit, vim sortis hoc facere in rerum natura usquequaque diffusam. Si enim de paginis poetæ cuiuspiam longe aliud canentis atque intendentis, cum forte quis consulit, mirabiliter consonus negotio sæpe versus exiret, mirandum non esse dicebat, si ex anima humana superiore aliquo instinctu nesciente, quid in se fieret, non arte, sed sorte sonaret aliquid, quod interrogantis rebus factisque concineret.

3. 6. Et hoc quidem ab illo vel per illum procurasti mihi, et quid ipse postea per me ipsum quærerem, in memoria mea delineasti. Tunc autem nec ipse nec carissimus meus Nebridius adulescens valde bonus et valde castus, irridens totum illud divinationis genus, persuadere mihi potuerunt, ut hæc abicerem, quoniam me amplius ipsorum auctorum movebat auctoritas et nullum certum quale quærebam documentum adhuc inveneram, quo mihi sine ambiguitate appareret, quæ ab eis consultis vera dicerentur, forte vel sorte, non arte inspectorum siderum dici.

MORS CUIUSDAM AMICI CARISSIMI

Amicum nimis carum Augustinus sibi comparavit.

CONFESSIONES

4. 7. In illis annis, quo primum tempore in municipio, quo natus sum, docere cœperam, comparaveram amicum societate studiorum nimis carum, coævum mihi et conflorentem flore adulescentiæ. Mecum puer creverat et pariter in scholam ieramus pariterque luseramus. Sed nondum erat sic amicus, quamquam ne tunc quidem sic, uti est vera amicitia, quia non est vera, nisi cum eam tu agglutinas inter hærentes tibi caritate diffusa *in cordibus nostris per Spiritum Sanctum, qui datus est nobis.* Sed tamen dulcis erat nimis, coacta fervore parilium studiorum. Nam et a fide vera, quam non germanitus et penitus adulescens tenebat, deflexeram eum in superstitiosas fabellas et perniciosas, propter quas me plangebat mater. Mecum iam errabat in animo ille homo, et non poterat anima mea sine illo. Et ecce tu imminens dorso fugitivorum tuorum, *Deus ultionum* et fons misericordiarum simul, qui convertis nos ad te miris modis, ecce abstulisti hominem de hac vita, cum vix explevisset annum in amicitia mea, suavi mihi super omnes suavitates illius vitæ meæ.

Amici decessus.

4. 8. Quis laudes tuas enumerat unus in se uno, quas expertus est? Quid tunc fecisti, Deus meus, et quam investigabilis abyssus iudiciorum tuorum? Cum enim laboraret ille febribus, iacuit diu sine sensu in sudore letali et, cum desperaretur, baptizatus est nesciens me non curante et præsumente id retinere potius animam eius quod a me acceperat, non quod in nescientis corpore fiebat. Longe autem aliter erat. Nam recreatus est et salvus factus, statimque, ut primo cum eo loqui potui (potui autem mox, ut ille potuit, quando non discedebam et nimis pendebamus ex invicem) temptavi apud illum irridere, tamquam et illo irrisuro mecum baptismum, quem acceperat mente atque sensu absentissimus. Sed tamen iam se accepisse didicerat. At ille ita me exhorruit ut inimicum admonuitque mirabili et repentina libertate, ut, si amicus esse vellem, talia sibi dicere desinerem. Ego autem stupefactus atque turbatus distuli omnes motus meos, ut convalesceret prius essetque idoneus viribus valetudinis, cum quo agere possem quod vellem. Sed ille abreptus dementiæ meæ, ut apud te servaretur consolationi meæ: post paucos dies me absente repetitur febribus et defungitur.

Augustinus dolore confectus est.

4. 9. Quo dolore contenebratum est cor meum, et quidquid aspiciebam mors erat. Et erat mihi patria supplicium et paterna domus mira infelicitas, et quidquid cum illo communicaveram, sine illo in cruciatum immanem verterat. Expetebant eum undique oculi mei, et non dabatur; et oderam omnia, quod non haberent eum, nec mihi iam dicere poterant: "Ecce veniet", sicut cum viveret, quando absens erat. Factus eram ipse mihi magna quæstio et interrogabam animam meam, quare tristis esset et quare conturbaret me valde, et nihil noverat respondere mihi. Et si dicebam: "Spera in Deum", iuste non obtemperabat, quia verior erat et melior homo, quem carissimum amiserat, quam phantasma, in quod sperare iubebatur. Solus fletus erat dulcis mihi et successerat amico meo in deliciis animi mei.

Dolor eius mire lenitus lacrimis.

5. 10. Et nunc, Domine, iam illa transierunt, et tempore lenitum est vulnus meum. Possumne audire abs te, qui veritas es, et admovere aurem cordis mei ori tuo, ut dicas mihi, cur fletus dulcis sit miseris? An tu, quamvis ubique adsis, longe abiecisti a te miseriam nostram, et tu in te manes, nos autem in experimentis volvimur? Et tamen nisi ad aures tuas ploraremus, nihil residui de spe nostra fieret. Unde igitur suavis fructus de amaritudine vitæ carpitur gemere et flere et suspirare et conqueri? An hoc ibi dulce est, quod speramus exaudire te? Recte istuc in precibus, quia desiderium perveniendi habent. Num in dolore amissæ rei et luctu, quo tunc operiebar? Neque enim sperabam revivescere illum aut hoc petebam lacrimis, sed tantum dolebam et flebam. Miser enim eram et amiseram gaudium meum. An et fletus res amara est et præ fastidio rerum, quibus prius fruebamur, et tunc ab eis abhorremus, delectat?

Tædium vitæ mortisque metus.

6. 11. Quid autem ista loquor? Non enim tempus quærendi nunc est, sed confitendi tibi. Miser eram, et miser est omnis animus vinctus amicitia rerum mortalium et dilaniatur, cum eas amittit, et tunc sentit miseriam, qua miser est et antequam amittat eas. Sic ego eram illo tempore et flebam amarissime et requiescebam in amaritudine. Ita miser eram et habebam cariorem illo amico meo vitam ipsam miseram. Nam quamvis eam mutare vellem, nollem tamen amittere magis quam illum et nescio an vellem vel pro illo, sicut de Oreste et Pylade traditur, si non fingitur, qui vellent pro illo invicem vel simul mori, quia morte peius eis erat non

simul vivere. Sed in me nescio quis affectus nimis huic contrarius ortus erat et tædium vivendi erat in me gravissimum et moriendi metus. Credo, quo magis illum amabam, hoc magis mortem, quæ mihi eum abstulerat, tamquam atrocissimam inimicam oderam et timebam et eam repente consumpturam omnes homines putabam quia illum potuit. Sic eram omnino, memini. Ecce cor meum, Deus meus, ecce intus; vide, quia memini, *spes mea*, qui me mundas a talium affectionum immunditia, dirigens oculos meos ad te et evellens *de laqueo pedes meos*. Mirabar enim ceteros mortales vivere, quia ille, quem quasi non moriturum dilexeram, mortuus erat, et me magis, quia ille alter eram, vivere illo mortuo mirabar. Bene quidam dixit de amico suo: dimidium animæ suæ. Nam ego sensi animam meam et animam illius unam fuisse animam in duobus corporibus, et ideo mihi horrori erat vita, quia nolebam dimidius vivere, et ideo forte mori metuebam, ne totus ille moreretur, quem multum amaveram.

Solacium petens a Tagastensi oppido Carthaginem venit.

7. 12. O dementiam nescientem diligere homines humaniter! O stultum hominem immoderate humana patientem! Quod ego tunc eram. Itaque æstuabam, suspirabam, flebam, turbabar, nec requies erat nec consilium. Portabam enim concisam et cruentam animam meam impatientem portari a me, et ubi eam ponerem non inveniebam. Non in amœnis nemoribus, non in ludis atque cantibus nec in suave olentibus locis nec in conviviis apparatis neque in voluptate cubilis et lecti, non denique in libris atque carminibus adquiescebat. Horrebant omnia et ipsa lux et quidquid non erat quod ille erat, improbum et odiosum erat præter gemitum et lacrimas; nam in eis solis aliquantula requies. Ubi autem inde auferebatur anima mea, onerabat me grandi sarcina miseriæ. Ad te, Domine, levanda erat et curanda, sciebam, sed nec volebam nec valebam, eo magis, quia non mihi eras aliquid solidum et firmum, cum de te cogitabam. Non enim tu eras, sed vanum phantasma et error meus erat deus meus. Si conabar eam ibi ponere, ut requiesceret, per inane labebatur et iterum ruebat super me, et ego mihi remanseram infelix locus, ubi nec esse possem nec inde recedere. Quo enim cor meum fugeret a corde meo? Quo a me ipso fugerem? Quo non me sequerer? Et tamen fugi de patria. Minus enim eum quærebant oculi mei, ubi videre non solebant, atque a Thagastensi oppido veni Carthaginem.

LIBER QUARTUS

Quæ Carthagine secuta sint

Aliorum amicorum solacia recreaverunt eum.

8. 13. Non vacant tempora nec otiose volvuntur per sensus nostros: faciunt in animo mira opera. Ecce veniebant et præteribant *de die in diem* et veniendo et prætereundo inserebant mihi spes alias et alias memorias et paulatim resarciebant me pristinis generibus delectationum, quibus cedebat dolor meus ille; sed succedebant non quidem dolores alii, causæ tamen aliorum dolorum. Nam unde me facillime et in intima dolor ille penetraverat, nisi quia fuderam in harenam animam meam diligendo moriturum ac si non moriturum? Maxime quippe me reparabant atque recreabant aliorum amicorum solacia, cum quibus amabam quod pro te amabam, et hoc erat ingens fabula et longum mendacium, cuius adulterina confricatione corrumpebatur mens nostra pruriens in auribus. Sed illa mihi fabula non moriebatur, si quis amicorum meorum moreretur. Alia erant, quæ in eis amplius capiebant animum, colloqui et corridere et vicissim benevole obsequi, simul legere libros dulciloquos, simul nugari et simul honestari, dissentire interdum sine odio tamquam ipse homo secum atque ipsa rarissima dissensione condire consensiones plurimas, docere aliquid invicem aut discere ab invicem, desiderare absentes cum molestia, suscipere venientes cum lætitia; his atque huiusmodi signis a corde amantium et redamantium procedentibus per os, per linguam, per oculos et mille motus gratissimos quasi fomitibus conflare animos et ex pluribus unum facere.

Beatus qui amat Deum.

9. 14. Hoc est, quod diligitur in amicis et sic diligitur, ut rea sibi sit humana conscientia, si non amaverit redamantem aut si amantem non redamaverit, nihil quærens ex eius corpore præter indicia benevolentiæ. Hinc ille luctus, si quis moriatur, et tenebræ dolorum et versa dulcedine in amaritudinem cor madidum et ex amissa vita morientium mors viventium. Beatus qui amat te et amicum in te et inimicum propter te. Solus enim nullum carum amittit, cui omnes in illo cari sunt, qui non amittitur. Et quis est iste nisi Deus noster, *Deus, qui fecit cælum et terram* et implet ea, quia implendo ea fecit ea? Te nemo amittit, nisi qui dimittit, et quia dimittit, quo it aut quo fugit nisi a te placido ad te iratum? Nam ubi non invenit legem tuam in pœna sua? Et *lex tua veritas* et *Veritas tu*.

47

CONFESSIONES

Omnia humana fluxa sunt.

10. 15. *Deus virtutum, converte nos et ostende faciem tuam, et salvi erimus.* Nam quoquoversum se verterit anima hominis, ad dolores figitur alibi præterquam in te, tametsi figitur in pulchris extra te et extra se. Quæ tamen nulla essent, nisi essent abs te. Quæ oriuntur et occidunt et oriendo quasi esse incipiunt et crescunt, ut perficiantur, et perfecta senescunt et intereunt: et non omnia senescunt et omnia intereunt. Ergo cum oriuntur et tendunt esse, quo magis celeriter crescunt, ut sint, eo magis festinant, ut non sint. Sic est modus eorum. Tantum dedisti eis, quia partes sunt rerum, quæ non sunt omnes simul, sed decedendo ac succedendo agunt omnes universum, cuius partes sunt. Ecce sic peragitur et sermo noster per signa sonantia. Non enim erit totus sermo, si unum verbum non decedat, cum sonuerit partes suas, ut succedat aliud. Laudet te ex illis anima mea, *Deus, creator omnium,* sed non in eis infigatur glutine amore per sensus corporis. Eunt enim quo ibant, ut non sint, et conscindunt eam desideriis pestilentiosis, quoniam ipsa esse vult et requiescere amat in eis, quæ amat. In illis autem non est ubi, quia non stant; fugiunt, et quis ea sequitur sensu carnis? Aut quis ea comprehendit, vel cum præsto sunt? Tardus est enim sensus carnis, quoniam sensus carnis est: ipse est modus eius. Sufficit ad aliud, ad quod factus est, ad illud autem non sufficit, ut teneat transcurrentia ab initio debito usque ad finem debitum. In verbo enim tuo, per quod creantur, ibi audiunt: "Hinc et huc usque".

Solus Deus semper permanet.

11. 16. Noli esse vana, anima mea, et obsurdescere in aure cordis tumultu vanitatis tuæ. Audi et tu: verbum ipsum clamat, ut redeas, et ibi est locus quietis imperturbabilis, ubi non deseritur amor, si ipse non deserat. Ecce illa discedunt, ut alia succedant et omnibus suis partibus constet infima universitas. "Numquid ego aliquo discedo"? ait Verbum Dei. Ibi fige mansionem tuam, ibi commenda quidquid inde habes, anima mea, saltem fatigata fallaciis. Veritati commenda quidquid tibi est a veritate, et non perdes aliquid, et reflorescent putria tua et sanabuntur omnes languores tui et fluxa tua reformabuntur et renovabuntur et constringentur ad te et non te deponent, quo descendunt, sed stabunt tecum et permanebunt ad semper stantem ac permanentem Deum.

11. 17. Ut quid perversa sequeris carnem tuam? Ipsa te sequatur conversam. Quidquid per illam sentis, in parte est et ignoras totum, cuius hæ partes sunt, et delectant te tamen. Sed si ad totum comprehendendum esset idoneus sensus carnis tuæ ac non et ipse in parte universi accepisset pro tua pœna iustum modum, velles, ut transiret quidquid existit in præsentia, ut magis tibi omnia placerent. Nam et quod loquimur, per eumdem sensum carnis audis et non vis utique stare syllabas, sed transvolare, ut aliæ veniant et totum audias. Ita semper omnia, quibus unum aliquid constat (et non sunt omnia simul ea, quibus constat) plus delectant omnia quam singula, si possint sentiri omnia. Sed longe his melior qui fecit omnia, et *ipse est Deus* noster, et non discedit, quia nec succeditur ei.

Qui quærit beatam vitam, accedat ad Deum.

12. 18. Si placent corpora, Deum ex illis lauda et in artificem eorum retorque amorem, ne in his, quæ tibi placent, tu displiceas. Si placent animæ, in Deo amentur, quia et ipsæ mutabiles sunt et in illo fixæ stabiliuntur: alioquin irent et perirent. In illo ergo amentur, et rape ad eum tecum quas potes et dic eis: "Hunc amemus, hunc amemus : ipse fecit hæc et non est longe". Non enim fecit atque abiit, sed ex illo in illo sunt. Ecce ubi est: ubi sapit veritas. Intimus cordi est, sed cor erravit ab eo. *Redite, prævaricatores, ad cor* et inhærete illi, qui fecit vos. State cum eo et stabitis, requiescite in eo et quieti eritis. Quo itis in aspera? Quo itis? Bonum, quod amatis, ab illo est: sed quantum est ad illum, bonum est et suave; sed amarum erit iuste, quia iniuste amatur deserto illo quidquid ab illo est. Quo vobis adhuc et adhuc ambulare vias difficiles et laboriosas? Non est requies, ubi quæritis eam. Quærite quod quæritis, sed ibi non est, ubi quæritis. Beatam vitam quæritis in regione mortis; non est illic. Quomodo enim beata vita, ubi nec vita?

12. 19. Et descendit huc ipsa vita nostra et tulit mortem nostram et occidit eam de abundantia vitæ suæ et tonuit clamans, ut redeamus hinc ad eum in illud secretum, unde processit ad nos in ipsum primum virginalem uterum, ubi ei nupsit humana creatura, caro mortalis, ne semper mortalis; et inde *velut sponsus procedens de thalamo suo exultavit ut gigas ad currendam iam.* Non enim tardavit, sed cucurrit clamans dictis, factis, morte, vita, descensu, ascensu, clamans, ut redeamus ad eum. Et discessit ab oculis, ut redeamus ad cor et inveniamus eum. Abscessit enim et *ecce hic est.* Noluit nobiscum diu esse et non reliquit nos. Illuc enim abscessit, unde

numquam recessit, quia *mundus per eum factus est, et in hoc mundo erat,* et *venit in hunc mundum peccatores salvos facere.* Cui confitetur anima mea, et sanat eam, quoniam peccavit illi. *Filii hominum, quo usque graves corde?* Numquid et post descensum vitæ non vultis ascendere et vivere? Sed quo ascenditis, quando in alto estis et posuistis in cælo os vestrum? Descendite, ut ascendatis, et ascendatis ad Deum. Cecidistis enim ascendendo contra Deum. Dic eis ista, ut plorent *in convalle plorationis,* et sic eos rape tecum ad Deum, quia de spiritu eius hæc dicis eis, si dicis ardens igne caritatis.

DE PULCHRO ET APTO

Nonnullos libros scripsit de pulchro et apto.

13. 20. Hæc tunc non noveram et amabam pulchra inferiora et ibam in profundum et dicebam amicis meis: "Num amamus aliquid nisi pulchrum? Quid est ergo pulchrum? Et quid est pulchritudo? Quid est quod nos allicit et conciliat rebus, quas amamus? Nisi enim esset in eis decus et species, nullo modo nos ad se moverent". Et animadvertebam et videbam in ipsis corporibus aliud esse quasi totum et ideo pulchrum, aliud autem, quod ideo deceret, quoniam apte accommodaretur alicui, sicut pars corporis ad universum suum aut calciamentum ad pedem et similia. Et ista consideratio scaturivit in animo meo ex intimo corde meo, et scripsi libros *De Pulchro et Apto,* puto, duos aut tres; tu scis, Deus : nam excidit mihi. Non enim habemus eos, sed aberraverunt a nobis nescio quo modo.

Ad Hierium oratorem libros de pulchro et apto scripsit.

14. 21. Quid est autem, quod me movit, Domine Deus meus, ut ad Hierium, Romanæ urbis oratorem, scriberem illos libros? Quem non noveram facie, sed amaveram hominem ex doctrinæ fama, quæ illi clara erat, et quædam verba eius audieram, et placuerant mihi. Sed magis, quia placebat aliis et eum efferebant laudibus stupentes, quod ex homine Syro, docto prius græcæ facundiæ, post in latina etiam dictor mirabilis extitisset et esset scientissimus rerum ad studium sapientiæ pertinentium, mihi placebat. Laudatur homo et amatur absens. Utrumnam ab ore laudantis intrat in cor audientis amor ille? Absit, sed ex amante alio accenditur alius. Hinc enim amatur qui laudatur, dum non fallaci corde laudatoris prædicari creditur, id est cum amans eum laudat.

14. 22. Sic enim tunc amabam homines ex hominum iudicio; non enim ex tuo, Deus meus, in quo nemo fallitur. Sed tamen cur non sicut auriga nobilis, sicut venator studiis popularibus diffamatus, sed longe aliter et graviter et ita, quemadmodum et me laudari vellem? Non autem vellem ita laudari et amari me ut histriones, quamquam eos et ipse laudarem et amarem, sed eligens latere quam ita notus esse et vel haberi odio quam sic amari. Ubi distribuuntur ista pondera variorum et diversorum amorum in anima una? Quid est, quod amo in alio, quod rursus nisi odissem, non a me detestarer et repellerem, cum sit uterque nostrum homo? Non enim sicut equus bonus amatur ab eo qui nollet hoc esse, etiamsi posset, hoc et de histrione dicendum est, qui naturæ nostræ socius est. Ergone amo in homine quod odi esse, cum sim homo? Grande profundum est ipse homo, cuius etiam capillos tu, Domine, numeratos habes et non minuuntur in te; et tamen capilli eius magis numerabiles sunt quam affectus eius et motus cordis eius.

14. 23. At ille rhetor ex eo erat genere, quem sic amabam, ut vellem esse me talem; et errabam typho et circumferebar omni vento et nimis occulte gubernabar abs te. Et unde scio et unde certus confiteor tibi, quod illum in amore laudantium magis amaveram quam in rebus ipsis, de quibus laudabatur? Quia si non laudatum vituperarent eum idem ipsi et vituperando atque spernendo ea ipsa narrarent, non accenderer in eo et non excitarer, et certe res non aliæ forent nec homo ipse alius, sed tantummodo alius affectus narrantium. Ecce ubi iacet anima infirma nondum hærens soliditati veritatis. Sicut auræ linguarum flaverint a pectoribus opinantium, ita fertur et vertitur, torquetur ac retorquetur, et obnubilatur ei lumen et non cernitur veritas. Et ecce est ante nos. Et magnum quiddam mihi erat, si sermo meus et studia mea illi viro innotescerent; quæ si probaret, flagrarem magis; si autem improbaret, sauciaretur cor vanum et inane soliditatis tuæ. Et tamen pulchrum illud atque aptum, unde ad eum scripseram, libenter animo versabam ob os contemplationis meæ et nullo collaudatore mirabar.

Qui tunc Augustinus iudicaverit pulchrum et aptum.

15. 24. Sed tantæ rei cardinem in arte tua nondum videbam, omnipotens, *qui facis mirabilia solus*, et ibat animus per formas corporeas et pulchrum, quod per se ipsum, aptum autem, quod ad aliquid accommodatum deceret, definiebam et distinguebam et exemplis corporeis astruebam. Et converti me ad animi naturam,

et non me sinebat falsa opinio, quam de spiritalibus habebam, verum cernere. Et irruebat in oculos ipsa vis veri et avertebam palpitantem mentem ab incorporea re ad lineamenta et colores et tumentes magnitudines et, quia non poteram ea videre in animo, putabam me non posse videre animum. Et cum in virtute pacem amarem, in vitiositate autem odissem discordiam, in illa unitatem, in ista quamdam divisionem notabam, inque illa unitate mens rationalis et natura veritatis ac summi boni mihi esse videbatur, in ista vero divisione irrationalis vitæ nescio quam substantiam et naturam summi mali, quæ non solum esset substantia, sed omnino vita esset et tamen abs te non esset, Deus meus, *ex quo sunt omnia*, miser opinabar. Et illam *monadem* appellabam tamquam sine ullo sexu mentem, hanc vero *dyadem*, iram in facinoribus, libidinem in flagitiis, nesciens quid loquerer. Non enim noveram neque didiceram nec ullam substantiam malum esse nec ipsam mentem nostram summum atque incommutabile bonum.

Vanitas, error et pondus superbiæ.

15. 25. Sicut enim facinora sunt, si vitiosus est ille animi motus, in quo est impetus, et se iactat insolenter ac turbide, et flagitia, si est immoderata illa animæ affectio, qua carnales hauriuntur voluptates ita errores et falsæ opiniones vitam contaminant, si rationalis mens ipsa vitiosa est. Qualis in me tunc erat nesciente alio lumine illam illustrandam esse, ut sit particeps veritatis, quia non est ipsa natura veritatis, *quoniam tu illuminabis lucernam meam, Domine; Deus meus, illuminabis tenebras meas*, et *de plenitudine tua omnes nos accepimus*. Es enim tu *lumen verum, quod illuminat omnem hominem venientem in hunc mundum*, quia in te *non est transmutatio nec momenti obumbratio*.

15. 26. Sed ego conabar ad te et repellebar abs te, ut saperem mortem, quoniam *superbis resistis*. Quid autem superbius, quam ut assererem mira dementia me id esse naturaliter, quod tu es? Cum enim ego essem mutabilis et eo mihi manifestum esset, quod utique ideo sapiens esse cupiebam, ut ex deteriore melior fierem, malebam tamen etiam te opinari mutabilem quam me non hoc esse, quod tu es. Itaque repellebar, et resistebas ventosæ cervici meæ et imaginabar formas corporeas et caro carnem accusabam et spiritus ambulans nondum revertebar ad te et ambulando ambulabam in ea, quæ non sunt neque in te neque in me neque in corpore neque mihi creabantur a veritate tua, sed a mea vanitate fingebantur ex

corpore, et dicebam parvulis fidelibus tuis, civibus meis, a quibus nesciens exulabam, dicebam illis garrulus et ineptus: "Cur ergo errat anima, quam fecit Deus?". Et mihi nolebam dici: "Cur ergo errat Deus?". Et contendebam magis incommutabilem tuam substantiam coactam errare quam meam mutabilem sponte deviasse et pœna errare confitebar.

15. 27. Et eram ætate annorum fortasse viginti sex aut septem, cum illa volumina scripsi, volvens apud me corporalia figmenta obstrepentia cordis mei auribus, quas intendebam, dulcis veritas, in interiorem melodiam tuam, cogitans de pulchro et apto et stare cupiens et audire te et *gaudio* gaudere *propter vocem sponsi*, et non poteram, quia vocibus erroris mei rapiebar foras et pondere superbiæ meæ in ima decidebam. Non enim dabas *auditui meo gaudium et lætitiam*, aut *exultabant ossa*, quæ *humiliata* non erant.

Aristotelis *Decem categorias* solus legit.

16. 28. Et quid mihi proderat, quod annos natus ferme viginti, cum in manus meas venissent Aristotelica quædam, quas appellant *Decem categorias* (quarum nomine, cum eas rhetor Carthaginiensis, magister meus, buccis typho crepantibus commemoraret et alii qui docti habebantur, tamquam in nescio quid magnum et divinum suspensus inhiabam) legi eas solus et intellexi? Quas cum contulissem cum eis, qui se dicebant vix eas magistris eruditissimis non loquentibus tantum, sed multa in pulvere depingentibus intellexisse, nihil inde aliud mihi dicere potuerunt, quam ego solus apud me ipsum legens cognoveram, et satis aperte mihi videbantur loquentes de substantiis, sicuti est homo, et quæ in illis essent, sicuti est figura hominis, qualis sit et statura, quot pedum sit, et cognatio, cuius frater sit, aut ubi sit constitutus aut quando natus, aut stet aut sedeat, aut calciatus vel armatus sit aut aliquid faciat aut patiatur aliquid, et quæcumque in his novem generibus, quorum exempli gratia quædam posui, vel in ipso substantiæ genere innumerabilia reperiuntur.

16. 29. Quid hoc mihi proderat, quando et oberat, cum etiam te, Deus meus, mirabiliter simplicem atque incommutabilem, illis decem prædicamentis putans quidquid esset omnino comprehensum, sic intellegere conarer, quasi et tu subiectus esses magnitudini tuæ aut pulchritudini, ut illa essent in te quasi in subiecto sicut in corpore, cum tua magnitudo et tua pulchritudo tu ipse sis, corpus autem non eo

sit magnum et pulchrum, quo corpus est, quia etsi minus magnum et minus pulchrum esset, nihilominus corpus esset? Falsitas enim erat, quam de te cogitabam, non veritas, et figmenta miseriæ meæ, non firmamenta beatitudinis tuæ. Iusseras enim, et ita fiebat in me, ut terra spinas et tribulos pareret mihi et cum labore pervenirem ad panem meum.

Omnes libros liberalium artium per se ipsum legit.

16. 30. Et quid mihi proderat, quod omnes libros artium, quas liberales vocant, tunc nequissimus malarum cupiditatum servus per me ipsum legi et intellexi, quoscumque legere potui? Et gaudebam in eis et nesciebam, unde esset quidquid ibi verum et certum esset. Dorsum enim habebam ad lumen et ad ea, quæ illuminantur, faciem; unde ipsa facies mea, qua illuminata cernebam, non illuminabatur. Quidquid de arte loquendi et disserendi, quidquid de dimensionibus figurarum et de musicis et de numeris sine magna difficultate nullo hominum tradente intellexi, *scis tu, Domine Deus* meus, quia et celeritas intellegendi et dispiciendi acumen donum tuum est. Sed non inde sacrificabam tibi. Itaque mihi non ad usum, sed ad perniciem magis valebat, quia tam bonam partem substantiæ meæ sategi habere in potestate et fortitudinem meam non ad te custodiebam, sed profectus sum abs te in longinquam regionem, ut eam dissiparem in meretrices cupiditates. Nam quid mihi proderat bona res non utenti bene? Non enim sentiebam illas artes etiam ab studiosis et ingeniosis difficillime intellegi, nisi cum eis eadem conabar exponere et erat ille excellentissimus in eis, qui me exponentem non tardius sequeretur.

Ingenium doctrinaque nihil prosunt cum a Deo longe recessimus.

16. 31. Sed quid mihi hoc proderat putanti, quod tu, Domine Deus Veritas, corpus esses lucidum et immensum et ego frustum de illo corpore? Nimia perversitas! Sed sic eram nec erubesco, Deus meus, confiteri tibi in me misericordias tuas et invocare te, qui non erubui tunc profiteri hominibus blasphemias meas et latrare adversum te. Quid ergo tunc mihi proderat ingenium per illas doctrinas agile et nullo adminiculo humani magisterii tot nodosissimi libri enodati, cum deformiter et sacrilega turpitudine in doctrina pietatis errarem? Aut quid tantum oberat parvulis tuis longe tardius ingenium, cum a te longe non recederent, ut in nido Ecclesiæ tuæ tuti plumescerent et alas caritatis alimento sanæ fidei nutrirent? O

LIBER QUARTUS

Domine Deus noster, *in velamento alarum tuarum* speremus, et *protege* nos, et porta nos. Tu portabis et parvulos et usque ad canos tu portabis, quoniam firmitas nostra quando tu es, tunc est firmitas, cum autem nostra est, infirmitas est. Vivit apud te semper bonum nostrum, et quia inde aversi sumus, perversi sumus. Revertamur iam, Domine, ut non evertamur, quia vivit apud te sine ullo defectu bonum nostrum, quod tu ipse es, et non timemus, ne non sit quo redeamus, quia nos inde ruimus; nobis autem absentibus non ruit domus nostra, æternitas tua.

LIBER QUINTUS

CARTHAGINEM RELINQUENS PETIT ROMAM ATQUE INDE MEDIOLANIUM

Deum laudet et confiteatur miserationes eius universa creatura.

1. 1. Accipe sacrificium confessionum mearum de manu linguæ meæ, quam formasti et excitasti, ut confiteatur nomini tuo, et sana omnia ossa mea, et dicant: *Domine, quis similis tibi*? Neque enim docet te, quid in se agatur, qui tibi confitetur, quia oculum tuum non excludit cor clausum nec manum tuam repellit duritia hominum, sed solvis eam, cum voles, aut miserans aut vindicans, *et non est qui se abscondat a calore tuo*. Sed *te laudet anima mea*, ut amet te, et confiteatur tibi miserationes tuas, ut laudet te. Non cessat nec tacet laudes tuas universa creatura tua nec spiritus omnis per os conversum ad te nec animalia nec corporalia per os considerantium ea, ut exsurgat in te a lassitudine anima nostra innitens eis, quæ fecisti, et transiens ad te, qui fecisti hæc mirabiliter; et ibi refectio et vera fortitudo.

Deus ubique est qui inquietos consolatur.

2. 2. Eant et fugiant a te inquieti iniqui. Et tu vides eos et distinguis umbras, et ecce pulchra sunt cum eis omnia et ipsi turpes sunt. Et quid nocuerunt tibi? Aut in quo imperium tuum dehonestaverunt a cælis usque in novissima iustum et integrum? Quo enim fugerunt, cum fugerent a facie tua? Aut ubi tu non invenis eos? Sed fugerunt, ut non viderent te videntem se atque excæcati in te offenderent (quia non deseris aliquid eorum, quæ fecisti) in te offenderent iniusti et iuste vexarentur, subtrahentes se lenitati tuæ et offendentes in rectitudinem tuam et cadentes in asperitatem tuam. Videlicet nesciunt, quod ubique sis, quem nullus circumscribit locus, et solus es præsens etiam his, qui longe fiunt a te. Convertantur ergo et quærant te, quia non, sicut ipsi deseruerunt creatorem suum, ita tu deseruisti creaturam tuam. Ipsi convertantur, et ecce ibi es in corde eorum, in corde confitentium tibi et proicientium se in te et plorantium in sinu tuo post vias suas difficiles; et tu facilis terges lacrimas eorum, et magis plorant et gaudent in fletibus, quoniam tu, Domine, non aliquis homo, caro et sanguis, sed tu, Domine, qui fecisti, reficis et consolaris eos. Et ubi ego eram, quando te quærebam? Et tu eras ante me, ego autem et a me discesseram nec me inveniebam: quanto minus te!

Manichæorum inscitia

Faustos Manichæorum episcopus laqueus diaboli.

CONFESSIONES

3. 3. Proloquar in conspectu Dei mei annum illum undetricesimum ætatis meæ. Iam venerat Carthaginem quidam Manichæorum episcopus, Faustus nomine, magnus laqueus diaboli, et multi implicabantur in eo per illecebram suaviloquentiæ. Quam ego iam tametsi laudabam, discernebam tamen a veritate rerum, quarum discendarum avidus eram, nec quali vasculo sermonis, sed quid mihi scientiæ comedendum apponeret nominatus apud eos ille Faustus intuebar. Fama enim de illo prælocuta mihi erat, quod esset honestarum omnium doctrinarum peritissimus et apprime disciplinis liberalibus eruditus. Et quoniam multa philosophorum legeram memoriæque mandata retinebam, ex eis quædam comparabam illis Manichæorum longis fabulis, et mihi probabiliora ista videbantur, quæ dixerunt illi, qui *tantum potuerunt valere, ut possent æstimare sæculum*, quamquam *eius Dominum minime invenerint*. Quoniam *magnus es, Domine, et humilia* respicis, *excelsa autem a longe* cognoscis, nec propinquas nisi obtritis corde nec inveniris a superbis, nec si illi curiosa peritia numerent stellas et harenam et dimetiantur sidereas plagas et vestigent vias astrorum.

Multa homines invenerunt et cognoscunt, sapientiæ autem Dei non est numerus.

3. 4. Mente sua enim quærunt ista et ingenio, quod tu dedisti eis, et multa invenerunt et prænuntiaverunt ante multos annos, defectus luminarium solis et lunæ, quo die, qua hora, quanta ex parte futuri essent, et non eos fefellit numerus. Et ita factum est, ut prænuntiaverunt, et scripserunt regulas indagatas, et leguntur hodie atque ex eis prænuntiatur, quo anno et quo mense anni et quo die mensis et qua hora diei et quota parte luminis sui defectura sit luna vel sol: et ita fiet, ut prænuntiatur. Et mirantur hæc homines et stupent qui nesciunt ea, et exsultant atque extolluntur qui sciunt, et per impiam superbiam recedentes et deficientes a lumine tuo tanto ante solis defectum futurum prævident et in præsentia suum non vident (non enim religiose quærunt, unde habeant ingenium, quo ista quærunt) et invenientes, quia tu fecisti eos, non ipsi se dant tibi, se ut serves quod fecisti, et quales se ipsi fecerant occidunt se tibi et trucidant exaltationes suas sicut volatilia et curiositates suas sicut pisces maris, quibus perambulant secretas semitas abyssi, et luxurias suas sicut pecora campi, ut tu, Deus, ignis edax consumas mortuas curas eorum recreans eos immortaliter.

3. 5. Sed non noverunt viam, Verbum tuum, per quod fecisti ea quæ numerant et

ipsos qui numerant et sensum, quo cernunt quæ numerant, et mentem, de qua numerant; et *sapientiæ* tuæ *non est numerus*. Ipse autem Unigenitus *factus est nobis sapientia et iustitia et sanctificatio*, et numeratus est inter nos et solvit tributum Cæsari. Non noverunt hanc viam, qua descendant ad illum a se et per eum ascendant ad eum. Non noverunt hanc viam et putant se excelsos esse cum sideribus et lucidos, et ecce ruerunt in terram, et *obscuratum est insipiens cor eorum*. Et multa vera de creatura dicunt et veritatem, creaturæ artificem, non pie quærunt et ideo non inveniunt, aut si inveniunt, cognoscentes *Deum non sicut Deum* honorant *aut gratias* agunt et evanescunt *in cogitationibus suis* et dicunt *se esse sapientes* sibi tribuendo quæ tua sunt, ac per hoc student perversissima cæcitate etiam tibi tribuere quæ sua sunt, mendacia scilicet in te conferentes, qui veritas es, et immutantes *gloriam incorrupti Dei in similitudinem imaginis corruptibilis hominis et volucrum et quadrupedum et serpentium*, et convertunt *veritatem tuam in mendacium et* colunt et serviunt *creaturæ potius quam Creatori*.

Delira Manichæi Augustinus credere iubebatur.

3. 6. Multa tamen ab eis ex ipsa creatura vera dicta retinebam, et occurrebat mihi ratio per numeros et ordinem temporum et visibiles attestationes siderum et conferebam cum dictis Manichæi, quæ de his rebus multa scripsit copiosissime delirans, et non mihi occurrebat ratio nec solistitiorum et æquinoctiorum nec defectuum luminarium nec quidquid tale in libris sæcularis sapientiæ didiceram. Ibi autem credere iubebar, et ad illas rationes numeris et oculis meis exploratas non occurrebat et longe diversum erat.

Scientia Dei beatum efficit hominem.

4. 7. Numquid, *Domine Deus veritatis*, quisquis novit ista, iam placet tibi? Infelix enim homo, qui scit illa omnia, te autem nescit; beatus autem, qui te scit, etiamsi illa nesciat. Qui vero et te et illa novit, non propter illa beatior, sed propter te solum beatus est, si cognoscens te sicut te glorificet et gratias agat et non evanescat in cogitationibus suis. Sicut enim melior est, qui novit possidere arborem et de usu eius tibi gratias agit, quamvis nesciat vel quot cubitis alta sit vel quanta latitudine diffusa, quam ille, qui eam metitur et omnes ramos eius numerat et neque possidet eam neque creatorem eius novit aut diligit, sic fidelis homo, cuius *totus mundus divitiarum est* et quasi nihil habens omnia possidet inhærendo tibi, cui serviunt

omnia, quamvis nec saltem septentrionum gyros noverit, dubitare stultum est, quin utique melior sit quam mensor cæli et numerator siderum et pensor elementorum et neglegens tui, qui *omnia in mensura et numero et pondere disposuisti.*

Quam arrogans Manichæus fuerit.

5. 8. Sed tamen quis quærebat Manichæum nescio quem etiam ista scribere, sine quorum peritia pietas disci poterat? Dixisti enim homini: *Ecce pietas est sapientia.* Quam ille ignorare posset, etiamsi ista perfecte nosset; ista vero quia non noverat, impudentissime audens docere, prorsus illam nosse non posset. Vanitas est enim mundana ista etiam nota profiteri, pietas autem tibi confiteri. Unde ille devius ad hoc ista multum locutus est, ut convictus ab eis, qui ista vere didicissent, quis esset eius sensus in ceteris, quæ abditiora sunt, manifeste cognosceretur. Non enim parvi se æstimari voluit, sed Spiritum Sanctum, consolatorem et ditatorem fidelium tuorum, auctoritate plenaria personaliter in se esse persuadere conatus est. Itaque cum de cælo ac stellis et de solis ac lunæ motibus falsa dixisse deprehenderetur, quamvis ad doctrinam religionis ista non pertineant, tamen ausus eius sacrilegos fuisse satis emineret, cum ea non solum ignorata, sed etiam falsa tam vesana superbiæ vanitate diceret, ut ea tamquam divinæ personæ tribuere sibi niteretur.

5. 9. Cum enim audio christianum aliquem fratrem illum aut illum ista nescientem et aliud pro alio sentientem, patienter intueor opinantem hominem nec illi obesse video, cum de te, Domine creator omnium, non credat indigna, si forte situs et habitus creaturæ corporalis ignoret. Obest autem, si hoc ad ipsam doctrinæ pietatis formam pertinere arbitretur et pertinacius affirmare audeat quod ignorat. Sed etiam talis infirmitas in fidei cunabulis a caritate matre sustinetur, donec assurgat novus homo *in virum perfectum* et circumferri non possit *omni vento doctrinæ.* In illo autem, qui doctor, qui auctor, qui dux et princeps eorum, quibus illa suaderet, ita fieri ausus est, ut qui eum sequerentur non quemlibet hominem, sed Spiritum tuum Sanctum se sequi arbitrarentur, quis tantam dementiam, sicubi falsa dixisse convinceretur, non detestandam longeque abiciendam esse iudicaret? Sed tamen nondum liquido compereram, utrum etiam secundum eius verba vicissitudines longiorum et breviorum dierum atque noctium et ipsius noctis et diei et deliquia luminum et si quid eiusmodi in aliis libris legeram, posset exponi, ut, si forte posset, incertum quidem mihi fieret, utrum ita se res haberet an ita, sed ad fidem meam

LIBER QUINTUS

illius auctoritatem propter creditam sanctitatem præponerem.

Faustus, cum Carthaginem pervenit, opinionem ac spem Augustini fefellit.

6. 10. Et per annos ferme ipsos novem, quibus eos animo vagabundus audivi, nimis extento desiderio venturum exspectabam istum Faustum. Ceteri enim eorum, in quos forte incurrissem, qui talium rerum quæstionibus a me obiectis deficiebant, illum mihi promittebant, cuius adventu collatoque colloquio facillime mihi hæc et si qua forte maiora quærerem enodatissime expedirentur. Ergo ubi venit, expertus sum hominem gratum et iucundum verbis et ea ipsa, quæ illi solent dicere, multo suavius garrientem. Sed quid ad meam sitim pretiosorum poculorum decentissimus ministrator? Iam rebus talibus satiatæ erant aures meæ, nec ideo mihi meliora videbantur, quia melius dicebantur, nec ideo vera, quia diserta, nec ideo sapiens anima, quia vultus congruus et decorum eloquium. Illi autem, qui eum mihi promittebant, non boni rerum existimatores erant, et ideo illis videbatur prudens et sapiens, quia delectabat eos loquens. Sensi autem aliud genus hominum etiam veritatem habere suspectam et ei nolle adquiescere, si compto atque uberi sermone promeretur. Me autem iam docuerat Deus meus miris et occultis modis, et propterea credo, quod tu me docueris, quoniam verum est, nec quisquam præter te alius doctor est veri, ubicumque et undecumque claruerit. Iam ergo abs te didiceram nec eo debere videri aliquid verum dici, quia eloquenter dicitur, nec eo falsum, quia incomposite sonant signa labiorum; rursus nec ideo verum, quia impolite enuntiatur, nec ideo falsum, quia splendidus sermo est, sed perinde esse sapientiam et stultitiam, sicut sunt cibi utiles et inutiles, verbis autem ornatis et inornatis sicut vasis urbanis et rusticanis utrosque cibos posse ministrari.

6. 11. Igitur aviditas mea, qua illum tanto tempore exspectaveram hominem, delectabatur quidem motu affectuque disputantis et verbis congruentibus atque ad vestiendas sententias facile occurrentibus. Delectabar autem et cum multis vel etiam præ multis laudabam ac ferebam; sed moleste habebam, quod in cœtu audientium non sinerer ingerere illi et partiri cum eo curas quæstionum mearum conferendo familiariter et accipiendo ac reddendo sermonem. Quod ubi potui et aures eius cum familiaribus meis eoque tempore occupare cœpi, quo non dedeceret alternis disserere, et protuli quædam, quæ me movebant, expertus sum prius hominem expertem liberalium disciplinarum nisi grammaticæ atque eius ipsius

usitato modo. Et quia legerat aliquas Tullianas orationes et paucissimos Senecæ libros et nonnulla pœtarum et suæ sectæ si qua volumina latine atque composite conscripta erant, et quia aderat quotidiana sermocinandi exercitatio, inde suppetebat eloquium, quod fiebat acceptius magisque seductorium moderamine ingenii et quodam lepore naturali. Itane est, ut recolo, Domine Deus meus, arbiter conscientiæ meæ? Coram te cor meum et recordatio mea, qui me tunc agebas abdito secreto providentiæ tuæ et inhonestos errores meos iam convertebas ante faciem meam, ut viderem et odissem.

Fausti modestia et pudor Augustino grata fuerunt.

7. 12. Nam posteaquam ille mihi imperitus earum artium, quibus eum excellere putaveram, satis apparuit, desperare cœpi posse mihi eum illa, quæ me movebant, aperire atque dissolvere; quorum quidem ignarus posset veritatem tenere pietatis, sed si Manichæus non esset. Libri quippe eorum pleni sunt longissimis fabulis de cælo et sideribus et sole et luna; quæ mihi eum, quod utique cupiebam, collatis numerorum rationibus, quas alibi ego legeram, utrum potius ita essent, ut Manichæi libris continebantur, an certe vel par etiam inde ratio redderetur, subtiliter explicare posse iam non arbitrabar. Quæ tamen ubi consideranda et discutienda protuli, modeste sane ille nec ausus est subire ipsam sarcinam. Noverat enim se ista non nosse nec eum puduit confiteri. Non erat de talibus, quales multos loquaces passus eram, conantes ea me docere et dicentes nihil. Iste vero *cor* habebat, etsi *non rectum ad te*, nec tamen nimis incautum ad se ipsum. Non usquequaque imperitus erat imperitiæ suæ et noluit se temere disputando in ea coartare, unde nec exitus ei ullus nec facilis esset reditus: etiam hinc mihi amplius placuit. Pulchrior est enim temperantia confitentis animi quam illa, quæ nosse cupiebam. Et eum in omnibus difficilioribus et subtilioribus quæstionibus talem inveniebam.

Augustini studium in doctrinam Manichæi refractum.

7. 13. Refracto itaque studio, quod intenderam in Manichæi litteras, magisque desperans de ceteris eorum doctoribus, quando in multis, quæ me movebant, ita ille nominatus apparuit, cœpi cum eo pro studio eius agere vitam, quo ipse flagrabat in eas litteras, quas tunc iam rhetor Carthaginis adulescentes docebam, et legere cum eo sive quæ ille audita desideraret sive quæ ipse tali ingenio apta existimarem.

Ceterum conatus omnis meus, quo proficere in illa secta statueram, illo homine cognito prorsus intercidit, non ut ab eis omnino separarer, sed quasi melius quidquam non inveniens eo, quo iam quoquo modo irrueram, contentus interim esse decreveram, nisi aliquid forte, quod magis eligendum esset, eluceret. Ita ille Faustus, qui multis laqueus mortis extitit, meum quo captus eram relaxare iam cœperat nec volens nec sciens. Manus enim tuæ, Deus meus, in abdito providentiæ tuæ non deserebant animam meam, et de sanguine cordis matris meæ per lacrimas eius diebus et noctibus pro me sacrificabatur tibi, et egisti mecum miris modis. Tu illud egisti, Deus meus. Nam *a Domino gressus hominis* diriguntur, *et viam eius volet*. Aut quæ procuratio salutis præter manum tuam reficientem quæ fecisti?

ROMÆ PROBAT PHILOSOPHOS ACADEMICOS DE OMNIBUS DUBITANTES

Quare Carthagine abierit.

8. 14. Egisti ergo mecum, ut mihi persuaderetur Romam pergere et potius ibi docere quod docebam Carthagini. Et hoc unde mihi persuasum est, non præteribo confiteri tibi, quoniam et in his altissimi tui recessus et præsentissima in nos misericordia tua cogitanda et prædicanda est. Non ideo Romam pergere volui, quod maiores quæstus maiorque mihi dignitas ab amicis, qui hoc suadebant, promittebatur (quamquam et ista ducebant animum tunc meum) sed illa erat causa maxima et pæne sola, quod audiebam quietius ibi studere adulescentes et ordinatiore disciplinæ cohercitione sedari, ne in eius scholam, quo magistro non utuntur, passim et proterve irruant, nec eos admitti omnino, nisi ille permiserit. Contra apud Carthaginem fœda est et intemperans licentia scholasticorum: irrumpunt impudenter et prope furiosa fronte perturbant ordinem, quem quisque discipulis ad proficiendum instituerit. Multa iniuriosa faciunt mira hebetudine et punienda legibus, nisi consuetudo patrona sit, hoc miseriores eos ostendens, quo iam quasi liceat faciunt, quod per tuam æternam legem numquam licebit, et impune se facere arbitrantur, cum ipsa faciendi cæcitate puniantur et incomparabiliter patiantur peiora, quam faciunt. Ergo quos mores cum studerem meos esse nolui, eos cum docerem cogebar perpeti alienos, et ideo placebat ire, ubi talia non fieri omnes qui noverant indicabant. Verum autem *tu, spes mea et portio mea in terra viventium*, ad mutandum terrarum locum pro salute animæ meæ et Carthagini stimulos, quibus inde avellerer, admovebas et Romæ illecebras, quibus attraherer, proponebas mihi

per homines, qui diligunt vitam mortuam, hinc insana facientes, inde vana pollicentes et ad corrigendos gressus meos utebaris occulte et illorum et mea perversitate. Nam et qui perturbabant otium meum, fœda rabie cæci erant, et qui invitabant ad aliud, terram sapiebant, ego autem, qui detestabar hic veram miseriam, illic falsam felicitatem appetebam.

Matrem violenter eum tenentem dolose reliquit.

8. 15. Sed quare hinc abirem et illuc irem, tu sciebas, Deus, nec indicabas mihi nec matri, quæ me profectum atrociter planxit et usque ad mare secuta est. Sed fefelli eam violenter me tenentem, ut aut revocaret aut mecum pergeret, et finxi me amicum nolle deserere, donec vento facto navigaret. Et mentitus sum matri, et illi matri, et evasi, quia et hoc dimisisti mihi misericorditer servans me ab aquis maris plenum execrandis sordibus usque ad aquam gratiæ tuæ, qua me abluto siccarentur flumina maternorum oculorum, quibus pro me quotidie tibi rigabat terram sub vultu suo. Et tamen recusanti sine me redire vix persuasi, ut in loco, qui proximus nostræ navi erat, memoria beati Cypriani, maneret ea nocte. Sed ea nocte clanculo ego profectus sum, illa autem mansit orando et flendo. Et quid a te petebat, Deus meus, tantis lacrimis, nisi ut navigare me non sineres? Sed tu alte consulens et exaudiens cardinem desiderii eius non curasti quod tunc petebat, ut me faceres quod semper petebat. Flavit ventus et implevit vela nostra et litus subtraxit aspectibus nostris, in quo mane illa insaniebat dolore et querellis et gemitu implebat aures tuas contemnentis ista, cum et me cupiditatibus meis raperes ad finiendas ipsas cupiditates et illius carnale desiderium iusto dolorum flagello vapularet. Amabat enim secum præsentiam meam more matrum, sed multis multo amplius, et nesciebat, quid tu illi gaudiorum facturus esses de absentia mea. Nesciebat, ideo flebat et eiulabat atque illis cruciatibus arguebatur in ea reliquiarium Evæ, cum gemitu quærens quod cum gemitu pepererat. Et tamen post accusationem fallaciarum et crudelitatis meæ conversa rursus ad deprecandum te pro me abiit ad solita, et ego Romam.

Romæ in morbum incidit, unde pæne ad inferos ivit.

9. 16. Et ecce excipior ibi flagello ægritudinis corporalis et ibam iam ad inferos portans omnia mala, quæ commiseram et in te et in me et in alios, multa et gravia super originalis peccati vinculum, quo omnes in Adam morimur. Non enim

quidquam eorum mihi donaveras in Christo, nec solverat ille in cruce sua inimicitias, quas tecum contraxeram peccatis meis. Quomodo enim eas solveret in cruce phantasmatis, quod de illo credideram? Quam ergo falsa mihi videbatur mors carnis eius, tam vera erat animæ meæ, et quam vera erat mors carnis eius, tam falsa vita animæ meæ, quæ id non credebat. Et ingravescentibus febribus iam ibam et peribam. Quo enim irem, si hinc tunc abirem, nisi in ignem atque tormenta digna factis meis in veritate ordinis tui? Et hoc illa nesciebat et tamen pro me orabat absens. Tu autem ubique præsens ubi erat exaudiebas eam et ubi eram miserebaris mei, ut recuperarem salutem corporis adhuc insanus corde sacrilego. Neque enim desiderabam in illo tanto periculo baptismum tuum et melior eram puer, quo illum de materna pietate flagitavi, sicut iam recordatus atque confessus sum. Sed in dedecus meum creveram et consilia medicinæ tuæ demens irridebam, qui non me sivisti talem bis mori. Quo vulnere si feriretur cor matris, numquam sanaretur. Non enim satis eloquor, quid erga me habebat animi et quanto maiore sollicitudine me parturiebat spiritu, quam carne pepererat.

Monicæ preces.

9. 17. Non itaque video, quomodo sanaretur, si mea talis illa mors transverberasset viscera dilectionis eius. Et ubi essent tantæ preces et tam crebræ sine intermissione? Nusquam nisi ad te. An vero tu, Deus misericordiarum, sperneres *cor contritum et humiliatum* viduæ castæ ac sobriæ, frequentantis eleemosynas, obsequentis atque servientis sanctis tuis, nullum diem prætermittentis oblationem ad altare tuum, bis die, mane et vespere, ad ecclesiam tuam sine ulla intermissione venientis, non ad vanas fabulas et aniles loquacitates, sed ut te audiret in tuis sermonibus et tu illam in suis orationibus? Huiusne tu lacrimas, quibus non a te aurum et argentum petebat nec aliquod mutabile aut volubile bonum, sed salutem animæ filii sui, tu, cuius munere talis erat, contemneres et repelleres ab auxilio tuo? Nequaquam, Domine, immo vero aderas et exaudiebas et faciebas ordine, quo prædestinaveras esse faciendum. Absit, ut tu falleres eam in illis visionibus et responsis tuis, quæ iam commemoravi et quæ non commemoravi, quæ illa fideli pectore tenebat et semper orans tamquam chirographa tua ingerebat tibi. Dignaris enim, *quoniam in sæculum misericordia tua,* eis quibus omnia debita dimittis, etiam promissionibus debitor fieri.

CONFESSIONES

Etiam tunc Romæ Augustinus iungebatur Manichæis.

10. 18. Recreasti ergo me ab illa ægritudine et salvum fecisti filium ancillæ tuæ tunc interim corpore, ut esset cui salutem meliorem atque certiorem dares. Et iungebar etiam tunc Romæ falsis illis atque fallentibus sanctis: non enim tantum auditoribus eorum, quorum e numero erat etiam is, in cuius domo ægrotaveram et convalueram, sed eis etiam, quos electos vocant. Adhuc enim mihi videbatur non esse nos, qui peccamus, sed nescio quam aliam in nobis peccare naturam et delectabat superbiam meam extra culpam esse et, cum aliquid mali fecissem, non confiteri me fecisse, ut sanares animam meam, quoniam peccabat tibi, sed excusare me amabam et accusare nescio quid aliud, quod mecum esset et ego non essem. Verum autem totum ego eram et adversus me impietas mea me diviserat, et id erat peccatum insanabilius, quo me peccatorem non esse arbitrabar, et execrabilis iniquitas, te, Deus omnipotens, te in me ad perniciem meam, quam me a te ad salutem malle superari.

Nondum ergo posueras *custodiam ori meo et ostium continentiæ circum labia mea*, ut non declinaret *cor meum in verba mala ad excusandas excusationes in peccatis cum hominibus operantibus iniquitatem*, et ideo adhuc combinabam cum *electis eorum*, sed tamen iam desperans in ea falsa doctrina me posse proficere, eaque ipsa, quibus, si nihil melius reperirem, contentus esse decreveram, iam remissius neglegentiusque retinebam.

Academicos tandem prudentiores ceteris philosophis duxit.

10. 19. Etenim suborta est etiam mihi cogitatio, prudentiores illos ceteris fuisse philosophos, quos Academicos appellant, quod de omnibus dubitandum esse censuerant nec aliquid veri ab homine comprehendi posse decreverant. Ita enim et mihi liquido sensisse videbantur, ut vulgo habentur, etiam illorum intentionem nondum intellegenti. Nec dissimulavi eumdem hospitem meum reprimere a nimia fiducia, quam sensi eum habere de rebus fabulosis, quibus Manichæi libri pleni sunt. Amicitia tamen eorum familiarius utebar quam ceterorum hominum, qui in illa hæresi non fuissent. Nec eam defendebam pristina animositate, sed tamen familiaritas eorum (plures enim eos Roma occultat) pigrius me faciebat aliud quærere præsertim desperantem in Ecclesia tua *Domine cæli et terræ*, Creator omnium visibilium et invisibilium posse inveniri verum, unde me illi averterant,

multumque mihi turpe videbatur credere figuram te habere humanæ carnis et membrorum nostrorum lineamentis corporalibus terminari. Et quoniam cum de Deo meo cogitare vellem, cogitare nisi moles corporum non noveram (neque enim videbatur mihi esse quidquam, quod tale non esset) ea maxima et prope sola causa erat inevitabilis erroris mei.

Mali substantiam quamdam credebat esse.

10. 20. Hinc enim et mali substantiam quamdam credebam esse talem et habere suam molem tetram et deformem sive crassam, quam terram dicebant, sive tenuem atque subtilem, sicuti est æris corpus: quam malignam mentem per illam terram repentem imaginantur. Et quia deum bonum nullam malam naturam creasse qualiscumque me pietas credere cogebat, constituebam ex adverso sibi duas moles, utramque infinitam, sed malam angustius, bonam grandius, et ex hoc initio pestilentioso me cetera sacrilegia sequebantur. Cum enim conaretur animus meus recurrere in catholicam fidem, repercutiebar, quia non erat catholica fides, quam esse arbitrabar. Et magis pius mihi videbar, si te, Deus meus, cui confitentur ex me miserationes tuæ, vel ex ceteris partibus infinitum crederem, quamvis ex una, qua tibi moles mali opponebatur, cogerer finitum fateri, quam si ex omnibus partibus in corporis humani forma te opinarer finiri. Et melius mihi videbar credere nullum malum te creasse (quod mihi nescienti non solum aliqua substantia, sed etiam corporea videbatur, quia et mentem cogitare non noveram nisi eam subtile corpus esse, quod tamen per loci spatia diffunderetur) quam credere abs te esse qualem putabam naturam mali. Ipsumque Salvatorem nostrum, Unigenitum tuum, tamquam de massa lucidissimæ molis tuæ porrectum ad nostram salutem ita putabam, ut aliud de illo non crederem nisi quod possem vanitate imaginari. Talem itaque naturam eius nasci non posse de Maria Virgine arbitrabar, nisi carni concerneretur. Concerni autem et non inquinari non videbam, quod mihi tale figurabam. Metuebam itaque credere in carne natum, ne credere cogerer ex carne inquinatum. Nunc spiritales tui blande et amanter ridebunt me, si has confessiones meas legerint; sed tamen talis eram.

Quid de Scripturis sanctis Manichæi censuerint et in illis reprehenderint.

11. 21. Deinde quæ illi in Scripturis tuis reprehenderant defendi posse non existimabam, sed aliquando sane cupiebam cum aliquo illorum librorum doctissimo

conferre singula et experiri, quid inde sentiret. Iam enim Elpidii cuiusdam adversus eosdem Manichæos coram loquentis et disserentis sermones etiam apud Carthaginem movere me cœperant, cum talia de Scripturis proferret, quibus resisti non facile posset. Et imbecilla mihi responsio videbatur istorum; quam quidem non facile palam promebant, sed nobis secretius, cum dicerent Scripturas Novi Testamenti falsatas fuisse a nescio quibus, qui Iudæorum legem inserere christianæ fidei voluerunt, atque ipsi incorrupta exemplaria nulla proferrent. Sed me maxime captum et offocatum quodam modo deprimebant corporalia cogitantem moles illæ, sub quibus anhelans in auram tuæ veritatis liquidam et simplicem respirare non poteram.

Romani scholastici non eversores, fraudatores autem sunt.

12. 22. Sedulo ergo agere cœperam, propter quod veneram, ut docerem Romæ artem rhetoricam, et prius domi congregare aliquos, quibus et per quos innotescere cœperam. Et ecce cognosco alia Romæ fieri, quæ non patiebar in Africa. Nam re vera illas eversiones a perditis adulescentibus ibi non fieri manifestatum est mihi: "Sed subito - inquiunt - ne mercedem magistro reddant, conspirant multi adulescentes et transferunt se ad alium, desertores fidei et quibus præ pecuniæ caritate iustitia vilis est". Oderat etiam istos cor meum quamvis non perfecto odio. Quod enim ab eis passurus eram, magis oderam fortasse quam eo, quod cuilibet illicita faciebant. Certe tamen turpes sunt tales et *fornicantur abs te* amando volatica ludibria temporum et lucrum luteum, quod cum apprehenditur manum inquinat, et amplectendo mundum fugientem, contemnendo te manentem et revocantem et ignoscentem redeunti ad te meretrici animæ humanæ. Et nunc tales odi pravos et distortos, quamvis eos corrigendos diligam, ut pecuniæ doctrinam ipsam, quam discunt, præferant, ei vero te Deum veritatem et ubertatem certi boni et pacem castissimam. Sed tunc magis eos pati nolebam malos propter me, quam fieri propter te bonos volebam.

Mediolanium pervenit

Augustinus Mediolanum missus, ab Ambrosio episcopo paterne susceptus est.

13. 23. Itaque posteaquam missum est a Mediolano Romam ad præfectum urbis, ut illi civitati rhetoricæ magister provideretur impertita etiam evectione publica, ego

ipse ambivi per eos ipsos Manichæis vanitatibus ebrios (quibus ut carerem ibam, sed utrique nesciebamus) ut dictione proposita me probatum præfectus tunc Symmachus mitteret. Et veni Mediolanum ad Ambrosium episcopum, in optimis notum orbi terræ, pium cultorem tuum, cuius tunc eloquia strenue ministrabant adipem frumenti tui et lætitiam olei et sobriam vini ebrietatem populo tuo. Ad eum autem ducebar abs te nesciens, ut per eum ad te sciens ducerer. Suscepit me paterne ille homo Dei et peregrinationem meam satis episcopaliter dilexit. Et eum amare cœpi primo quidem non tamquam doctorem veri, quod in Ecclesia tua prorsus desperabam, sed tamquam hominem benignum in me. Et studiose audiebam disputantem in populo, non intentione, qua debui, sed quasi explorans eius facundiam, utrum conveniret famæ suæ an maior minorve proflueret, quam prædicabatur, et verbis eius suspendebar intentus, rerum autem incuriosus et contemptor astabam et delectabar suavitate sermonis, quamquam eruditioris, minus tamen hilarescentis atque mulcentis, quam Fausti erat, quod attinet ad dicendi modum. Ceterum rerum ipsarum nulla comparatio; nam ille per Manichæas fallacias aberrabat, ille autem saluberrime docebat salutem. Sed *longe est a peccatoribus salus*, qualis ego tunc aderam. Et tamen propinquabam sensim et nesciens.

Ambrosius Scripturas spiritaliter exponebat.

14. 24. Cum enim non satagerem discere quæ dicebat, sed tantum quemadmodum dicebat audire (ea mihi quippe iam desperanti ad te viam patere homini inanis cura remanserat) veniebant in animum meum simul cum verbis, quæ diligebam, res etiam, quas neglegebam. Neque enim ea dirimere poteram. Et dum cor aperirem ad excipiendum, quam diserte diceret, pariter intrabat et quam vere diceret, gradatim quidem. Nam primo etiam ipsa defendi posse mihi iam cœperunt videri et fidem catholicam, pro qua nihil posse dici adversus oppugnantes Manichæos putaveram, iam non impudenter asseri existimabam, maxime audito uno atque altero et sæpius ænigmate soluto de scriptis veteribus, ubi, cum ad litteram acciperem, occidebar. Spiritaliter itaque plerisque illorum librorum locis expositis iam reprehendebam desperationem meam illam dumtaxat, qua credideram legem et prophetas detestantibus atque irridentibus resisti omnino non posse. Nec tamen iam ideo mihi catholicam viam tenendam esse sentiebam, quia et ipsa poterat habere doctos assertores suos, qui copiose et non absurde obiecta refellerent, nec ideo iam

damnandum illud, quod tenebam, quia defensionis partes æquabantur. Ita enim catholica non mihi victa videbatur, ut nondum etiam victrix appareret.

Manichæis relictis, Augustinus statuit esse catechumenus in Ecclesia catholica.

14. 25. Tum vero fortiter intendi animum, si quo modo possem certis aliquibus documentis Manichæos convincere falsitatis. Quod si possem spiritalem substantiam cogitare, statim machinamenta illa omnia solverentur et abicerentur ex animo meo: sed non poteram. Verum tamen de ipso mundi huius corpore omnique natura, quam sensus carnis attingeret, multo probabiliora plerosque sensisse philosophos magis magisque considerans atque comparans iudicabam. Itaque Academicorum more, sicut existimantur, dubitans de omnibus atque inter omnia fluctuans Manichæos quidem relinquendos esse decrevi, non arbitrans eo ipso tempore dubitationis meæ in illa secta mihi permanendum esse cui iam nonnullos philosophos præponebam; quibus tamen philosophis, quod sine salutari nomine Christi essent, curationem languoris animæ meæ committere omnino recusabam. Statui ergo tamdiu esse catechumenus in catholica Ecclesia mihi a parentibus commendata, donec aliquid certi eluceret, quo cursum dirigerem.

LIBER SEXTUS

Ad fidem catholicam tarda progressio

Mater consecuta est eum Mediolani.

1. 1. *Spes mea a iuventute mea*, ubi mihi eras et quo recesseras? An vero non tu feceras me et discreveras me a quadrupedibus et a volatilibus cæli sapientiorem me feceras? Et ambulabam per tenebras et lubricum et quærebam te foris a me et non inveniebam Deum cordis mei; et veneram *in profundum maris* et diffidebam et desperabam de inventione veri. Iam venerat ad me mater pietate fortis, terra marique me sequens et in periculis omnibus de te secura. Nam et per marina discrimina ipsos nautas consolabatur, a quibus rudes abyssi viatores, cum perturbantur, consolari solent, pollicens eis perventionem cum salute, quia hoc ei tu per visum pollicitus eras. Et invenit me periclitantem quidem graviter desperatione indagandæ veritatis, sed tamen ei cum indicassem non me quidem iam esse Manichæum, sed neque catholicum christianum, non, quasi inopinatum aliquid audierit, exiluit lætitia, cum iam secura fieret ex ea parte miseriæ meæ, in qua me tamquam mortuum sed resuscitandum tibi flebat et feretro cogitationis offerebat, ut diceres filio viduæ: *Iuvenis, tibi dico, surge*, et revivesceret et inciperet loqui et traderes illum matri suæ. Nulla ergo turbulenta exsultatione trepidavit cor eius, cum audisset ex tanta parte iam factum, quod tibi quotidie plangebat ut fieret, veritatem me nondum adeptum, sed falsitati iam ereptum; immo vero quia certa erat et quod restabat te daturum, qui totum promiseras, placidissime et pectore pleno fiduciæ respondit mihi credere se in Christo, quod priusquam de hac vita emigraret, me visura esset fidelem catholicum. Et hoc quidem mihi. Tibi autem, fons misericordiarum, preces et lacrimas densiores, ut accelerares adiutorium tuum et illuminares tenebras meas, et studiosius ad ecclesiam currere et in Ambrosii ora suspendi, ad fontem *salientis aquæ in vitam æternam*. Diligebat autem illum virum sicut angelum Dei, quod per illum cognoverat me interim ad illam ancipitem fluctuationem iam esse perductum, per quam transiturum me ab ægritudine ad sanitatem intercurrente artiore periculo quasi per accessionem, quam criticam medici vocant, certa præsumebat.

Quam religiose Monica Ambrosium coluerit et observaverit.

2. 2. Itaque cum ad memorias sanctorum, sicut in Africa solebat, pultes et panem et merum attulisset atque ab ostiario prohiberetur, ubi hoc episcopum vetuisse

cognovit, tam pie atque obœdienter amplexa est, ut ipse mirarer, quam facile accusatrix potius consuetudinis suæ quam disceptatrix illius prohibitionis effecta sit. Non enim obsidebat spiritum eius vinulentia eamque stimulabat in odium veri amor vini, sicut plerosque mares et feminas, qui ad canticum sobrietatis sicut ad potionem aquatam madidi nausiant; sed illa cum attulisset canistrum cum sollemnibus epulis prægustandis atque largiendis, plus etiam quam unum pocillum pro suo palato satis sobrio temperatum, unde dignationem sumeret, non ponebat, et si multæ essent quæ illo modo videbantur honorandæ memoriæ defunctorum, idem ipsum unum, quod ubique poneret, circumferebat, quo iam non solum aquatissimo, sed etiam tepidissimo cum suis præsentibus per sorbitiones exiguas partiretur, quia pietatem ibi quærebat, non voluptatem. Itaque ubi comperit a præclaro prædicatore atque antistite pietatis præceptum esse ista non fieri nec ab eis qui sobrie facerent, ne ulla occasio se ingurgitandi daretur ebriosis, et quia illa quasi parentalia superstitioni gentilium essent simillima, abstinuit se libentissime et pro canistro pleno terrenis fructibus plenum purgatioribus votis pectus ad memorias martyrum afferre didicerat, ut et quod posset daret egentibus,et si communicatio Dominici corporis illic celebraretur, cuius passionis imitatione immolati et coronati sunt martyres.

Sed tamen videtur mihi Domine Deus meus (et ita est in conspectu tuo de hac re cor meum) non facile fortasse de hac amputanda consuetudine matrem meam fuisse cessuram, si ab alio prohiberetur, quem non sicut Ambrosium diligebat. Quem propter salutem meam maxime diligebat, eam vero ille propter eius religiosissimam conversationem, qua *in bonis operibus* tam *fervens spiritu* frequentabat ecclesiam, ita ut sæpe erumperet, cum me videret, in eius prædicationem gratulans mihi, quod talem matrem haberem, nesciens, qualem illa me filium, qui dubitabam de illis omnibus et inveniri posse viam vitæ minime putabam.

Ambrosius vir admirabilis.

3. 3. Nec iam ingemescebam orando, ut subvenires mihi, sed ad quærendum intentus et ad disserendum inquietus erat animus meus, ipsumque Ambrosium felicem quemdam hominem secundum sæculum opinabar, quem sic tantæ potestates honorarent: cælibatus tantum eius mihi laboriosus videbatur. Quid autem ille spei gereret, et adversus ipsius excellentiæ temptamenta quid luctaminis

haberet quidve solaminis in adversis, et occultum os eius, quod erat in corde eius, quam sapida gaudia de pane tuo ruminaret, nec conicere noveram nec expertus eram. Nec ille sciebat æstus meos nec foveam periculi mei. Non enim quærere ab eo poteram quod volebam, sicut volebam, secludentibus me ab eius aure atque ore catervis negotiorum hominum, quorum infirmitatibus serviebat; cum quibus quando non erat, quod perexiguum temporis erat, aut corpus reficiebat necessariis sustentaculis aut lectione animum. Sed cum legebat, oculi ducebantur per paginas et cor intellectum rimabatur, vox autem et lingua quiescebant. Sæpe cum adessemus (non enim vetabatur quisquam ingredi aut ei venientem nuntiari mos erat) sic eum legentem vidimus tacite et aliter numquam sedentesque in diuturno silentio (quis enim tam intento esse oneri auderet?) discedebamus et coniectabamus eum parvo ipso tempore, quod reparandæ menti suæ nanciscebatur, feriatum ab strepitu causarum alienarum nolle in aliud avocari et cavere fortasse, ne auditore suspenso et intento, si qua obscurius posuisset ille quem legeret, etiam exponere esset necesse aut de aliquibus difficilioribus dissertare quæstionibus atque huic operi temporibus impensis minus quam vellet voluminum evolveret, quamquam et causa servandæ vocis, quæ illi facillime obtundebatur, poterat esse iustior tacite legendi. Quolibet tamen animo id ageret, bono utique ille vir agebat.

Humani corporis forma Deum terminari catholici non credunt.

3. 4. Sed certe mihi nulla dabatur copia sciscitandi quæ cupiebam de tam sancto oraculo tuo, pectore illius, nisi cum aliquid breviter esset audiendum. Æstus autem illi mei otiosum eum valde, cui refunderentur, requirebant nec umquam inveniebant. Et eum quidem in populo *verbum veritatis recte tractantem* omni die dominico audiebam, et magis magisque mihi confirmabatur omnes versutarum calumniarum nodos, quos illi deceptores nostri adversus divinos Libros innectebant, posse dissolvi. Ubi vero etiam comperi ad imaginem tuam hominem a te factum ab spiritalibus filiis tuis, quos de matre catholica per gratiam regenerasti, non sic intellegi, ut humani corporis forma determinatum crederent atque cogitarent, quamquam quomodo se haberet spiritalis substantia, ne quidem tenuiter atque in ænigmate suspicabar, tamen gaudens erubui non me tot annos adversus catholicam fidem, sed contra carnalium cogitationum figmenta latrasse. Eo quippe temerarius et impius fueram, quod ea quæ debebam quærendo dicere, accusando dixeram. Tu enim, altissime et proxime, secretissime et præsentissime, cui membra non sunt

alia maiora et alia minora, sed ubique totus es et nusquam locorum es, non es utique forma ista corporea, tamen fecisti hominem ad imaginem tuam, et ecce ipse a capite usque ad pedes in loco est.

Sana doctrina Ecclesiæ unicæ Dei Aug. claruit.

4. 5. Cum ergo nescirem, quomodo hæc subsisteret imago tua, pulsans proponerem, quomodo credendum esset, non insultans opponerem, quasi ita creditum esset. Tanto igitur acrior cura rodebat intima mea, quid certi retinerem, quanto me magis pudebat tam diu illusum et deceptum promissione certorum puerili errore et animositate tam multa incerta quasi certa garrisse. Quod enim falsa essent, postea mihi claruit. Certum tamen erat, quod incerta essent et a me aliquando pro certis habita fuissent, cum Catholicam tuam cæcis contentionibus accusarem, etsi nondum compertam vera docentem, non tamen ea docentem, quæ graviter accusabam. Itaque confundebar et convertebar et gaudebam, Deus meus, quod Ecclesia unica, corpus unici tui, in qua mihi nomen Christi infanti est inditum, non saperet infantiles nugas neque hoc haberet in doctrina sua sana, quod te creatorem omnium in spatium loci quamvis summum et amplum, tamen undique terminatum membrorum humanorum figura contruderet.

Ambrosius Augustinum docuit Scripturarum intellegentiam spiritalem.

4. 6. Gaudebam etiam, quod vetera scripta Legis et Prophetarum iam non illo oculo mihi legenda proponerentur, quo antea videbantur absurda, cum arguebam tamquam ita sentientes sanctos tuos; verum autem non ita sentiebant. Et tamquam regulam diligentissime commendaret, sæpe in popularibus sermonibus suis dicentem Ambrosium lætus audiebam: *Littera occidit, spiritus autem vivificat*, cum ea, quæ ad litteram perversitatem docere videbantur, remoto mystico velamento spiritaliter aperiret, non dicens quod me offenderet, quamvis ea diceret, quæ utrum vera essent adhuc ignorarem. Tenebam enim cor meum ab omni assensione timens præcipitium et suspendio magis necabar. Volebam enim eorum quæ non viderem ita me certum fieri, ut certus essem, quod septem et tria decem sint. Neque enim tam insanus eram, ut ne hoc quidem putarem posse comprehendi, sed sicut hoc, ita cetera cupiebam sive corporalia, quæ coram sensibus meis non adessent, sive spiritalia, de quibus cogitare nisi corporaliter nesciebam. Et sanari credendo poteram, ut purgatior acies mentis meæ dirigeretur aliquo modo in veritatem tuam

LIBER SEXTUS

semper manentem et ex nullo deficientem; sed, sicut evenire assolet, ut malum medicum expertus etiam bono timeat se committere, ita erat valetudo animæ meæ, quæ utique nisi credendo sanari non poterat et, ne falsa crederet, curari recusabat, resistens manibus tuis, qui medicamenta fidei confecisti et sparsisti super morbos orbis terrarum et tantam illis auctoritatem tribuisti.

Lentum et exile fidei incrementum.

5. 7. Ex hoc tamen quoque iam præponens doctrinam catholicam modestius ibi minimeque fallaciter sentiebam iuberi, ut crederetur quod non demonstrabatur (sive esset quid, sed cui forte non esset, sive nec quid esset) quam illic temeraria pollicitatione scientiæ credulitatem irrideri et postea tam multa fabulosissima et absurdissima, quia demonstrari non poterant, credenda imperari. Deinde paulatim tu, Domine, manu mitissima et misericordissima pertractans et componens cor meum, consideranti, quam innumerabilia crederem, quæ non viderem neque cum gererentur affuissem, sicut tam multa in historia gentium, tam multa de locis atque urbibus, quæ non videram, tam multa amicis, tam multa medicis, tam multa hominibus aliis atque aliis, quæ nisi crederentur, omnino in hac vita nihil ageremus, postremo quam inconcusse fixum fide retinerem, de quibus parentibus ortus essem, quod scire non possem, nisi audiendo credidissem, persuasisti mihi non qui crederent Libris tuis, quos tanta in omnibus fere gentibus auctoritate fundasti, sed qui non crederent esse culpandos nec audiendos esse, si qui forte mihi dicerent: "Unde scis illos Libros unius veri et veracissimi Dei spiritu esse humano generi ministratos?". Id ipsum enim maxime credendum erat, quoniam nulla pugnacitas calumniosarum quæstionum per tam multa quæ legeram inter se confligentium philosophorum extorquere mihi potuit, ut aliquando non crederem te esse quidquid esses, quod ego nescirem, aut administrationem rerum humanarum ad te pertinere.

5. 8. Sed id credebam aliquando robustius, aliquando exilius, semper tamen credidi et esse te et curam nostri gerere, etiamsi ignorabam vel quid sentiendum esset de substantia tua vel quæ via duceret aut reduceret ad te. Ideoque cum essemus infirmi ad inveniendam liquida ratione veritatem et ob hoc nobis opus esset auctoritate sanctarum Litterarum, iam credere cœperam nullo modo te fuisse tributurum tam excellentem illi Scripturæ per omnes iam terras auctoritatem, nisi et per ipsam tibi credi et per ipsam te quæri voluisses. Iam enim absurditatem, quæ

CONFESSIONES

me in illis litteris solebat offendere, cum multa ex eis probabiliter exposita audissem, ad sacramentorum altitudinem referebam eoque mihi illa venerabilior et sacrosancta fide dignior apparebat auctoritas, quo et omnibus ad legendum esset in promptu et secreti sui dignitatem in intellectu profundiore servaret, verbis apertissimis et humillimo genere loquendi se cunctis præbens et exercens intentionem eorum, qui non sunt leves corde, ut exciperet omnes populari sinu et per angusta foramina paucos ad te traiceret, multo tamen plures, quam si nec tanto apice auctoritatis emineret nec turbas gremio sanctæ humilitatis hauriret. Cogitabam hæc et aderas mihi, suspirabam et audiebas me, fluctuabam et gubernabas me, ibam per viam sæculi latam nec deserebas.

Cuiusdam mendici secura lætitia cum Aug. miseria comparata.

6. 9. Inhiabam honoribus, lucris, coniugio, et tu irridebas. Patiebar in eis cupiditatibus amarissimas difficultates te propitio tanto magis, quanto minus sinebas mihi dulcescere quod non eras tu. Vide cor meum, Domine, qui voluisti, ut hoc recordarer et confiterer tibi. Nunc tibi inhæreat anima mea, quam de visco tam tenaci mortis exuisti. Quam misera erat! Et sensum vulneris tu pungebas, ut relictis omnibus converteretur ad te, *qui es super omnia* et sine quo nulla essent omnia, converteretur et sanaretur. Quam ergo miser eram et quomodo egisti, ut sentirem miseriam meam die illo, quo, cum pararem recitare imperatori laudes, quibus plura mentirer, et mentienti faveretur ab scientibus easque curas anhelaret cor meum et cogitationum tabificarum febribus æstuaret, transiens per quemdam vicum Mediolanensem animadverti pauperem mendicum iam, credo, saturum iocantem atque lætantem. Et ingemui et locutus sum cum amicis, qui mecum erant, multos dolores insaniarum nostrarum, quia omnibus talibus conatibus nostris, qualibus tunc laborabam, sub stimulis cupiditatum trahens infelicitatis meæ sarcinam et trahendo exaggerans, nihil vellemus aliud nisi ad securam lætitiam pervenire, quo nos mendicus ille iam præcessisset numquam illuc fortasse venturos. Quod enim iam ille pauculis et emendicatis nummulis adeptus erat, ad hoc ego tam ærumnosis anfractibus et circuitibus ambiebam, ad lætitiam scilicet temporalis felicitatis. Non enim verum gaudium habebat: sed et ego illis ambitionibus multo falsius quærebam. Et certe ille lætabatur, ego anxius eram, securus ille, ego trepidus. Et si quisquam percontaretur me, utrum mallem exsultare an metuere, responderem: "Exultare"; rursus si interrogaret, utrum me talem mallem, qualis ille, an qualis ego

tunc essem, me ipsum curis timoribusque confectum eligerem, sed perversitate; numquid veritate? Neque enim eo me præponere illi debebam, quo doctior eram, quoniam non inde gaudebam, sed placere inde quærebam hominibus, non ut eos docerem, sed tantum ut placerem. Propterea et tu baculo disciplinæ tuæ confringebas ossa mea.

6. 10. Recedant ergo ab anima mea qui dicunt ei: "Interest, unde quis gaudeat. Gaudebat mendicus ille vinulentia, tu gaudere cupiebas gloria". Qua gloria, Domine? Quæ non est in te. Nam sicut verum gaudium non erat, ita nec illa vera gloria et amplius vertebat mentem meam. Et ille ipsa nocte digesturus erat ebrietatem suam, ego cum mea dormieram et surrexeram et dormiturus et surrecturus eram; vide quot dies! Interest vero, unde quis gaudeat, scio, et gaudium spei fidelis incomparabiliter distat ab illa vanitate. Sed et tunc distabat inter nos: nimirum quippe ille felicior erat, non tantum quod hilaritate perfundebatur, cum ego curis eviscerarer, verum etiam quod ille bene optando acquisiverat vinum, ego mentiendo quærebam typhum. Dixi tunc multa in hac sententia caris meis et sæpe advertebam in his, quomodo mihi esset, et inveniebam male mihi esse et dolebam et conduplicabam ipsum male, et si quid arrisisset prosperum, tædebat apprehendere, quia pæne priusquam teneretur avolabat.

De amicis et consiliis initis cum eis

Alypius ut magistrum Augustinum audivit eumque dilexit.

7. 11. Congemiscebamus in his qui simul amice vivebamus, et maxime ac familiarissime cum Alypio et Nebridio ista colloquebar. Quorum Alypius ex eodem quo ego eram ortus municipio, parentibus primatibus municipalibus, me minor natu. Nam et studuerat apud me, cum in nostro oppido docere cœpi, et postea Carthagini et diligebat me multum, quod ei bonus et doctus viderer, et ego illum propter magnam virtutis indolem, quæ in non magna ætate satis eminebat. Gurges tamen morum Carthaginensium, quibus nugatoria fervent spectacula, absorbuerat eum in insaniam circensium. Sed cum in eo miserabiliter volveretur, ego autem rhetoricam ibi professus publica schola uterer, nondum me audiebat ut magistrum propter quamdam simultatem, quæ inter me et patrem eius erat exorta. Et compereram, quod circum exitiabiliter amaret, et graviter angebar, quod tantam spem perditurus vel etiam perdidisse mihi videbatur. Sed monendi eum et aliqua

cohercitione revocandi nulla erat copia vel amicitiæ benevolentia vel iure magisterii. Putabam enim eum de me cum patre sentire, ille vero non sic erat. Itaque postposita in hac re patris voluntate salutare me cœperat veniens in auditorium meum et audire aliquid atque abire.

7. 12. Sed enim de memoria mihi lapsum erat agere cum illo, ne vanorum ludorum cæco et præcipiti studio tam bonum interimeret ingenium. Verum autem, Domine, tu, qui præsides gubernaculis omnium, quæ creasti, non eum oblitus eras futurum inter filios tuos antistitem sacramenti tui et, ut aperte tibi tribueretur eius correctio, per me quidem illam sed nescientem operatus es. Nam quodam die cum sederem loco solito et coram me adessent discipuli, venit, salutavit, sedit atque in ea quæ agebantur intendit animum. Et forte lectio in manibus erat. Quam dum exponerem et opportune mihi adhibenda videretur similitudo circensium, quo illud quod insinuabam et iucundius et planius fieret cum irrisione mordaci eorum, quos illa captivasset insania, scis tu, Deus noster, quod tunc de Alypio ab illa peste sanando non cogitaverim. At ille in se rapuit meque illud non nisi propter se dixisse credidit et quod alius acciperet ad succensendum mihi, accepit honestus adulescens ad succensendum sibi et ad me ardentius diligendum. Dixeras enim tu iam olim et innexueras litteris tuis: *Corripe sapientem, et amabit te*. At ego illum non corripueram, sed utens tu omnibus et scientibus et nescientibus ordine quo nosti (et ille ordo iustus est) de corde et lingua mea carbones ardentes operatus es, quibus mentem spei bonæ adureres tabescentem ac sanares. Taceat laudes tuas qui miserationes tuas non considerat, quæ tibi de medullis meis confitentur. Etenim vero ille post illa verba proripuit se ex fovea tam alta, qua libenter demergebatur et cum mira voluptate cæcabatur, et excussit animum forti temperantia, et resiluerunt omnes circensium sordes ab eo ampliusque illuc non accessit. Deinde patrem reluctantem evicit, ut me magistro uteretur: cessit ille atque concessit. Et audire me rursus incipiens illa mecum superstitione involutus est amans in Manichæis ostentationem continentiæ, quam veram et germanam putabat. Erat autem illa vecors et seductoria, pretiosas animas captans nondum virtutis altitudinem scientes tangere et superficie decipi faciles, sed tamen adumbratæ simulatæque virtutis.

Alypius cruenta circensium voluptate abreptus.

8. 13. Non sane relinquens incantatam sibi a parentibus terrenam viam Romam præcesserat, ut ius disceret, et ibi gladiatorii spectaculi hiatu incredibili et incredibiliter abreptus est. Cum enim aversaretur et detestaretur talia, quidam eius amici et condiscipuli, cum forte de prandio redeuntibus pervium esset, recusantem vehementer et resistentem familiari violentia duxerunt in amphitheatrum crudelium et funestorum ludorum diebus hæc dicentem: "Si corpus meum in locum illum trahitis et ibi constituitis, numquid et animum et oculos meos in illa spectacula potestis intendere? Adero itaque absens ac sic et vos et illa superabo". Quibus auditis illi nihilo setius eum adduxerunt secum, id ipsum forte explorare cupientes utrum posset efficere. Quod ubi ventum est et sedibus quibus potuerunt locati sunt, fervebant omnia immanissimis voluptatibus. Ille clausis foribus oculorum interdixit animo, ne in tanta mala procederet. Atque utinam et aures obturavisset! Nam quodam pugnæ casu, cum clamor ingens totius populi vehementer eum pulsasset, curiositate victus et quasi paratus, quidquid illud esset, etiam visum contemnere et vincere, aperuit oculos et percussus est graviore vulnere in anima quam ille in corpore, quem cernere concupivit, ceciditque miserabilius quam ille, quo cadente factus est clamor; qui per eius aures intravit et reseravit eius lumina, ut esset, qua feriretur et deiceretur audax adhuc potius quam fortis animus et eo infirmior, quo de se præsumpserat, qui debuit de te. Ut enim vidit illum sanguinem, immanitatem simul ebibit et non se avertit, sed fixit aspectum et hauriebat furias et nesciebat et delectabatur scelere certaminis et cruenta voluptate inebriabatur. Et non erat iam ille, qui venerat, sed unus de turba, ad quam venerat, et verus eorum socius, a quibus adductus erat. Quid plura? Spectavit, clamavit, exarsit, abstulit inde secum insaniam, qua stimularetur redire non tantum cum illis, a quibus prius abstractus est, sed etiam præ illis et alios trahens. Et inde tamen manu validissima et misericordissima eruisti eum tu et docuisti non sui habere, sed tui fiduciam, sed longe postea.

Alypius tamquam fur Carthagine comprehensus.

9. 14. Verumtamen iam hoc ad medicinam futuram in eius memoria reponebatur. Nam et illud, quod, cum adhuc studeret iam me audiens apud Carthaginem et medio die cogitaret in foro quod recitaturus erat, sicut exerceri scholastici solent, sivisti eum comprehendi ab æditimis fori tamquam furem, non arbitror aliam ob causam te permisisse, Deus noster, nisi ut ille vir tantus futurus iam inciperet

discere, quam non facile in cognoscendis causis homo ab homine damnandus esset temeraria credulitate. Quippe ante tribunal deambulabat solus cum tabulis ac stilo, cum ecce adulescens quidam ex numero scholasticorum, fur verus, securim clanculo apportans illo non sentiente ingressus est ad cancellos plumbeos, qui vico argentario desuper præminent, et præcidere plumbum cœpit. Sono autem securis audito submurmuraverunt argentarii, qui subter erant, et miserunt qui apprehenderent quem forte invenissent. Quorum vocibus auditis relicto instrumento ille discessit timens, ne cum eo teneretur. Alypius autem, qui non viderat intrantem, exeuntem sensit et celeriter vidit abeuntem et causam scire cupiens ingressus est locum et inventam securim stans atque admirans considerabat, cum ecce illi, qui missi erant, reperiunt eum solum ferentem ferrum, cuius sonitu exciti venerant; tenent, attrahunt, congregatis inquilinis fori tamquam furem manifestum se comprehendisse gloriantur, et inde offerendus iudiciis ducebatur.

9. 15. Sed hactenus docendus fuit. Statim enim Domine, subvenisti innocentiæ, cuius testis eras tu solus. Cum enim duceretur vel ad custodiam vel ad supplicium, fit eis obviam quidam architectus, cuius maxima erat cura publicarum fabricarum. Gaudent illi eum potissimum occurrisse, cui solebant in suspicionem venire ablatarum rerum, quæ perissent de foro, ut quasi tandem iam ille cognosceret, a quibus hæc fierent. Verum autem viderat homo sæpe Alypium in domo cuiusdam senatoris, ad quem salutandum ventitabat, statimque cognitum manu apprehensa semovit a turbis et tanti mali causam quærens, quid gestum esset, audivit omnesque tumultuantes, qui aderant, et minaciter frementes iussit venire secum. Et venerunt ad domum illius adulescentis, qui rem commiserat. Puer vero erat ante ostium et tam parvus erat, ut nihil exinde domino suo metuens facile posset totum indicare; cum eo quippe in foro fuit pedissequus. Quem posteaquam recoluit Alypius, architecto intimavit. At ille securim demonstravit puero quærens ab eo, cuius esset. Qui confestim "Nostra" inquit; deinde, interrogatus, aperuit cetera. Sic in illam domum translata causa confusisque turbis, quæ de illo triumphare iam cœperant, futurus dispensator verbi tui et multarum in Ecclesia tua causarum examinator experientior instructiorque discessit.

Alypius Romæ assessoris munere functus est integre.

LIBER SEXTUS

10. 16. Hunc ergo Romæ inveneram, et adhæsit mihi fortissimo vinculo mecumque Mediolanum profectus est, ut nec me desereret et de iure, quod didicerat, aliquid ageret secundum votum magis parentum quam suum. Et ter iam assederat mirabili continentia ceteris, cum ille magis miraretur eos, qui aurum innocentiæ præponerent. Temptata est quoque eius indoles non solum illecebra cupiditatis sed etiam stimulo timoris. Romæ assidebat comiti largitionum Italicianarum. Erat eo tempore quidam potentissimus senator, cuius et beneficiis obstricti multi et terrori subditi erant. Voluit sibi licere nescio quid ex more potentiæ suæ, quod esset per leges illicitum; restitit Alypius. Promissum est præmium; irrisit animo. Prætentæ minæ; calcavit mirantibus omnibus inusitatam animam, quæ hominem tantum et innumerabilibus præstandi nocendique modis ingenti fama celebratum vel amicum non optaret vel non formidaret inimicum. Ipse autem iudex, cui consiliarius erat, quamvis et ipse fieri nollet, non tamen aperte recusabat, sed in istum causam transferens ab eo se non permitti asserebat, quia et re vera, si ipse faceret, iste discederet. Hoc solo autem pæne iam illectus erat studio litterario, ut pretiis prætorianis codices sibi conficiendos curaret, sed consulta iustitia deliberationem in melius vertit utiliorem iudicans æquitatem, qua prohibebatur, quam potestatem, qua sinebatur. Parvum est hoc; sed *qui in parvo fidelis est, et in magno fidelis est*, nec ullo modo erit inane, quod tuæ veritatis ore processit: *Si in iniusto mammona fideles non fuistis, verum quis dabit vobis? Et si in alieno fideles non fuistis, vestrum quis dabit vobis?* Talis ille tunc inhærebat mihi mecumque nutabat in consilio, quisnam esset tenendus vitæ modus.

Nebridius quoque Mediolanum venit ut viveret cum Augustino

10. 17. Nebridius etiam, qui relicta patria vicina Carthagini atque ipsa Carthagine, ubi frequentissimus erat, relicto paterno rure optimo, relicta domo et non secutura matre nullam ob aliam causam Mediolanum venerat, nisi ut mecum viveret in flagrantissimo studio veritatis atque sapientiæ, pariter suspirabat pariterque fluctuabat beatæ vitæ inquisitor ardens et quæstionum difficillimarum scrutator acerrimus. Et erant ora trium egentium et inopiam suam sibimet invicem anhelantium et ad te exspectantium, ut dares eis *escam in tempore opportuno*. Et in omni amaritudine, quæ nostros sæculares actus de misericordia tua sequebatur, intuentibus nobis finem, cur ea pateremur, occurrebant tenebræ, et aversabamur gementes et dicebamus: "Quam diu hæc?". Et hoc crebro dicebamus et dicentes non

relinquebamus ea, quia non elucebat certum aliquid, quod illis relictis apprehenderemus.

Augustinus æstuat in dubio hæretque anceps.

11. 18. Et ego maxime mirabar satagens et recolens, quam longum tempus esset ab undevicesimo anno ætatis meæ, quo fervere cœperam studio sapientiæ, disponens ea inventa relinquere omnes vanarum cupiditatum spes inanes et insanias mendaces. Et ecce iam tricenariam ætatem gerebam in eodem luto hæsitans aviditate fruendi præsentibus fugientibus et dissipantibus me, dum dico: "Cras inveniam; ecce manifestum apparebit et tenebo; ecce Faustus veniet et exponet omnia. O magni viri Academici! Nihil ad agendam vitam certi comprehendi potest Immo quæramus diligentius et non desperemus. Ecce iam non sunt absurda in libris ecclesiasticis, quæ absurda videbantur, et possunt aliter atque honeste intellegi. Figam pedes in eo gradu, in quo puer a parentibus positus eram, donec inveniatur perspicua veritas. Sed ubi quæretur? Quando quæretur? Non vacat Ambrosio, non vacat legere. Ubi ipsos codices quærimus? Unde aut quando comparamus? A quibus sumimus? Deputentur tempora, distribuantur horæ pro salute animæ. Magna spes oborta est: non docet catholica fides, quod putabamus et vani accusabamus. Nefas habent docti eius credere Deum figura humani corporis terminatum. Et dubitamus pulsare, quo aperiantur cetera? Antemeridianis horis discipuli occupant; ceteris quid facimus? Cur non id agimus? Sed quando salutamus amicos maiores, quorum suffragiis opus habemus? Quando præparamus quod emant scholastici? Quando reparamus nos ipsos relaxando animo ab intentione curarum?

11. 19. Pereant omnia et dimittamus hæc vana et inania: conferamus nos ad solam inquisitionem veritatis. Vita misera est, mors incerta est; subito obrepat: quomodo hinc exibimus? Et ubi nobis discenda sunt quæ hic neglexeimus? Ac non potius huius neglegentiæ supplicia luenda? Quid, si mors ipsa omnem curam cum sensu amputabit et finiet? Ergo et hoc quærendum. Sed absit, ut ita sit. Non vacat, non est inane, quod tam eminens culmen auctoritatis christianæ fidei toto orbe diffunditur. Numquam tanta et talia pro nobis divinitus agerentur, si morte corporis etiam vita animæ consumeretur. Quid cunctamur igitur relicta spe sæculi conferre nos totos ad quærendum Deum et vitam beatam? Sed exspecta: iucunda sunt etiam ista, habent non parvam dulcedinem suam; non facile ab eis præcidenda est intentio,

quia turpe est ad ea rursum redire. Ecce iam quantum est, ut impetretur aliquis honor. Et quid amplius in his desiderandum? Suppetit amicorum maiorum copia: ut nihil aliud et multum festinemus, vel præsidatus dari potest. Et ducenda uxor cum aliqua pecunia, ne sumptum nostrum gravet, et ille erit modus cupiditatis. Multi magni viri et imitatione dignissimi sapientiæ studio cum coniugibus dediti fuerunt".

11. 20. Cum hæc dicebam et alternabant hi venti et impellebant huc atque illuc cor meum, transibant tempora, et tardabam *converti ad Dominum* et differebam *de die in diem* vivere in te et non differebam quotidie in memetipso mori; amans beatam vitam timebam illam in sede sua et ab ea fugiens quærebam eam. Putabam enim me miserum fore nimis, si feminæ privarer amplexibus, et medicinam misericordiæ tuæ ad eamdem infirmitatem sanandam non cogitabam, quia expertus non eram, et propriarum virium credebam esse continentiam, quarum mihi non eram conscius, cum tam stultus essem, ut nescirem, sicut scriptum est, neminem posse esse continentem, nisi tu dederis. Utique dares, si gemitu interno pulsarem aures tuas et fide solida in te iactarem curam meam.

Augustinus non sprevit, et Alypius ipse desideraverit coniugium.

12. 21. Prohibebat me sane Alypius ab uxore ducenda cantans nullo modo nos posse securo otio simul in amore sapientiæ vivere, sicut iam diu desideraremus, si id fecissem. Erat enim ipse in ea re etiam tunc castissimus, ita ut mirum esset, quia vel experientiam concubitus ceperat in ingressu adulescentiæ suæ, sed non hæserat magisque doluerat et spreverat et deinde iam continentissime vivebat. Ego autem resistebam illi exemplis eorum, qui coniugati coluissent sapientiam et promeruissent Deum et habuissent fideliter ac dilexissent amicos. A quorum ego quidem granditate animi longe aberam et deligatus morbo carnis mortifera suavitate trahebam catenam meam solvi timens et quasi concusso vulnere repellens verba bene suadentis tamquam manus solventis. Insuper etiam per me ipsi quoque Alypio loquebatur serpens et innectebat atque spargebat per linguam meam dulces laqueos in via eius, quibus illi honesti et expediti pedes implicarentur.

12. 22. Cum enim me ille miraretur, quem non parvi penderet, ita hærere visco illius voluptatis, ut me affirmarem, quotiescumque inde inter nos quæreremus, cælibem vitam nullo modo posse degere atque ita me defenderem, cum illum mirantem

CONFESSIONES

viderem, ut dicerem multum interesse inter illud, quod ipse raptim et furtim expertus esset, quod pæne iam ne meminisset quidem atque ideo nulla molestia facile contemneret, et delectationes consuetudinis meæ, ad quas si accessisset honestum nomen matrimonii, non eum mirari oportere, cur ego illam vitam nequirem spernere, cœperat et ipse desiderare coniugium nequaquam victus libidine talis voluptatis, sed curiositatis. Dicebat enim scire se cupere, quidnam esset illud, sine quo vita mea, quæ illi sic placebat, non mihi vita, sed pœna videretur. Stupebat enim liber ab illo vinculo animus servitutem meam et stupendo ibat in experiendi cupidinem venturus in ipsam experientiam atque inde fortasse lapsurus in eam quam stupebat servitutem, quoniam sponsionem volebat facere cum morte, et qui amat periculum, incidet in illud. Neutrum enim nostrum, si quod est coniugale decus in officio regendi matrimonii et suscipiendorum liberorum, ducebat nisi tenuiter. Magna autem ex parte atque vehementer consuetudo satiandæ insatiabilis concupiscentiæ me captum excruciabat, illum autem admiratio capiendum trahebat. Sic eramus, donec tu, Altissime, non deserens humum nostram miseratus miseros subvenires miris et occultis modis.

Puella nondum nobilis desponsata est Augustino.

13. 23. Et instabatur impigre, ut ducerem uxorem. Iam petebam, iam promittebatur maxime matre dante operam, quo me iam coniugatum baptismus salutaris ablueret, quo me in dies gaudebat aptari et vota sua ac promissa tua in mea fide compleri animadvertebat. Cum sane et rogatu meo et desiderio suo forti clamore cordis abs te deprecaretur quotidie, ut ei per visum ostenderes aliquid de futuro matrimonio meo, numquam voluisti. Et videbat quædam vana et phantastica, quo cogebat impetus de hac re satagentis humani spiritus, et narrabat mihi non cum fiducia qua solebat, cum tu demonstrabas ei, sed contemnens ea. Dicebat enim discernere se nescio quo sapore, quem verbis explicare non poterat, quid interesset inter revelantem te et animam suam somniantem. Instabatur tamen, et puella petebatur, cuius ætas ferme biennio minus quam nubilis erat, et quia ea placebat, exspectabatur.

Augustinus eiusque amici in animo habuerunt sodalitatem constituere, quæ perfecta non est.

14. 24. Et multi amici agitaveramus animo et colloquentes ac detestantes turbulentas humanæ vitæ molestias pæne iam firmaveramus remoti a turbis otiose vivere, id otium sic moliti, ut, si quid habere possemus, conferremus in medium unamque rem familiarem conflaremus ex omnibus, ut per amicitiæ sinceritatem non esset aliud huius et aliud illius, sed quod ex cunctis fieret unum, et universum singulorum esset et omnia omnium, cum videremur nobis esse posse decem ferme homines in eadem societate essentque inter nos prædivites, Romanianus maxime communiceps noster, quem tunc graves æstus negotiorum suorum ad comitatum attraxerant, ab ineunte ætate mihi familiarissimus. Qui maxime instabat huic rei et magnam in suadendo habebat auctoritatem, quod ampla res eius multum ceteris anteibat. Et placuerat nobis, ut bini annui tamquam magistratus omnia necessaria curarent ceteris quietis. Sed posteaquam cœpit cogitari, utrum hoc mulierculæ sinerent, quas et alii nostrum iam habebant et nos habere volebamus, totum illud placitum, quod bene formabamus, dissiluit in manibus atque confractum et abiectum est. Inde ad suspiria et gemitus et gressus ad sequendas latas et tritas vias sæculi, quoniam *multæ cogitationes* erant *in corde* nostro, *consilium autem* tuum *manet in æternum.* Ex quo consilio deridebas nostra et tua præparabas nobis daturus *escam in opportunitate* et aperturus *manum* atque impleturus animas nostras *benedictione.*

Muliere, ex qua filium susceperat, in Africam profecta, aliam feminam Augustinus procuravit.

15. 25. Interea mea peccata multiplicabantur, et avulsa a latere meo tamquam impedimento coniugii cum qua cubare solitus eram, cor, ubi adhærebat, concisum et vulneratum mihi erat et trahebat sanguinem. Et illa in Africam redierat vovens tibi alium se virum nescituram, relicto apud me naturali ex illa filio meo. At ego infelix nec feminæ imitator, dilationis impatiens, tamquam post biennium accepturus eam quam petebam, quia non amator coniugii sed libidinis servus eram, procuravi aliam, non utique coniugem, quo tamquam sustentaretur et perduceretur vel integer vel auctior morbus animæ meæ satellitio perdurantis consuetudinis in regnum uxorium. Nec sanabatur vulnus illud meum, quod prioris præcisione factum erat, sed post fervorem doloremque acerrimum putrescebat et quasi frigidius, sed desperatius dolebat.

Disputatio cum Alypio et Nebridio de finibus bonorum et malorum.

16. 26. Tibi laus, tibi gloria, fons misericordiarum! Ego fiebam miserior et tu propinquior. Aderat iam iamque dextera tua raptura me de cæno et ablatura, et ignorabam. Nec me revocabat a profundiore voluptatum carnalium gurgite nisi metus mortis et futuri iudicii tui, qui per varias quidem opiniones, numquam tamen recessit de pectore meo. Et disputabam cum amicis meis Alypio et Nebridio de finibus bonorum et malorum. Epicurum accepturum fuisse palmam in animo meo, nisi ego credidissem post mortem restare animæ vitam et tractus meritorum, quod Epicurus credere noluit. Et quærebam, si essemus immortales et in perpetua corporis voluptate sine ullo amissionis terrore viveremus, cur non essemus beati aut quid aliud quæreremus, nesciens id ipsum ad magnam miseriam pertinere, quod ita demersus et cæcus cogitare non possem lumen honestatis et gratis amplectendæ pulchritudinis, quam non videt oculus carnis, et videtur ex intimo. Nec considerabam miser, ex qua vena mihi manaret, quod ista ipsa fœda tamen cum amicis dulciter conferebam nec esse sine amicis poteram beatus etiam secundum sensum, quem tunc habebam in quantalibet affluentia carnalium voluptatum. Quos utique amicos gratis diligebam vicissimque ab eis me diligi gratis sentiebam. O tortuosas vias! *Væ animæ* audaci, quæ speravit, si a te recessisset, se aliquid melius habituram! Versa et reversa in tergum et in latera et in ventrem, et dura sunt omnia, et tu solus requies. Et ecce ades et liberas a miserabilibus erroribus et constituis nos in via tua et consolaris et dicis: "Currite, *ego feram*, et ego perducam et ibi *ego feram*".

LIBER SEPTIMUS

ASCENSIO AD VERITAM

Quæstio de natura mali

Augustini cogitata de Deo.

1. 1. Iam mortua erat adulescentia mea mala et nefanda, et ibam in iuventutem, quanto ætate maior, tanto vanitate turpior, qui cogitare aliquid substantiæ nisi tale non poteram, quale per hos oculos videri solet. Non te cogitabam, Deus, in figura corporis humani, ex quo audire aliquid de sapientia cœpi; semper hoc fugi et gaudebam me hoc repperisse in fide spiritalis matris nostræ, catholicæ tuæ; sed quid te aliud cogitarem non occurrebat. Et conabar cogitare te homo et talis homo, summum et *solum et verum Deum*, et te incorruptibilem et inviolabilem et incommutabilem totis medullis credebam, quia nesciens, unde et quomodo, plane tamen videbam et certus eram id, quod corrumpi potest, deterius esse quam id quod non potest, et quod violari non potest, incunctanter præponebam violabili, et quod nullam patitur mutationem, melius esse quam id quod mutari potest. Clamabat violenter cor meum adversus omnia phantasmata mea et hoc uno ictu conabar abigere circumvolantem turbam immundiaæ ab acie mentis meæ: et vix dimota in ictu oculi ecce conglobata rursus aderat et irruebat in aspectum meum et obnubilabat eum, ut quamvis non forma humani corporis, corporeum tamen aliquid cogitare cogerer per spatia locorum sive infusum mundo sive etiam extra mundum per infinita diffusum, etiam ipsum incorruptibile et inviolabile et incommutabile, quod corruptibili et violabili et commutabili præponebam, quoniam quidquid privabam spatiis talibus, nihil mihi esse videbatur, sed prorsus nihil, ne inane quidem, tamquam si corpus auferatur loco et maneat locus omni corpore vacuatus et terreno et humido et ærio et cælesti, sed tamen sit locus inanis tamquam spatiosum nihil.

1. 2. Ego itaque incrassatus corde nec mihimet ipsi vel ipse conspicuus, quidquid non per aliquanta spatia tenderetur vel diffunderetur vel conglobaretur vel tumeret vel tale aliquid caperet aut capere posset, nihil prorsus esse arbitrabar. Per quales enim formas ire solent oculi mei, per tales imagines ibat cor meum, nec videbam hanc eamdem intentionem, qua illas ipsas imagines formabam, non esse tale aliquid; quæ tamen ipsas non formaret, nisi esset magnum aliquid. Ita etiam te, vita vitæ meæ, grandem per infinita spatia undique cogitabam penetrare totam mundi molem

et extra eam quaquaversum per immensa sine termino, ut haberet te terra, haberet cælum, haberent omnia et illa finirentur in te, tu autem nusquam. Sicut autem luci solis non obsisteret æris corpus, æris huius, qui supra terram est, quominus per eum traiceretur penetrans eum non dirrumpendo aut concidendo, sed implendo eum totum, sic tibi putabam non solum cæli et æris et maris sed etiam terræ corpus pervium et ex omnibus maximis minimisque partibus penetrabile ad capiendam præsentiam tuam, occulta inspiratione intrinsecus et extrinsecus administrantem omnia, quæ creasti. Ita suspicabar, quia cogitare aliud non poteram; nam falsum erat. Illo enim modo maior pars terræ maiorem tui partem haberet et minorem minor, atque ita te plena essent omnia, ut amplius tui caperet elephanti corpus quam passeris, quo esset isto grandius grandioremque occuparet locum, atque ita frustatim partibus mundi magnis magnas, brevibus breves partes tuas præsentes faceres. Non est autem ita. Sed nondum illuminaveras tenebras meas.

Quo argumento Manichæorum doctrinam de substantia Dei Nebridius confutaverit.

2. 3. Sat erat mihi, Domine, adversus illos deceptos deceptores et loquaces mutos, quoniam non ex eis sonabat verbum tuum, sat erat ergo illud quod iam diu ab usque Carthagine a Nebridio proponi solebat et omnes, qui audieramus, concussi sumus; quid erat tibi factura nescio qua gens tenebrarum, quam ex adversa mole solent opponere, si tu cum ea pugnare noluisses? Si enim responderetur aliquid fuisse nocituram, violabilis tu et corruptibilis fores. Si autem nihil ea nocere potuisse diceretur, nulla afferretur causa pugnandi et ita pugnandi, ut quædam portio tua et membrum tuum vel proles de ipsa substantia tua misceretur adversis potestatibus et non a te creatis naturis atque in tantum ab eis corrumperetur et commutaretur in deterius, ut a beatitudine in miseriam verteretur et indigeret auxilio, quo erui purgarique posset, et hanc esse animam, cui tuus sermo servienti liber et contaminatæ purus et corruptæ integer subveniret, sed et ipse corruptibilis, quia ex una eademque substantia. Itaque si te, quidquid es, id est substantiam tuam, qua es, incorruptibilem dicerent, falsa esse illa omnia et execrabilia; si autem corruptibilem, id ipsum iam falsum et prima voce abominandum. Sat erat ergo istuc adversus eos omni modo evomendos a pressura pectoris, quia non habebant, qua exirent sine horribili sacrilegio cordis et linguæ sentiendo de te ista et loquendo.

Liberum voluntatis arbitrium est causa mali.

3. 4. Sed et ego adhuc, quamvis incontaminabilem et inconvertibilem et nulla ex parte mutabilem dicerem firmeque sentirem Deum nostrum, Deum verum, qui fecisti non solum animas nostras sed etiam corpora, nec tantum nostras animas et corpora, sed omnes et omnia, non tenebam explicatam et enodatam causam mali. Quæcumque tamen esset, sic eam quærendam videbam, ut non per illam constringerer Deum incommutabilem mutabilem credere, ne ipse fierem quod quærebam. Itaque securus eam quærebam et certus non esse verum quod illi dicerent, quos toto animo fugiebam, quia videbam quærendo, unde malum, repletos malitia, qua opinarentur tuam potius substantiam male pati quam suam male facere.

3. 5. Et intendebam, ut cernerem quod audiebam, liberum voluntatis arbitrium causam esse, ut male faceremus et *rectum iudicium tuum* ut pateremur, et eam liquidam cernere non valebam. Itaque aciem mentis de profundo educere conatus mergebar iterum et sæpe conatus mergebar iterum atque iterum. Sublevabat enim me in lucem tuam, quod tam sciebam me habere voluntatem quam me vivere. Itaque cum aliquid vellem aut nollem, non alium quam me velle ac nolle certissimus eram et ibi esse causa peccati mei iam iamque animadvertebam. Quod autem invitus facerem, pati me potius quam facere videbam et id non culpam, sed pœnam esse iudicabam, qua me non iniuste plecti te iustum cogitans cito fatebar. Sed rursus dicebam: "Quis fecit me? Nonne Deus meus, non tantum bonus, sed ipsum bonum? Unde igitur mihi male velle et bene nolle? Ut esset, cur iuste pœnas luerem? Quis in me hoc posuit et insevit mihi plantarium amaritudinis, cum totus fierem a dulcissimo Deo meo? Si diabolus auctor, unde ipse diabolus? Quod si et ipse perversa voluntate ex bono angelo diabolus factus est, unde et in ipso voluntas mala, qua diabolus fieret, quando totus angelus a conditore optimo factus esset?". His cogitationibus deprimebar iterum et suffocabar, sed non usque ad illum infernum subducebar erroris, ubi nemo tibi confitetur, dum tu potius mala pati quam homo facere putatur.

Deus nullo modo corrumpitur.

4. 6. Sic enim nitebar invenire cetera, ut iam inveneram melius esse incorruptibile quam corruptibile, et ideo te, quidquid esses, esse incorruptibilem confitebar. Neque enim ulla anima umquam potuit poteritve cogitare aliquid, quod sit te melius, qui summum et optimum bonum es. Cum autem verissime atque certissime

incorruptibile corruptibili præponatur, sicut iam ego præponebam, poteram iam cogitatione aliquid attingere, quod esset melius Deo meo, nisi tu esses incorruptibilis. Ubi igitur videbam incorruptibile corruptibili esse præferendum, ibi te quærere debebam atque inde advertere, ubi sit malum, id est unde sit ipsa corruptio, qua violari substantia tua nullo modo potest. Nullo enim prorsus modo violat corruptio Deum nostrum, nulla voluntate, nulla necessitate, nullo improviso casu, quoniam ipse est Deus et quod sibi vult, bonum est, et ipse est idem bonum; corrumpi autem non est bonum. Nec cogeris invitus ad aliquid, quia voluntas tua non est maior quam potentia tua. Esset autem maior, si te ipso tu ipse maior esses: voluntas enim et potentia Dei Deus ipse est. Et quid improvisum tibi, qui nosti omnia? Et nulla natura est, nisi quia nosti eam. Et ut quid multa dicimus, cur non sit corruptibilis substantia, quæ Deus est, quando, si hoc esset, non esset Deus?

Quæ radix mali, cum Deus omnia bona fecerit?

5. 7. Et quærebam, unde malum, et male quærebam et in ipsa inquisitione mea non videbam malum. Et constituebam in conspectu spiritus mei universam creaturam, quidquid in ea. cernere possumus, sicuti est terra et mare et ær et sidera et arbores et animalia mortalia, et quidquid in ea non videmus sicut firmamentum cæli insuper et omnes angelos et cuncta spiritalia eius, sed etiam ipsa, quasi corpora essent, locis et locis ordinata, ut imaginatio mea; et feci unam massam grandem distinctam generibus corporum creaturam tuam, sive re vera quæ corpora erant, sive quæ ipse pro spiritibus finxeram, et eam feci grandem, non quantum erat, quod scire non poteram, sed quantum libuit, undique versum sane finitam, te autem, Domine, ex omni parte ambientem et penetrantem eam, sed usquequaque infinitum, tamquam si mare esset ubique et undique per immensa infinitum solum mare et haberet intra se spongiam quamlibet magnam, sed finitam tamen, plena esset utique spongia illa ex omni sua parte ex immenso mari; sic creaturam tuam finitam te infinito plenam putabam et dicebam: "Ecce Deus et ecce quæ creavit Deus, et bonus Deus atque his validissime longissimeque præstantior; sed tamen bonus bona creavit; et ecce quomodo ambit atque implet ea: ubi ergo malum et unde et qua huc irrepsit? Quæ radix eius et quod semen eius? An omnino non est? Cur ergo timemus et cavemus quod non est? Aut si inaniter timemus, certe vel timor ipse malum est, quo incassum stimulatur et excruciatur cor, et tanto gravius malum, quanto non est, quod timeamus, et timemus. Idcirco aut est malum, quod timemus, aut hoc malum est,

quia timemus. Unde est igitur, quoniam Deus fecit hæc omnia bonus bona? Maius quidem et summum bonum minora fecit bona, sed tamen et creans et creata bona sunt omnia. Unde est malum? An unde fecit ea, materies aliqua mala erat, et formavit atque ordinavit eam, sed reliquit aliquid in illa, quod in bonum non converteret? Cur et hoc? An impotens erat totam vertere et commutare, ut nihil mali remaneret, cum sit omnipotens? Postremo cur inde aliquid facere voluit ac non potius eadem omnipotentia fecit, ut nulla esset omnino? Aut vero existere poterat contra eius voluntatem? Aut si æterna erat, cur tam diu per infinita retro spatia temporum sic eam sivit esse ac tanto post placuit aliquid ex ea facere? Aut iam, si aliquid subito voluit agere, hoc potius ageret omnipotens, ut illa non esset atque ipse solus esset totum verum et summum et infinitum bonum? Aut si non erat bene, ut non aliquid boni etiam fabricaretur et condcret qui bonus erat, illa sublata et ad nihilum redacta materie, quæ mala erat, bonam ipse institueret, unde omnia crearet? Non enim esset omnipotens, si condere non posset aliquid boni, nisi ea quam non ipse condiderat adiuvaretur materia". Talia volvebam pectore misero, ingravidato curis mordacissimis de timore mortis et non inventa veritate; stabiliter tamen hærebat in corde meo in catholica Ecclesia fides *Christi* tui, *Domini et salvatoris nostri*, in multis quidem adhuc informis et præter doctrinæ normam fluitans, sed tamen non eam relinquebat animus, immo in dies magis magisque inbibebat.

Astrologiæ refutatio.

6. 8. Iam etiam mathematicorum fallaces divinationes et impia deliramenta reieceram. Confiteantur etiam hinc tibi de intimis visceribus animæ meæ miserationes tuæ, Deus meus! Tu enim, tu omnino (nam quis alius a morte omnis erroris revocat nos nisi vita, quæ mori nescit, et sapientia mentes indigentes illuminans, nullo indigens lumine, qua mundus administratur usque ad arborum volatica folia?) tu procurasti pervicaciæ meæ, qua obluctatus sum Vindiciano acuto seni et Nebridio adulescenti mirabilis animæ, illi vehementer affirmanti, huic cum dubitatione quidem aliqua, sed tamen crebro dicenti non esse illam artem futura prævidendi, coniecturas autem hominum habere sæpe vim sortis et multa dicendo dici pleraque ventura nescientibus eis, qui dicerent, sed in ea non tacendo incurrentibus, procurasti ergo tu hominem amicum, non quidem segnem consultorem mathematicorum nec eas litteras bene callentem, sed, ut dixi, consultorem curiosum et tamen scientem aliquid, quod a patre suo se audisse

dicebat: quod quantum valeret ad illius artis opinionem evertendam, ignorabat. Is ergo vir nomine Firminus, liberaliter institutus et excultus eloquio, cum me tamquam carissimum de quibusdam suis rebus, in quas sæcularis spes eius intumuerat, consuleret, quid mihi secundum suas quas constellationes appellant videretur, ego autem, qui iam de hac re in Nebridii sententiam flecti cœperam, non quidem abnuerem conicere ac dicere quod nutanti occurrebat, sed tamen subicerem prope iam esse mihi persuasum ridicula illa esse et inania, tum ille mihi narravit patrem suum fuisse librorum talium curiosissimum et habuisse amicum æque illa simulque sectantem. Qui pari studio et collatione flatabant in eas nugas ignem cordis sui, ita ut mutorum quoque animalium, si quæ domi parerent, observarent momenta nascentium atque ad ea cæli positionem notarent, unde illius quasi artis experimenta colligerent. Itaque dicebat audisse se a patre, quod, cum eumdem Firminum prægnans mater esset, etiam illius paterni amici famula quædam pariter utero grandescebat. Quod latere non potuit dominum, qui etiam canum suarum partus examinatissima diligentia nosse curabat; atque ita factum esse, ut cum iste coniugis, ille autem ancillæ dies et horas minutioresque horarum articulos cautissima observatione numerarent, enixæ essent ambæ simul, ita ut easdem constellationes usque ad easdem minutias utrique nascenti facere cogerentur, iste filio, ille servulo. Nam cum mulieres parturire cœpissent, indicaverunt sibi ambo, quid sua cuiusque domo ageretur, et paraverunt quos ad se invicem mitterent, simul ut natum quod parturiebatur esset cuique nuntiatum; quod tamen ut continuo nuntiaretur, tamquam in regno suo facile effecerant. Atque ita qui ab alterutro missi sunt, tam ex paribus domorum intervallis sibi obviam factos esse dicebat, ut aliam positionem siderum aliasque particulas momentorum neuter eorum notare sineretur. Et tamen Firminus amplo apud suos loco natus dealbatiores vias sæculi cursitabat, augebatur divitiis, sublimabatur honoribus, servus autem ille conditionis iugo nullatenus relaxato dominis serviebat ipso indicante, qui noverat eum.

6. 9. His itaque auditis et creditis, talis quippe narraverat,.omnis illa reluctatio mea resoluta concidit, et primo Firminum ipsum conatus sum ab illa curiositate revocare, cum dicerem, constellationibus eius inspectis ut vera pronuntiarem, debuisse me utique videre ibi parentes inter suos esse primarios, nobilem familiam propriæ civitatis, natales ingenuos, honestam educationem liberalesque doctrinas. At si me ille servus ex eisdem constellationibus (quia et illius ipsæ essent) consuluisset, ut

LIBER SEPTIMUS

eidem quoque vera proferrem, debuisse me rursus ibi videre abiectissimam familiam, conditionem servilem et cetera longe a prioribus aliena longeque distantia. Unde autem fieret, ut eadem inspiciens diversa dicerem, si vera dicerem (si autem eadem dicerem, falsa dicerem); inde certissime collegi ea, quæ vera consideratis constellationibus dicerentur, non arte dici, sed sorte, quæ autem falsa, non artis imperitia, sed sortis mendacio.

10. 10. Hinc autem accepto aditu ipse mecum talia ruminando, ne quis eorumdem delirorum, qui talem quæstum sequerentur, quos iam iamque invadere atque irrisos refellere cupiebam, mihi ita resisteret, quasi aut Firminus mihi aut illi pater falsa narraverit, intendi considerationem in eos qui gemini nascuntur, quorum plerique ita post invicem funduntur ex utero, ut parvum ipsum temporis intervallum, quantamlibet vim in rerum natura habere contendant, colligi tamen humana observatione non possit litterisque signari omnino non valeat, quas mathematicus inspecturus est, ut vera pronuntiet. Et non erunt vera, quia easdem litteras inspiciens eadem debuit dicere de Esau et de Iacob; sed non eadem utrique acciderunt. Falsa ergo diceret aut, si vera diceret, non eadem diceret: at eadem inspiceret. Non ergo arte, sed sorte vera diceret. Tu enim, Domine, iustissime moderator universitatis, consulentibus consultisque nescientibus occulto instinctu agis, ut, dum quisque consulit, hoc audiat, quod eum oportet audire occultis meritis animarum ex abysso iusti iudicii tui. Cui non dicat homo: "Quid est hoc?", "Ut quid hoc?" Non dicat, non dicat; homo est enim.

Unde malum esset Augustinus quærebat sine exitu.

7. 11. Iam itaque me, *adiutor meus*, illis vinculis solveras, et quærebam, unde malum, et non erat exitus. Sed me non sinebas ullis fluctibus cogitationis auferri ab ea fide, qua credebam et esse te et esse incommutabilem substantiam tuam et esse de hominibus curam et iudicium tuum et in Christo, filio tuo, Domino nostro, atque Scripturis sanctis, quas Ecclesiæ tuæ catholicæ commendaret auctoritas, viam te posuisse salutis humanæ ad eam vitam, quæ post hanc mortem futura est. His itaque salvis atque inconcusse roboratis in animo meo quærebam æstuans, unde sit malum. Quæ illa tormenta parturientis cordis mei, qui gemitus, Deus meus! Et ibi erant aures tuæ nesciente me. Et cum in silentio fortiter quærerem, magnæ voces erant ad misericordiam tuam, tacitæ contritiones animi mei. Tu sciebas, quid patiebar, et

nullus hominum. Quantum enim erat, quod inde digerebatur per linguam meam in aures familiarissimorum meorum! Numquid totus tumultus animæ meæ, cui nec tempora nec os meum sufficiebat, sonabat eis? Totum tamen ibat in auditum tuum, quod *rugiebam a gemitu cordis mei, et ante te erat desiderium meum et lumen oculorum meorum non erat mecum.* Intus enim erat, ego autem foris, nec in loco illud. At ego intendebam in ea, quæ locis continentur, et non ibi inveniebam locum ad requiescendum, nec recipiebant me ista, ut dicerem: "Sat est", et: "Bene est", nec dimittebant redire, ubi mihi satis esset bene. Superior enim eram istis, te vero inferior, et tu gaudium verum mihi subdito tibi et tu mihi subieceras quæ infra me creasti. Et hoc erat rectum temperamentum et media regio salutis meæ, ut manerem ad imaginem tuam et tibi serviens dominarer corpori. Sed cum superbe contra te surgerem et currerem adversus Dominum *in cervice crassa scuti mei,* etiam ista infima supra me facta sunt et premebant, et nusquam erat laxamentum et respiramentum. Ipsa occurrebant undique acervatim et conglobatim cernenti, cogitanti autem imagines corporum ipsæ opponebantur redeunti, quasi diceretur: "Quo is, indigne et sordide?". Et hæc de vulnere meo creverant, quia *humiliasti tamquam vulneratum superbum,* et tumore meo separabar abs te et nimis inflata facies claudebat oculos meos.

Acris sed salubris medicina Dei.

8. 12. *Tu vero, Domine, in æternum manes* et non *in æternum irasceris nobis* quoniam miseratus es terram et cinerem, et placuit in conspectu tuo reformare deformia mea. Et stimulis internis agitabas me, ut impatiens essem, donec mihi per interiorem aspectum certus esses. Et residebat tumor meus ex occulta manu medicinæ tuæ aciesque conturbata et contenebrata mentis meæ acri collyrio salubrium dolorum de die in diem sanabatur.

Platonicorum doctrina

Multa vera Aug. invenit in libris Platonicorum.

9. 13. Et primo volens ostendere mihi, quam *resistas superbis, humilibus autem des gratiam* et quanta misericordia tua demonstrata sit hominibus via humilitatis, quod *Verbum* tuum *caro factum est et habitavit* inter homines, procurasti mihi per quemdam hominem immanissimo typho turgidum quosdam Platonicorum libros ex

Græca lingua in Latinam versos, et ibi legi non quidem his verbis, sed hoc idem omnino multis et multiplicibus suaderi rationibus, quod *in principio erat Verbum et Verbum erat apud Deum et Deus erat Verbum: hoc erat in principio apud Deum; omnia per ipsum facta sunt, et sine ipso factum est nihil, quod factum est, in eo vita est, et vita erat lux hominum; et lux in tenebris lucet, et tenebræ eam non comprehenderunt*; et quia hominis anima, quamvis *testimonium* perhibeat *de lumine,* non est tamen *ipsa lumen,* sed Verbum, Deus, est *lumen verum, quod illuminat omnem hominem venientem in hunc mundum*; et quia *in hoc mundo erat, et mundus per eum factus est, et mundus eum non cognovit.* Quia vero *in sua propria venit et sui eum non receperunt, quotquot autem receperunt eum, dedit eis potestatem filios Dei fieri credentibus in nomine eius,* non ibi legi.

9. 14. Item legi ibi, quia Verbum, Deus, non ex carne, non ex sanguine non *ex voluntate viri neque ex voluntate carnis, sed ex Deo* natus est; sed quia *Verbum caro factum est et habitavit in nobis,* non ibi legi. Indagavi quippe in illis litteris varie dictum et multis modis, quod sit Filius *in forma Patris non rapinam arbitratus esse æqualis Deo,* quia naturaliter id ipsum est, sed quia *semetipsum exinanivit formam servi accipiens, in similitudine hominum factus et habitu inventus ut homo, humiliavit se factus obœdiens usque ad mortem, mortem autem crucis; propter quod Deus eum exaltavit* a mortuis *et donavit ei nomen, quod est super omne nomen, ut in nomine Iesu omne genuflectatur cælestium, terrestrium et infernorum et omnis lingua confiteatur, quia Dominus Iesus in gloria est Dei Patris,* non habent illi libri. Quod enim ante omnia tempora et supra omnia tempora incommutabiliter manet unigenitus Filius tuus coæternus tibi et quia de *plenitudine eius* accipiunt animæ, ut beatæ sint, et quia participatione manentis in se sapientiæ renovantur, ut sapientes sint, est ibi; quod autem *secundum tempus pro impiis mortuus est* et *Filio tuo unico non* pepercisti, *sed pro nobis omnibus tradidisti eum,* non est ibi. *Abscondisti* enim *hæc a sapientibus et revelasti ea parvulis,* ut venirent ad eum *laborantes et onerati* et reficeret eos, *quoniam mitis* est *et humilis corde,* et diriget *mites in iudicio et* docet *mansuetos vias suas* videns *humilitatem* nostram *et laborem* nostrum et dimittens *omnia peccata* nostra. Qui autem cothurno tamquam doctrinæ sublimioris elati non audiunt dicentem: *Discite a me, quoniam mitis sum et humilis corde, et invenietis requiem animabus vestris,* etsi cognoscunt Deum, *non sicut Deum* glorificant *aut gratias* agunt, *sed* evanescunt *in cogitationibus suis et* obscuratur in *insipiens cor eorum*;

CONFESSIONES

dicentes se esse sapientes stulti facti sunt.

9. 15. Et ideo legebam ibi etiam immutatam *gloriam incorruptionis* tuæ in idola et varia simulacra, *in similitudinem imaginis corruptibilis hominis et volucrum et quadrupedum et serpentium*, videlicet Ægyptium cibum, quo Esau perdidit primogenita sua, quoniam caput quadrupedis pro te honoravit populus primogenitus, conversus corde in Ægyptum et curvans imaginem tuam animam suam, ante imaginem *vituli manducantis fænum.* Inveni hæc ibi et non manducavi. Placuit enim tibi, Domine, auferre opprobrium ain diminutionis ab Iacob, ut maior serviret minori, et vocasti *gentes in hereditatem tuam.* Et ego ad te veneram ex gentibus et intendi in aurum, quod ab Ægypto voluisti ut auferret populus tuus, quoniam tuum erat, ubicumque erat. Et dixisti Atheniensibus per Apostolum tuum, quod in te *vivimus et movemur et sumus, sicut et quidam* secundum eos *dixerunt*, et utique inde erant illi libri. Et non attendi in idola Ægyptiorum, quibus de auro tuo ministrabant, *qui transmutaverunt veritatem Dei in mendacium et coluerunt et servierunt creaturæ potius quam creatori.*

In sese redit et supra mentem suam lucem Domini vidit.

10. 16. Et inde admonitus redire ad memet ipsum intravi in intima mea duce te et potui, quoniam *factus es adiutor meus.* Intravi et vidi qualicumque oculo animæ meæ supra eumdem oculum animæ meæ, supra mentem meam lucem incommutabilem, non hanc vulgarem et conspicuam omni carni nec quasi ex eodem genere grandior erat, tamquam si ista multo multoque clarius claresceret totumque occuparet magnitudine. Non hoc illa erat, sed aliud, aliud valde ab istis omnibus. Nec ita erat supra mentem meam, sicut oleum super aquam nec sicut cælum super terram, sed superior, quia ipsa fecit me, et ego inferior, quia factus ab ea. Qui novit veritatem, novit eam, et qui novit eam, novit æternitatem. Caritas novit eam. O æterna veritas et vera caritas et cara æternitas! Tu es Deus meus, tibi suspiro die ac nocte. Et cum te primum cognovi, tu assumpsisti me, ut viderem esse, quod viderem, et nondum me esse, qui viderem. Et reverberasti infirmitatem aspectus mei radians in me vehementer, et contremui amore et horrore; et inveni longe me esse a te in regione dissimilitudinis, tamquam audirem vocem tuam de excelso : "Cibus sum grandium: cresce et manducabis me. Nec tu me in te mutabis sicut cibum carnis tuæ, sed tu mutaberis in me". Et cognovi, quoniam *pro iniquitate erudisti hominem et tabescere*

fecisti sicut araneam animam meam, et dixi: "Numquid nihil est veritas, quoniam neque per finita neque per infinita locorum spatia diffusa est?". Et clamasti de longinquo : "Immo vero ego sum qui sum ". Et audivi, sicut auditur in corde, et non erat prorsus, unde dubitarem faciliusque dubitarem vivere me quam non esse veritatem, quæ per ea, quæ facta sunt, intellecta conspicitur.

Res nec sunt omnino, nec omnino non sunt.

11. 17. Et inspexi cetera infra te et vidi nec omnino esse nec omnino non esse: esse quidem, quoniam abs te sunt, non esse autem, quoniam id quod es non sunt. Id enim vere est, quod incommutabiliter manet. *Mihi autem inhærere Deo bonum est*, quia, si non manebo in illo, nec in me potero. Ille autem *in se manens innovat omnia*; et *Dominus meus es, quoniam bonorum meorum non eges.*

Quamdiu sunt, res bonæ sunt.

12. 18. Et manifestatum est mihi, quoniam bona sunt, quæ corrumpuntur, quæ neque si summa bona essent, neque nisi bona essent, corrumpi possent, quia, si summa bona essent, incorruptibilia essent, si autem nulla bona essent, quid in eis corrumperetur, non esset. Nocet enim corruptio et, nisi bonum minueret, non noceret. Aut igitur nihil nocet corruptio, quod fieri non potest, aut, quod certissimum est, omnia, quæ corrumpuntur, privantur bono. Si autem omni bono privabuntur, omnino non erunt. Si enim erunt et corrumpi iam non poterunt, meliora erunt, quia incorruptibiliter permanebunt. Et quid monstrosius quam ea dicere omni bono amisso facta meliora? Ergo si omni bono privabuntur, omnino nulla erunt; ergo quandiu sunt, bona sunt. Ergo quæcumque sunt, bona sunt, malumque illud, quod quærebam unde esset, non est substantia, quia, si substantia esset, bonum esset. Aut enim esset incorruptibilis substantia, magnum utique bonum, aut substantia corruptibilis esset, quæ nisi bona esset, corrumpi non posset. Itaque vidi et manifestatum est mihi, quia omnia bona tu fecisti et prorsus nullæ substantiæ sunt, quas tu non fecisti. Et quoniam non æqualia omnia fecisti, ideo sunt omnia, quia singula bona sunt et simul omnia valde bona, quoniam fecit Deus noster *omnia bona valde.*

Nec in Deo nec in universa creatura eius est malum.

13. 19. Et tibi omnino non est malum, non solum tibi sed nec universæ creaturæ tuæ, quia extra te non est aliquid, quod irrumpat et corrumpat ordinem, quem imposuisti ei. In partibus autem eius quædam quibusdam quia non conveniunt, mala putantur; et eadem ipsa conveniunt aliis et bona sunt et in semet ipsis bona sunt. Et omnia hæc, quæ sibimet invicem non conveniunt, conveniunt inferiori parti rerum, quam terram dicimus, habentem cælum suum nubilosum atque ventosum congruum sibi. Et absit, iam ut dicerem: "Non essent ista", quia etsi sola ista cernerem, desiderarem quidem meliora, sed iam etiam de solis istis laudare te deberem, quoniam laudandum te ostendunt *de terra dracones et omnes abyssi, ignis, grando, nix, glacies, spiritus tempestatis, quæ faciunt verbum* tuum, *montes et omnes colles, ligna fructifera et omnes cedri, bestiæ et omnia pecora, reptilia et volatilia pinnata; reges terræ et omnes populi, principes et omnes iudices terræ, iuvenes et virgines, seniores cum iunioribus laudant nomen tuum.* Cum vero etiam de cælis te laudent, laudent te, Deus noster, *in excelsis omnes angeli tui, omnes Virtutes tuæ, sol et luna, omnes stellæ et lumen, cæli cælorum et aquæ, quæ super cælos sunt, laudent nomen* tuum; non iam desiderabam meliora, quia omnia cogitabam, et meliora quidem superiora quam inferiora, sed meliora omnia quam sola superiora iudicio saniore pendebam.

Insana Manichæorum opinio de duabus substantiis.

14. 20. *Non est sanitas* eis, quibus displicet aliquid creaturæ tuæ, sicut mihi non erat, cum displicerent multa, quæ fecisti. Et quia non audebat anima mea, ut ei displiceret Deus meus, nolebat esse tuum quidquid ei displicebat. Et inde ierat in opinionem duarum substantiarum et non requiescebat et aliena loquebatur. Et inde rediens fecerat sibi Deum per infinita spatia locorum omnium et eum putaverat esse te et eum collocaverat in corde suo et facta erat rursus templum idoli sui abominandum tibi. Sed posteaquam fovisti caput nescientis et clausisti *oculos meos, ne viderent vanitatem,* cessavi de me paululum, et consopita est insania mea; et evigilavi in te et vidi te infinitum aliter, et visus iste non a carne trahebatur.

Omnia vera sunt in quantum sunt.

15. 21. Et respexi alia et vidi tibi debere quia sunt et in te cuncta finita, sed aliter, non quasi in loco, sed quia tu es omnitenens manu veritate, et omnia vera sunt, in quantum sunt, nec quidquam est falsitas, nisi cum putatur esse quod non est. Et vidi, quia non solum locis sua quæque suis conveniunt sed etiam temporibus et quia tu,

qui solus æternus es, non post innumerabilia spatia temporum cœpisti operari, quia omnia spatia temporum, et quæ præterierunt et quæ præteribunt, nec abirent nec venirent nisi te operante et manente.

Iniquitas est perversitas detortæ voluntatis.

16. 22. Et sensi expertus non esse mirum, quod palato non sano pœna est et panis, qui sano suavis est, et oculis ægris odiosa lux, quæ puris amabilis. Et iustitia tua displicet iniquis, nedum vipera et vermiculus, quæ bona creasti, apta inferioribus creaturæ tuæ partibus, quibus et ipsi iniqui apti sunt, quanto dissimiliores sunt tibi, apti autem superioribus, quanto similiores fiunt tibi. Et quæsivi, quid esset iniquitas, et non inveni substantiam, sed a summa substantia, te Deo, detortæ in infima voluntatis perversitatem proicientis intima sua et tumescentis foras.

Aug. ascendit gradatim a corporibus ad Deum.

17. 23. Et mirabar, quod iam te amabam, non pro te phantasma, et non stabam frui Deo meo, sed rapiebar ad te decore tuo moxque diripiebar abs te pondere meo et ruebam in ista cum gemitu; et pondus hoc consuetudo carnalis. Sed mecum erat memoria tui, neque ullo modo dubitabam esse, cui cohærerem, sed nondum me esse, qui cohærerem, quoniam *corpus, quod corrumpitur, aggravat animam et deprimit terrena inhabitatio sensum multa cogitantem,* eramque certissimus, quod *invisibilia* tua *a constitutione mundi per ea, quæ facta sunt, intellecta conspiciuntur, sempiterna quoque virtus et divinitas* tua. Quærens enim, unde approbarem pulchritudinem corporum sive cælestium sive terrestrium et quid mihi præsto esset integre de mutabilibus iudicanti et dicenti: "Hoc ita esse debet, illud non ita", hoc ergo quærens, unde iudicarem, cum ita iudicarem, inveneram incommutabilem et veram veritatis æternitatem supra mentem meam commutabilem. Atque ita gradatim a corporibus ad sentientem per corpus animam atque inde ad eius interiorem vim, cui sensus corporis exteriora nuntiaret, et quousque possunt bestiæ, atque inde rursus ad ratiocinantem potentiam, ad quam refertur iudicandum, quod sumitur a sensibus corporis; quæ se quoque in me comperiens mutabilem erexit se ad intellegentiam suam et abduxit *cogitationem a consuetudine,* subtrahens se contradicentibus turbis phantasmatum, ut inveniret quo lumine aspergeretur, cum sine ulla dubitatione clamaret incommutabile præferendum esse mutabili, unde nosset ipsum incommutabile (quod nisi aliquo modo nosset, nullo modo illud mutabili certa

præponeret) et pervenit ad id, quod est in ictu trepidantis aspectus. Tunc vero *invisibilia tua per ea quæ facta sunt intellecta* conspexi, sed aciem figere non evalui et repercussa infirmitate redditus solitis non mecum ferebam nisi amantem memoriam et quasi olefacta desiderantem, quæ comedere nondum possem.

Dei et hominum Mediator est Christus.

18. 24. Et quærebam viam comparandi roboris, quod esset idoneum ad fruendum te, nec inveniebam, donec amplecterer *mediatorem Dei et hominum, hominem Christum Iesum, qui est super omnia Deus benedictus in sæcula*, vocantem et dicentem: *Ego sum via et veritas et vita*, et cibum, cui capiendo invalidus eram, miscentem carni, quoniam *Verbum caro factum est*, ut infantiæ nostræ lactesceret sapientia tua, per quam creasti omnia. Non enim tenebam Deum meum Iesum humilis humilem nec cuius rei magistra esset eius infirmitas noveram. Verbum enim tuum, æterna veritas, superioribus creaturæ tuæ partibus supereminens subditos erigit ad se ipsam, in inferioribus autem *ædificavit sibi* humilem *domum* de limo nostro, per quam subdendos deprimeret a se ipsis et ad se traiceret, sanans tumorem et nutriens amorem, ne fiducia sui progrederentur longius, sed potius infirmarentur videntes ante pedes suos infirmam divinitatem ex participatione tunicæ pelliciæ nostræ et lassi prosternerentur in eam, illa autem surgens levaret eos.

Quid falso senserint de Christo Aug. et Alypius.

19. 25. Ego vero aliud putabam tantumque sentiebam de Domino Christo meo, quantum de excellentis sapientiæ viro, cui nullus posset æquari, præsertim quia mirabiliter natus ex Virgine ad exemplum contemnendorum temporalium præ adipiscenda immortalitate divina pro nobis cura tantam auctoritatem magisterii meruisse videbatur. Quid autem sacramenti haberet *Verbum caro factum*, ne suspicari quidem poteram. Tantum cognoveram ex his, quæ de illo scripta traderentur, quia manducavit et bibit, dormivit, ambulavit, exhilaratus est, contristatus est, sermocinatus est, non hæsisse carnem illam Verbo tuo nisi cum anima et mente humana. Novit hoc omnis, qui novit incommutabilitatem Verbi tui, quam ego iam noveram, quantum poteram, nec omnino quidquam inde dubitabam. Etenim nunc movere membra corporis per voluntatem, nunc non movere, nunc

aliquo affectu affici, nunc non affici, nunc proferre per signa sapientes sententias, nunc esse in silentio propria sunt mutabilitatis animæ et mentis. Quæ si falsa de illo scripta essent, etiam omnia periclitarentur mendacio neque in illis litteris ulla fidei salus generi humano remaneret. Quia itaque vera scripta sunt, totum hominem in Christo agnoscebam, non corpus tantum hominis aut cum corpore sine mente animum sed ipsum hominem, non persona veritatis, sed magna quadam naturæ humanæ excellentia et perfectiore participatione sapientiæ præferri ceteris arbitrabar. Alypius autem Deum carne indutum ita putabat credi a catholicis, ut præter Deum et carnem non esset in Christo, animam mentemque hominis non existimabat in eo prædicari. Et quoniam bene persuasum tenebat ea, quæ de illo memoriæ mandata sunt, sine vitali et rationali creatura non fieri, ad ipsam christianam fidem pigrius movebatur. Sed postea hæreticorum Apollinaristarum hunc errorem esse cognoscens catholicæ fidei collætatus et contemperatus est. Ego autem aliquanto posterius didicisse me fateor, in eo, quod *Verbum caro factum est*, quomodo catholica veritas a Photini falsitate dirimatur. Improbatio quippe hæreticorum facit eminere, quid Ecclesia tua sentiat et quid habeat sana doctrina. Oportuit *enim et hæreses esse, ut probati* manifesti fierent inter infirmos.

Aug. vanitatem, non humilitatem, adeptus erat.

20. 26. Sed tunc lectis Platonicorum illis libris posteaquam inde admonitus quærere incorpoream veritatem *invisibilia* tua *per ea quæ facta sunt intellecta* conspexi et repulsus sensi, quid per tenebras animæ meæ contemplari non sinerer, certus esse te et infinitum esse nec tamen per locos finitos infinitosve diffundi et vere te esse, qui semper idem ipse esses, ex nulla parte nulloque motu alter aut aliter, cetera vero ex te esse omnia, hoc solo firmissimo documento, quia sunt, certus quidem in istis eram, nimis tamen infirmus ad fruendum te. Garriebam plane quasi peritus et, nisi in *Christo, salvatore nostro*, viam tuam quærerem, non peritus sed periturus essem. Iam enim cœperam velle videri sapiens plenus pœna mea et non flebam, insuper et inflabar scientia. Ubi enim erat illa ædificans caritas a fundamento humilitatis, quod est Christus Iesus? Aut quando illi libri me docerent eam? In quos me propterea, priusquam Scripturas tuas considerarem, credo voluisti incurrere, ut imprimeretur memoriæ meæ, quomodo ex eis affectus essem et, cum postea in libris tuis mansuefactus essem et curantibus digitis tuis contrectarentur vulnera mea, discernerem atque distinguerem, quid interesset inter præsumptionem et

confessionem, inter videntes, quo eumdum sit, nec videntes, qua, et viam ducentem ad beatificam patriam non tantum cernendam sed et habitandam. Nam si primo sanctis tuis Litteris informatus essem et in earum familiaritate obdulcuisses mihi et post in illa volumina incidissem, fortasse aut abripuissent me a solidamento pietatis, aut si in affectu, quem salubrem imbiberam, perstitissem, putarem etiam ex illis libris eum posse concipi, si eos solos quisque didicisset.

Avidissime et fructuose apostolum Paulum legit.

21. 27. Itaque avidissime arripui venerabilem stilum spiritus tui et præ ceteris apostolum Paulum, et perierunt illæ quæstiones, in quibus mihi aliquando visus est adversari sibi et non congruere testimoniis Legis et Prophetarum textus sermonis eius, et apparuit mihi una facies eloquiorum castorum, et exsultare cum tremore didici. Et cœpi et inveni, quidquid illac verum legeram, hac cum commendatione gratiæ tuæ dici, ut qui videt non sic glorietur, quasi non acceperit non solum id quod videt, sed etiam ut videat (quid enim habet quod non accepit?) et ut te, qui es semper idem, non solum admoneatur ut videat, sed etiam sanetur ut teneat, et qui de longinquo videre non potest, viam tamen ambulet, qua veniat et videat et teneat, quia, etsi condelectetur homo *legi Dei secundum interiorem hominem*, quid faciet de alia lege *in membris suis* repugnante *legi mentis* suæ et se captivum ducente *in lege peccati, quæ est in membris eius? Quoniam iustus es, Domine*; nos autem *peccavimus, inique fecimus*, impie gessimus, et *gravata est super nos manus tua*, et iuste traditi sumus antiquo peccatori, præposito mortis, quia persuasit voluntati nostræ similitudinem voluntatis suæ, qua *in veritate* tua *non stetit*. Quid faciet *miser homo? Quis* eum *liberabit de corpore mortis huius nisi gratia* tua *per Iesum Christum Dominum nostrum*, quem genuisti coæternum et creasti *in principio viarum tuarum*, in quo *princeps huius mundi* non invenit quidquam morte dignum, et occidit eum: et evacuatum est *chirographum, quod erat contrarium nobis?* Hoc illæ litteræ non habent. Non habent illæ paginæ vultum pietatis huius, lacrimas confessionis, *sacrificium* tuum, *spiritum contribulatum, cor contritum et humiliatum*, populi salutem, *sponsam civitatem, arram Spiritus Sancti*, poculum pretii nostri. Nemo ibi cantat: *Nonne Deo subdita erit anima mea? Ab ipso enim salutare meum: etenim ipse Deus meus et salutaris meus, susceptor meus; non movebor amplius*. Nemo ibi audit vocantem: *Venite ad me, qui laboratis*. Dedignantur ab eo discere, *quoniam mitis* est *et humilis corde. Abscondisti* enim *hæc a sapientibus et prudentibus et revelasti ea*

parvulis. Et aliud est de silvestri cacumine videre patriam pacis et iter ad eam non invenire et frustra conari per invia circum obsidentibus et insidiantibus fugitivis desertoribus cum principe suo leone et dracone, et aliud tenere viam illuc ducentem cura cælestis imperatoris munitam, ubi non latrocinantur qui cælestem militiam deseruerunt; vitant enim eam sicut supplicium. Hæc mihi inviscerabantur miris modis, cum minimum Apostolorum tuorum legerem, et consideraveram opera tua et expaveram.

LIBER OCTAVUS

CONVERSIO AD UNUM VERUM DEUM

Conloquium cum Simpliciano

Simplicianus servus Dei.

1. 1. Deus meus, recorder in gratiarum actione tibi et confitear misericordias tuas super me. Perfundantur ossa mea dilectione tua et dicant: *Domine, quis similis tibi? Dirupisti vincula mea: sacrificem tibi sacrificium laudis.* Quomodo dirupisti ea, narrabo, et dicent omnes, qui adorant te, cum audiunt hæc: *Benedictus Dominus in cælo et in terra*; *magnum et mirabile nomen eius.* Inhæserant præcordiis meis verba tua, et undique circumvallabar abs te. De vita tua æterna certus eram, quamvis eam *in ænigmate* et quasi *per speculum* videram; dubitatio tamen omnis de incorruptibili substantia, quod ab illa esset omnis substantia, ablata mihi erat, nec certior de te, sed stabilior in te esse cupiebam. De mea vero temporali vita nutabant omnia et mundandum erat cor a fermento veteri; et placebat via ipse Salvator et ire per eius angustias adhuc pigebat. Et immisisti in mentem meam visumque est bonum *in conspectu meo* pergere ad Simplicianum, qui mihi bonus apparebat servus tuus et lucebat in eo gratia tua. Audieram etiam, quod a iuventute sua devotissime tibi viveret; iam vero tunc senuerat et longa ætate in tam bono studio sectandæ vitæ tuæ multa expertus, multa edoctus mihi videbatur: et vere sic erat. Unde mihi ut proferret volebam conferenti secum æstus meos, quis esset aptus modus sic affecto, ut ego eram, adambulandum in via tua.

Aug. etiam tum tenaciter colligabatur ex femina.

1. 2. Videbam enim plenam Ecclesiam, et alius sic ibat, alius autem sic. Mihi autem displicebat, quod agebam in sæculo, et oneri mihi erat valde non iam inflammantibus cupiditatibus, ut solebant, spe honoris et pecuniæ ad tolerandam illam servitutem tam gravem. Iam enim me illa non delectabant præ dulcedine tua et decore *domus tuæ*, quam *dilexi*, sed adhuc tenaciter colligabar ex femina, nec me prohibebat Apostolus coniugari, quamvis exhortaretur ad melius maxime volens omnes homines sic esse, ut ipse erat. Sed ego infirmior eligebam molliorem locum et propter hoc unum volvebar in ceteris languidus et tabescens curis marcidis, quod et in aliis rebus, quas nolebam pati, congruere cogebar vitæ coniugali, cui deditus obstringebar. Audieram ex ore veritatis esse *spadones, qui se ipsos absciderunt*

propter regnum cælorum; sed, qui potest, inquit, *capere, capiat. Vani sunt certe omnes homines, quibus non inest Dei scientia, nec de his, quæ videntur bona, potuerunt invenire eum, qui est.* At ego iam non eram in illa vanitate; transcenderam eam et contestante universa creatura inveneram te Creatorem nostrum et Verbum tuum apud te Deum tecumque unum Deum, per quod creasti omnia. Et est aliud genus impiorum, qui *cognoscentes Deum non sicut Deum glorificaverunt aut gratias egerunt.* In hoc quoque incideram, *et dextera tua suscepit me* et inde ablatum posuisti, ubi convalescerem, quia dixisti homini: *Ecce pietas est sapientia,* et: *Noli velle videri sapiens,* quoniam *dicentes se esse sapientes stulti facti sunt.* Et inveneram iam bonam margaritam, et venditis omnibus, quæ haberem, emenda erat, et dubitabam.

Victorini rhetoris conversio a Simpliciano narrata.

2. 3. Perrexi ergo ad Simplicianum, patrem in accipienda gratia tunc episcopi Ambrosii et quem vere ut patrem diligebat. Narravi ei circuitus erroris mei. Ubi autem commemoravi legisse me quosdam libros Platonicorum, quos Victorinus quondam, rhetor urbis Romæ, quem christianum defunctum esse audieram, in Latinam linguam transtulisset, gratulatus est mihi, quod non in aliorum philosophorum scripta incidissem plena fallaciarum et deceptionum *secundum elementa* huius *mundi,* in istis autem omnibus modis insinuari Deum et eius Verbum. Deinde, ut me exhortaretur ad humilitatem Christi sapientibus absconditam et revelatam parvulis, Victorinum ipsum recordatus est, quem, Romæ cum esset, familiarissime noverat, deque illo mihi narravit quod non silebo. Habet enim magnam laudem gratiæ tuæ confitendam tibi, quemadmodum ille doctissimus senex et omnium liberalium doctrinarum peritissimus quique philosophorum tam multa legerat et diiudicaverat, doctor tot nobilium senatorum, qui etiam ob insigne præclari magisterii, quod cives huius mundi eximium putant, statuam Romano foro meruerat et acceperat, usque ad illam ætatem venerator idolorum sacrorumque sacrilegorum particeps, quibus tunc tota fere Romana nobilitas inflata spirabat populi Pelusiam et omnigenum Deum monstra et Anubem latratorem, quæ aliquando

contra Neptunum et Venerem contraque Minervam

tela tenuerant et a se victis iam Roma supplicabat, quæ iste senex Victorinus tot annos ore terricrepo defensitaverat, non erubuerit esse puer Christi tui et infans fontis tui subiecto collo ad humilitatis iugum et edomita fronte ad crucis opprobrium.

2. 4. O Domine, Domine, qui inclinasti cælos et descendisti, tetigisti montes et fumigaverunt, quibus modis te insinuasti illi pectori? Legebat, sicut ait Simplicianus, sanctam Scripturam omnesque christianas litteras investigabat studiosissime et perscrutabatur et dicebat Simpliciano non palam, sed secretius et familiarius: "Noveris me iam esse christianum". Et respondebat ille: "Non credam nec deputabo te inter christianos, nisi in Ecclesia Christi videro". Ille autem irridebat dicens: "Ergo parietes faciunt christianos?". Et hoc sæpe dicebat, iam se esse christianum, et Simplicianus illud sæpe respondebat et sæpe ab illo parietum irrisio repetebatur. Amicos enim suos reverebatur offendere, superbos dæmonicolas, quorum ex culmine Babylonicæ dignitatis quasi ex cedris Libani, quas nondum contriverat Dominus, graviter ruituras in se inimicitias arbitrabatur. Sed posteaquam legendo et inhiando hausit firmitatem timuitque negari a Christo coram angelis sanctis, si eum timeret coram hominibus confiteri, reusque sibi magni criminis apparuit erubescendo de sacramentis humilitatis Verbi tui et non erubescendo de sacris sacrilegis superborum dæmoniorum, quæ imitator superbus acceperat, depuduit vanitati et erubuit veritati subitoque et inopinatus ait Simpliciano, ut ipse narrabat: "Eamus in ecclesiam: christianus volo fieri". At ille non se capiens lætitia perrexit cum eo. Ubi autem imbutus est primis instructionis sacramentis, non multo post etiam nomen dedit, ut per baptismum regeneraretur mirante Roma, gaudente Ecclesia. Superbi videbant et irascebantur, dentibus suis stridebant et tabescebant. Servo autem tuo Dominus Deus erat *spes eius et non* respiciebat *in vanitates et insanias mendaces*.

2. 5. Denique ut ventum est ad horam profitendæ fidei, quæ verbis certis conceptis retentisque memoriter de loco eminentiore in conspectu populi fidelis Romæ reddi solet ab eis, qui accessuri sunt ad gratiam tuam, oblatum esse dicebat Victorino a presbyteris, ut secretius redderet, sicut nonnullis, qui verecundia trepidaturi videbantur, offerri mos erat; illum autem maluisse salutem suam in conspectu sanctæ multitudinis profiteri. Non enim erat salus, quam docebat, in rhetorica, et tamen eam publice professus erat. Quanto minus ergo vereri debuit mansuetum gregem tuum pronuntians verbum tuum, qui non verebatur in verbis suis turbas insanorum? Itaque ubi ascendit, ut redderet, omnes sibimet invicem, quisque ut eum

noverat, instrepuerunt nomen eius strepitu gratulationis. Quis autem ibi eum non noverat? Et sonuit presso sonitu per ora cunctorum collætantium: "Victorinus, Victorinus". Cito sonuerunt exsultatione, quia videbant eum, et cito siluerunt intentione, ut audirent eum. Pronuntiavit ille fidem veracem præclara fiducia, et volebant eum omnes rapere intro in cor suum. Et rapiebant amando et gaudendo: hæ rapientium manus erant.

Maius est gaudium hominis de maiore periculo liberati.

3. 6. Deus bone, quid agitur in homine, ut plus gaudeat de salute desperatæ animæ et de maiore periculo liberatæ, quam si spes ei semper affuisset aut periculum minus fuisset? Etenim tu quoque, misericors Pater, plus gaudes *de uno pænitente quam de nonaginta novem iustis, quibus non opus est pænitentia.* Et nos cum magna iucunditate audimus, cum audimus quam exsultantibus pastoris umeris reportetur ovis, quæ erraverat, et drachma referatur in thesauros tuos collætantibus vicinis mulieri, quæ invenit, et lacrimas excutit gaudium sollemnitatis domus tuæ, cum legitur in domo tua de minore filio tuo, *quoniam mortuus erat et revixit, perierat et inventus est.* Gaudes quippe in nobis et in angelis tuis sancta caritate sanctis. Nam tu semper idem, qui ea quæ non semper nec eodem modo sunt eodem modo semper *nosti omnia.*

3. 7. Quid ergo agitur in anima, cum amplius delectatur inventis aut redditis rebus, quas diligit, quam si eas semper habuisset? Contestantur enim et cetera et plena sunt omnia testimoniis clamantibus: "Ita est". Triumphat victor imperator et non vicisset, nisi pugnavisset, et quanto maius periculum fuit in prœlio, tanto est gaudium maius in triumpho. Iactat tempestas navigantes minaturque naufragium; omnes futura morte pallescunt : tranquillatur cælum et mare, et exsultant nimis, quoniam timuerunt nimis. Æger est carus et vena eius malum renuntiat; omnes, qui eum salvum cupiunt, ægrotant simul animo: fit ei recte et nondum ambulat pristinis viribus, et fit iam tale gaudium, quale non fuit, cum antea salvus et fortis ambularet. Easque ipsas voluptates humanæ vitæ etiam non inopinatis et præter voluntatem irruentibus, sed institutis et voluntariis molestiis homines adquirunt. Edendi et bibendi voluptas nulla est, nisi præcedat esuriendi et sitiendi molestia. Et ebriosi quædam salsiuscula comedunt, quo fiat molestus ardor, quem dum exstinguit potatio, fit delectatio. Et institutum est, ut iam pactæ sponsæ non tradantur statim

ve vilem habeat maritus datam, quam non suspiraverit sponsus dilatam.

3. 8. Hoc in turpi et exsecranda lætitia, hoc in ea, quæ concessa et licita est, hoc in ipsa sincerissima honestate amicitiæ, hoc in eo, qui *mortuus erat et revixit, perierat et inventus est*; ubique maius gaudium molestia maiore præceditur. *Quid est hoc, Domine Deus meus, cum tu æternum tibi, tu ipse sis gaudium, et quædam de te circa te semper gaudeant?* Quid est, quod hæc rerum pars alternat defectu et profectu, offensionibus et conciliationibus? An is est modus earum, et tantum dedisti eis, cum *a summis cælorum* usque ad ima terrarum, ab initio usque in finem sæculorum, ab angelo usque ad vermiculum, a motu primo usque ad extremum omnia genera bonorum et omnia iusta opera tua suis quæque sedibus locares et suis quæque temporibus ageres? Ei mihi, quam excelsus es in excelsis et quam profundus in profundis! Et nusquam recedis, et vix redimus ad te.

Conversio virorum insignium multis gaudium affert et saluti est.

4. 9. Age, Domine, fac excita et revoca nos, accende et rape, fragra, dulcesce: amemus, curramus. Nonne multi ex profundiore Tartaro cæcitatis quam Victorinus redeunt ad te et accedunt et illuminantur recipientes lumen, quod si qui recipiunt, accipiunt a te potestatem, ut filii tui fiant? Sed si minus noti sunt populis, minus de illis gaudent etiam qui noverunt eos. Quando enim cum multis gaudetur, et in singulis uberius est gaudium, quia fervefaciunt se et inflammantur ex alterutro. Deinde, quod multis noti, multis sunt auctoritati ad salutem et multis præeunt secuturis, ideoque multum de illis et qui eos præcesserunt lætantur, quia non de solis lætantur. Absit enim, ut in tabernaculo tuo præ pauperibus accipiantur personæ divitum aut præ ignobilibus nobiles, quando potius *infirma mundi* elegisti, *ut confunderes fortia, et ignobilia huius mundi* elegisti *et contemptibilia et ea quæ non sunt, tamquam sint, ut ea quæ sunt* evacuares. Et tamen idem ipse *minimus Apostolorum* tuorum, per cuius linguam tua ista verba sonuisti, cum Paulus pro consul per eius militiam debellata superbia sub lene iugum Christi tui missus esset regis magni provincialis effectus, ipse quoque ex priore Saulo Paulus vocari amavit ob tam magnæ insigne victoriæ. Plus enim hostis vincitur in eo, quem plus tenet et de quo plures tenet. Plus autem superbos tenet nomine nobilitatis et de his plures nomine auctoritatis. Quanto igitur gratius cogitabatur Victorini pectus, quod tamquam inexpugnabile receptaculum diabolus obtinuerat, Victorini lingua, quo telo

grandi et acuto multos peremerat, abundantius exsultare oportuit filios tuos, quia rex noster alligavit fortem, et videbant vasa eius erepta mundari et aptari in honorem tuum et fieri utilia *Domino ad omne opus bonum.*

Duæ voluntates dissipabant animam Aug. eamque consuetudo mala tenebat.

5. 10. Sed ubi mihi homo tuus Simplicianus de Victorino ista narravit, exarsi ad imitandum: ad hoc enim et ille narraverat. Posteaquam vero et illud addidit, quod imperatoris Iuliani temporibus lege data prohibiti sunt Christiani docere litteraturam et oratoriam (quam legem ille amplexus loquacem scholam deserere maluit quam verbum tuum, quo *linguas infantium* facis *disertas*) non mihi fortior quam felicior visus est, quia invenit occasionem vacandi tibi. Cui rei ego suspirabam ligatus non ferro alieno, sed mea ferrea voluntate. Velle meum tenebat inimicus et inde mihi catenam fecerat et constrinxerat me. Quippe ex voluntate perversa facta est libido, et dum servitur libidini, facta est consuetudo, et dum consuetudini non resistitur, facta est necessitas. Quibus quasi ansulis sibimet innexis (unde catenam appellavi) tenebat me obstrictum dura servitus. Voluntas autem nova, quæ mihi esse cœperat, ut te gratis colerem fruique te vellem, Deus, sola certa iucunditas, nondum erat idonea ad superandam priorem vetustate roboratam. Ita duæ voluntates meæ, una vetus, alia nova, illa carnalis, illa spiritalis, confligebant inter se atque discordando dissipabant animam meam.

5. 11. Sic intellegebam me ipso experimento id quod legeram, quomodo *caro* concupisceret *adversus spiritum et spiritus adversus carnem*, ego quidem in utroque, sed magis ego in eo, quod in me approbabam, quam in eo, quod in me improbabam. Ibi enim magis iam non ego, quia ex magna parte id patiebar invitus quam faciebam volens. Sed tamen consuetudo adversus me pugnacior ex me facta erat, quoniam volens quo nollem perveneram. Et quis iure contradiceret, cum peccantem iusta pœna sequeretur? Et non erat iam illa excusatio, qua videri mihi solebam propterea me nondum contempto sæculo servire tibi, quia incerta mihi esset perceptio veritatis: iam enim et ipsa certa erat. Ego autem adhuc terra obligatus militare tibi recusabam et impedimentis omnibus sic timebam expediri, quemadmodum impediri timendum est.

Sarcina sæculi.

5. 12. Ita sarcina sæculi, velut somno assolet, dulciter premebar, et cogitationes, quibus meditabar in te, similes erant conatibus expergisci volentium, qui tamen superati soporis altitudine remerguntur. Et sicut nemo est, qui dormire semper velit, omniumque sano iudicio vigilare præstat, differt tamen plerumque homo somnum excutere, cum gravis torpor in membris est, eumque iam displicentem carpit libentius, quamvis surgendi tempus advenerit; ita certum habebam esse melius tuæ caritati me dedere quam meæ cupiditati cedere; sed illud placebat et vincebat, hoc libebat et vinciebat. Non enim erat quod tibi responderem dicenti mihi: *Surge qui dormis et exsurge a mortuis, et illuminabit te Christus*, et undique ostendenti vera te dicere, non erat omnino, quid responderem veritate convictus, nisi tantum verba lenta et somnolenta: "Modo", "Ecce modo", "Sine paululum". Sed "modo et modo" non habebat modum et "sine paululum" in longum ibat. Frustra condelectabar legi tuæ *secundum interiorem hominem*, cum alia lex *in membris meis* repugnaret *legi mentis meæ* et captivum me duceret *in lege peccati, quæ in membris meis* erat. Lex enim peccati est violentia consuetudinis, qua trahitur et tenetur etiam invitus animus eo merito, quo in eam volens illabitur. Miserum ergo me *quis* liberaret *de corpore mortis huius* nisi *gratia* tua *per Iesum Christum, Dominum nostrum*?

Quæ Ponticianus narraverit Augustino et Alypio

De Aug., Alypii et Nebridii otiis et negotiis.

6. 13. Et de vinculo quidem desiderii concubitus, quo artissimo tenebar, et sæcularium negotiorum servitute quemadmodum me exemeris, narrabo *et confitebor nomini tuo, Domine, adiutor meus et redemptor meus*. Agebam solita crescente anxietudine et quotidie suspirabam tibi, frequentabam ecclesiam tuam, quantum vacabat ab eis negotiis, sub quorum pondere gemebam. Mecum erat Alypius otiosus ab opere iuris peritorum post assessionem tertiam, exspectans, quibus iterum consilia venderet, sicut ego vendebam dicendi facultatem, si qua docendo præstari potest. Nebridius autem amicitiæ nostræ cesserat, ut omnium nostrum familiarissimo Verecundo, Mediolanensi et civi et grammatico, subdoceret, vehementer desideranti et familiaritatis iure flagitanti de numero nostro fidele adiutorium, quo indigebat nimis. Non itaque Nebridium cupiditas commodorum eo traxit (maiora enim posset, si vellet, de litteris agere) sed officio benevolentiæ petitionem nostram contemnere noluit amicus dulcissimus et mitissimus. Agebat

autem illud prudentissime cavens innotescere personis *secundum hoc sæculum* maioribus, devitans in eis omnem inquietudinem animi, quem volebat habere liberum et quam multis posset horis feriatum ad quærendum aliquid vel legendum vel audiendum de sapientia.

Ponticiani sermo de Antonio monacho.

6. 14. Quodam igitur die (non recolo causam, qua erat absens Nebridius) cum ecce ad nos domum venit ad me et Alypium Ponticianus quidam, civis noster, in quantum Afer, præclare in palatio militans; nescio quid a nobis volebat. Et consedimus, ut colloqueremur. Et forte supra mensam lusoriam, quæ ante nos erat, attendit codicem: tulit, aperuit, invenit apostolum Paulum, inopinate sane; putaverat enim aliquid de libris, quorum professio me conterebat. Tum vero arridens meque intuens gratulatorie miratus est, quod eas et solas præ oculis meis litteras repente comperisset. Christianus quippe et fidelis erat et sæpe tibi, Deo nostro, prosternebatur in ecclesia crebris et diuturnis orationibus. Cui ego cum indicassem illis me scripturis curam maximam impendere, ortus est sermo ipso narrante de Antonio Ægyptio monacho, cuius nomen excellenter clarebat apud servos tuos, nos autem usque in illam horam latebat. Quod ille ubi comperit, immoratus est in eo sermone insinuans tantum virum ignorantibus et admirans eamdem nostram ignorantiam. Stupebamus autem audientes tam recenti memoria et prope nostris temporibus testatissima *mirabilia tua* in fide recta et catholica Ecclesia. Omnes mirabamur, et nos, quia tam magna erant, et ille, quia inaudita nobis erant.

Qui Ponticiano et tribus eius amicis in hortis Treverorum ambulantibus evenerit.

6. 15. Inde sermo eius devolutus est ad monasteriorum greges et mores suaveolentiæ tuæ et ubera deserta heremi, quorum nos nihil sciebamus. Et erat monasterium Mediolanii plenum bonis fratribus extra urbis mœnia sub Ambrosio nutritore, et non noveramus. Pertendebat ille et loquebatur adhuc, et nos intenti tacebamus. Unde incidit, ut diceret nescio quando se et tres alios contubernales suos, nimirum apud Treveros, cum imperator pomeridiano circensium spectaculo teneretur, exisse deambulatum in hortos muris contiguos atque illic, ut forte combinati spatiabantur, unum secum seorsum et alios duos itidem seorsum pariterque digressos; sed illos vagabundos irruisse in quamdam casam, ubi habitabant quidam servi tui *spiritu pauperes*, qualium *est regnum cælorum*, et invenisse ibi codicem, in quo scripta erat

LIBER OCTAVUS

vita Antonii. Quam legere cœpit unus eorum et mirari et accendi et inter legendum meditari arripere talem vitam et relicta militia sæculari servire tibi. Erant autem ex eis, quos dicunt agentes in rebus. Tum subito repletus amore sancto et sobrio pudore iratus sibi coniecit oculos in amicum et ait illi: "Dic, quæso te, omnibus istis laboribus nostris quo ambimus pervenire? Quid quærimus? Cuius rei causa militamus? Maiorne esse poterit spes nostra in palatio, quam ut amici imperatoris simus? Et ibi quid non fragile plenumque periculis? Et per quot pericula pervenitur ad grandius periculum? Et quando istuc erit? Amicus autem Dei, si voluero, ecce nunc fio". Dixit hoc et turbidus parturitione novæ vitæ reddidit oculos paginis: et legebat et mutabatur intus, ubi tu videbas, et exuebatur mundo mens eius, ut mox apparuit. Namque dum legit et volvit fluctus cordis sui, infremuit aliquando et discrevit decrevitque meliora iamque tuus ait amico suo: "Ego iam abrupi me ab illa spe nostra et Deo servire statui et hoc ex hac hora, in hoc loco aggredior. Te si piget imitari, noli adversari". Respondit ille adhærere se socium tantæ mercedis tantæque militiæ. Et ambo iam tui ædificabant turrem sumptu idoneo relinquendi omnia sua et sequendi te. Tunc Ponticianus et qui cum eo per alias horti partes deambulabant, quærentes eos devenerunt in eumdem locum et invenientes admonuerunt, ut redirent, quod iam declinasset dies. At illi narrato placito et proposito suo, quoque modo in eis talis voluntas orta esset atque firmata petiverunt, ne sibi molesti essent, si adiungi recusarent. Isti autem nihilo mutati a pristinis fleverunt se tamen, ut dicebat, atque illis pie congratulati sunt et commendaverunt se orationibus eorum et trahentes cor in terra abierunt in palatium, illi autem affigentes cor cælo manserunt in casa. Et habebant ambo sponsas: quæ posteaquam hoc audierunt, dicaverunt etiam ipsæ virginitatem tibi.

Augustinus miser et trepidus.

7. 16. Narrabat hæc Ponticianus. Tu autem, Domine, inter verba eius retorquebas me ad me ipsum, auferens me a dorso meo, ubi me posueram, dum nollem me attendere, et constituebas me ante faciem meam, ut viderem, quam turpis essem, quam distortus et sordidus, maculosus et ulcerosus. Et videbam et horrebam, et quo a me fugerem non erat. Et si conabar avertere a me aspectum, narrabat ille quod narrabat, et tu me rursus opponebas mihi et impingebas me in oculos meos, ut invenirem iniquitatem meam et odissem. Noveram eam, sed dissimulabam et cohibebam et obliviscebar.

CONFESSIONES

7. 17. Tunc vero quanto ardentius amabam illos, de quibus audiebam salubres affectus, quod se totos tibi sanandos dederant, tanto exsecrabilius me comparatum eis oderam, quoniam multi mei anni mecum effluxerant, forte duodecim anni, ex quo ab undevicesimo anno ætatis meæ lecto Ciceronis *Hortensio* excitatus eram studio sapientiæ et differebam contempta felicitate terrena ad eam investigandam vacare, cuius non inventio, sed vel sola inquisitio iam præponenda erat etiam inventis thesauris regnisque gentium et ad nutum circumfluentibus corporis voluptatibus. At ego adulescens miser valde, miser in exordio ipsius adulescentiæ, etiam petieram a te castitatem et dixeram: "Da mihi castitatem et continentiam, sed noli modo". Timebam enim, ne me cito exaudires et cito sanares a morbo concupiscentiæ, quem malebam expleri quam extingui. Et ieram *per vias pravas* superstitione sacrilega non quidem certus in ea, sed quasi præponens eam ceteris, quæ non pie quærebam, sed inimice oppugnabam.

7. 18. Et putaveram me propterea differre *de die in diem* contempta spe sæculi te solum sequi, quia non mihi apparebat certum aliquid, quo dirigerem cursum meum. Et venerat dies, quo nudarer mihi et increparet in me conscientia mea: "Ubi est lingua? Nempe tu dicebas propter incertum verum nolle te abicere sarcinam vanitatis. Ecce iam certum est, et illa te adhuc premit umerisque liberioribus pinnas recipiunt, qui neque ita in quærendo attriti sunt nec decennio et amplius ista meditati". Ita rodebar intus et confundebar pudore horribili vehementer, cum Ponticianus talia loqueretur. Terminato autem sermone et causa, qua venerat, abiit ille, et ego ad me. Quæ non in me dixi? Quibus sententiarum verberibus non flagellavi animam meam, ut sequeretur me conantem post te ire? Et renitebatur, recusabat et non se excusabat. Consumpta erant et convicta argumenta omnia; remanserat muta trepidatio et quasi mortem reformidabat restringi a fluxu consuetudinis, quo tabescebat in mortem.

Quæ secula sunt in hortulo domus

Augustinus in hortulum domus cum Alypio ascendit.

8. 19. Tum in illa grandi rixa interioris domus meæ, quam fortiter excitaveram cum anima mea in cubiculo nostro, corde meo, tam vultu quam mente turbatus invado Alypium, exclamo: "Quid patimur? Quid est hoc? Quid audisti? Surgunt indocti et cælum rapiunt, et nos cum doctrinis nostris sine corde ecce ubi volutamur in carne

LIBER OCTAVUS

et sanguine ! An quia præcesserunt, pudet sequi et non pudet nec saltem sequi?". Dixi nescio qua talia, et abripuit me ab illo æstus meus, cum taceret attonitus me intuens. Neque enim solita sonabam. Plus loquebantur animum meum frons, genæ, oculi, color, modus vocis quam verba, quæ promebam. Hortulus quidam erat hospitii nostri, quo nos utebamur sicut tota domo; nam hospes ibi non habitabat, dominus domus. Illuc me abstulerat tumultus pectoris, ubi nemo impediret ardentem litem, quam mecum aggressus eram, donec exiret, qua tu sciebas, ego autem non; sed tantum insaniebam salubriter et moriebar vitaliter, gnarus, quid mali essem, et ignarus, quid boni post paululum futurus essem. Abscessi ergo in hortum et Alypius pedem post pedem. Neque enim secretum meum non erat, ubi ille aderat. Aut quando me sic affectum desereret? Sedimus quantum potuimus remoti ab ædibus. Ego fremebam spiritu indignans indignatione turbulentissima, quod non irem in placitum et pactum tecum, Deus meus, in quod eundum esse *omnia ossa mea* clamabant et in cælum tollebant laudibus; et non illuc ibatur navibus aut quadrigis aut pedibus, quantum saltem de domo in eum locum ieram, ubi sedebamus. Nam non solum ire, verum etiam pervenire illuc nihil erat aliud quam velle ire, sed velle fortiter et integre, non semisauciam hac atque hac versare et iactare voluntatem parte adsurgente cum alia parte cadente luctantem.

8. 20. Denique tam multa faciebam corpore in ipsis cunctationis æstibus, quæ aliquando volunt homines et non valent, si aut ipsa membra non habeant aut ea vel conligata vinculis vel resoluta languore vel quoquo modo impedita sint. Si vulsi capillum, si percussi frontem, si consertis digitis amplexatus sum genu, quia volui, feci. Potui autem velle et non facere, si mobilitas membrorum non obsequeretur. Tam multa ergo feci, ubi non hoc erat velle quod posse; et non faciebam, quod et incomparabili affectu amplius mihi placebat et mox, ut vellem, possem, quia mox, ut vellem, utique vellem. Ibi enim facultas ea, quæ voluntas, et ipsum velle iam facere erat; et tamen non fiebat, faciliusque obtemperabat corpus tenuissimæ voluntati animæ, ut ad nutum membra moverentur, quam ipsa sibi anima ad voluntatem suam magnam in sola voluntate perficiendam.

Cum non plena voluntas imperat, non efficitur quod imperat.

9. 21. Unde hoc monstrum? Et quare istuc? Luceat misericordia tua, et interrogem, si forte mihi respondere possint latebræ pœnarum hominum et tenebrosissimæ

contritiones filiorum Adam. Unde hoc monstrum? Et quare istuc? Imperat animus corpori, et paretur statim: imperat animus sibi, et resistitur. Imperat animus, ut moveatur manus, et tanta est facilitas, ut vix a servitio discernatur imperium; et animus animus est, manus autem corpus est. Imperat animus, ut velit animus, nec alter est nec facit tamen. Unde hoc monstrum? Et quare istuc? Imperat, inquam, ut velit, qui non imperaret, nisi vellet, et non facit quod imperat. Sed non ex toto vult: non ergo ex toto imperat. Nam in tantum imperat, in quantum vult, et in tantum non fit quod imperat, in quantum non vult, quoniam voluntas imperat, ut sit voluntas, nec alia, sed ipsa. Non itaque plena imperat; ideo non est, quod imperat. Nam si plena esset, nec imperaret, ut esset, quia iam esset. Non igitur monstrum partim velle, partim nolle, sed ægritudo animi est, quia non totus assurgit veritate sublevatus, consuetudine prægravatus. Et ideo sunt duæ voluntates, quia una earum tota non est et hoc adest alteri, quod deest alteri.

Non duæ naturæ contrariæ in homine confligunt inter se, sed eadem anima non tota voluntate interdum vult.

10. 22. *Pereant a facie tua*, Deus, sicuti pereunt, *vaniloqui et* mentis *seductores*, qui cum duas voluntates in deliberando animadverterint, duas naturas duarum mentium esse asseverant, unam bonam, alteram malam. Ipsi vere mali sunt, cum ista mala sentiunt, et idem ipsi boni erunt, si vera senserint verisque consenserint, ut dicat eis Apostolus tuus: *Fuistis aliquando tenebræ, nunc autem lux in Domino*. Illi enim dum volunt esse lux non in Domino, sed in se ipsis, putando animæ naturam hoc esse, quod Deus est, ita facti sunt densiores tenebræ, quoniam longius a te recesserunt horrenda arrogantia, a te, vero lumine illuminante *omnem hominem venientem in hunc mundum*. Attendite, quid dicatis, et erubescite et *accedite ad eum et illuminamini, et vultus vestri non erubescent*. Ego cum deliberabam, ut iam servirem Domino Deo meo, sicut diu disposueram, ego eram, qui volebam, ego, qui nolebam; ego, ego eram. Nec plene volebam nec plene nolebam. Ideo mecum contendebam et dissipabar a me ipso, et ipsa dissipatio me invito quidem fiebat, nec tamen ostendebat naturam mentis alienæ, sed pœnam meæ. Et ideo non iam ego operabar illam, *sed quod* habitabat *in me peccatum* de supplicio liberioris peccati, quia eram filius Adam.

10. 23. Nam si tot sunt contrariæ naturæ, quot voluntates sibi resistunt, non iam

duæ, sed plures erunt. Si deliberet quisquam, utrum ad conventiculum eorum pergat an ad theatrum, clamant isti: "Ecce duæ naturæ, una bona hac ducit, altera mala illac reducit. Nam unde ista cunctatio sibimet adversantium voluntatum?". Ego autem dico ambas malas, et quæ ad illos ducit et quæ ad theatrum reducit. Sed non credunt nisi bonam esse, qua itur ad eos. Quid? Si ergo quisquam noster deliberet et secum altercantibus duabus voluntatibus fluctuet, utrum ad theatrum pergat an ad ecclesiam nostram, nonne et isti quid respondeant fluctuabunt? Aut enim fatebuntur, quod nolunt, bona voluntate pergi in ecclesiam nostram, sicut in eam pergunt qui sacramentis eius imbuti sunt atque detinentur, aut duas malas naturas et duas malas mentes in uno homine confligere putabunt, et non erit verum quod solent dicere, unam bonam, alteram malam, aut convertentur ad verum et non negabunt, cum quisque deliberat, animam unam diversis voluntatibus æstuare.

10. 24. Iam ergo non dicant, cum duas voluntates in homine uno adversari sibi sentiunt, duas contrarias mentes de duabus contrariis substantiis et de duobus contrariis principiis contendere, unam bonam, alteram malam. Nam tu, *Deus verax*, improbas eos et redarguis atque convincis eos, sicut in utraque mala voluntate, cum quisque deliberat, utrum hominem veneno interimat an ferro, utrum fundum alienum illum an illum invadat, quando utrumque non potest, utrum emat voluptatem luxuria an pecuniam servet avaritia, utrum ad circum pergat an ad theatrum, si uno die utrumque exhibeatur; addo etiam tertium, an ad furtum de domo aliena, si subest occasio; addo et quartum, an ad committendum adulterium, si et inde simul facultas aperitur, si omnia concurrant in unum articulum temporis pariterque cupiantur omnia, quæ simul agi nequeunt; discerpunt enim animum sibimet adversantibus quattuor voluntatibus vel etiam pluribus in tanta copia rerum, quæ appetuntur, nec tamen tantam multitudinem diversarum substantiarum solent dicere. Ita et in bonis voluntatibus. Nam quæro ab eis, utrum bonum sit delectari lectione Apostoli et utrum bonum sit delectari psalmo sobrio et utrum bonum sit Evangelium disserere. Respondebunt ad singula: "Bonum". Quid? Si ergo pariter delectent omnia simulque uno tempore, nonne diversæ voluntates distendunt cor hominis, dum deliberatur, quid potissimum arripiamus? Et omnes bonæ sunt et certant secum, donec eligatur unum, quo feratur tota voluntas una, quæ in plures dividebatur. Ita etiam, cum æternitas delectat superius et temporalis boni voluptas retentat inferius, eadem anima est non tota voluntate illud aut hoc volens et ideo

discerpitur gravi molestia, dum illud veritate præponit, hoc familiaritate non ponit.

Aug. hæsitans et tardatus.

11. 25. Sic ægrotabam et excruciabar accusans memetipsum solito acerbius nimis ac volvens et versans me in vinculo meo, donec abrumperetur totum, quo iam exiguo tenebar. Sed tenebar tamen. Et instabas tu in occultis meis, Domine, severa misericordia flagella ingeminans timoris et pudoris, ne rursus cessarem et non abrumperetur id ipsum exiguum et tenue, quod remanserat, et revalesceret iterum et me robustius alligaret. Dicebam enim apud me intus: "Ecce modo fiat, modo fiat", et cum verbo iam ibam in placitum. Iam pæne faciebam et non faciebam nec relabebar tamen in pristina, sed de proximo stabam et respirabam. Et item conabar et paulo minus ibi eram et paulo minus, iam iamque attingebam et tenebam; et non ibi eram nec attingebam nec tenebam, hæsitans mori morti et vitæ vivere, plusque in me valebat deterius inolitum, quam melius insolitum, punctumque ipsum temporis, quo aliud futurus eram, quanto propius admovebatur, tanto ampliorem incutiebat horrorem; sed non recutiebat retro nec avertebat, sed suspendebat.

11. 26. Retinebant nugæ nugarum et vanitates vanitatum, antiquæ amicæ meæ, et succutiebant vestem meam carneam et submurmurabant: "Dimittisne nos?" et: "A momento isto non erimus tecum ultra in æternum", et: "A momento isto non tibi licebit hoc et illud ultra in æternum". Et quæ suggerebant in eo, quod dixi: "hoc et illud", quæ suggerebant, Deus meus! Avertat ab anima servi tui misericordia tua! Quas sordes suggerebant, quæ dedecora! Et audiebam eas iam longe minus quam dimidius, non tamquam libere contradicentes eundo in obviam, sed velut a dorso mussitantes et discedentem quasi furtim vellicantes, ut respicerem. Retardabant tamen cunctantem me abripere atque excutere ab eis et transilire quo vocabar, cum diceret mihi consuetudo violenta: "Putasne sine istis poteris?".

Hortatio continentiæ.

11. 27. Sed iam tepidissime hoc dicebat. Aperiebatur enim ab ea parte, qua intenderam faciem et quo transire trepidabam, casta dignitas continentiæ, serena et non dissolute hilaris, honeste blandiens, ut venirem neque dubitarem, et extendens ad me suscipiendum et amplectendum pias manus plenas gregibus bonorum exemplorum. Ibi tot pueri et puellæ, ibi iuventus multa et omnis ætas et graves

LIBER OCTAVUS

viduæ et virgines anus, et in omnibus ipsa continentia nequaquam sterilis, sed fecunda mater filiorum gaudiorum de marito te, Domine. Et irridebat me irrisione hortatoria, quasi diceret: "Tu non poteris, quod isti, quod istæ? An vero isti et istæ in se ipsis possunt ac non in Domino Deo suo? Dominus Deus eorum me dedit eis. Quid in te stas et non stas? Proice te in eum, noli metuere; non se subtrahet, ut cadas: proice te securus, excipiet et sanabit te". Et erubescebam nimis, quia illarum nugarum murmura adhuc audiebam, et cunctabundus pendebam. Et rursus illa, quasi diceret: "Obsurdesce adversus immunda illa membra tua super terram, ut mortificentur. Narrant tibi *delectationes, sed non sicut lex* Domini Dei tui ". Ista controversia in corde meo non nisi de me ipso adversus me ipsum. At Alypius affixus lateri meo inusitati motus mei exitum tacitus opperiebatur.

Multis cum lacrimis misericordiam Dei imploravit.

12. 28. Ubi vero a fundo arcano alta consideratio traxit et congessit totam miseriam meam in conspectu cordis mei, oborta est procella ingens ferens ingentem imbrem lacrimarum. Et ut totum effunderem cum vocibus suis, surrexi ab Alypio (solitudo mihi ad negotium flendi aptior suggerebatur) et secessi remotius, quam ut posset mihi onerosa esse etiam eius præsentia. Sic tunc eram, et ille sensit; nescio quid enim, puto, dixeram, in quo apparebat sonus vocis meæ iam fletu gravidus, et sic surrexeram. Mansit ergo ille ubi sedebamus nimie stupens. Ego sub quadam fici arbore stravi me nescio quomodo et dimisi habenas lacrimis, et proruperunt flumina oculorum meorum, acceptabile sacrificium tuum, et non quidem his verbis, sed in hac sententia multa dixi tibi: *Et tu, Domine, usquequo? Usquequo, Domine, irasceris in finem? Ne memor fueris iniquitatum nostrarum antiquarum.* Sentiebam enim eis me teneri. Iactabam voces miserabiles: "Quamdiu, quamdiu: "cras et cras"? Quare non modo? Quare non hac hora finis turpitudinis meæ?".

Tolle et lege.

12. 29. Dicebam hæc et flebam amarissima contritione cordis mei. Et ecce audio vocem de vicina domo cum cantu dicentis et crebro repetentis quasi pueri an puellæ, nescio: "Tolle lege, tolle lege". Statimque mutato vultu intentissimus cogitare cœpi, utrumnam solerent pueri in aliquo genere ludendi cantitare tale aliquid, nec occurrebat omnino audisse me uspiam repressoque impetu lacrimarum surrexi nihil aliud interpretans divinitus mihi iuberi, nisi ut aperirem codicem et legerem quod

primum caput invenissem. Audieram enim de Antonio, quod ex evangelica lectione, cui forte supervenerat, admonitus fuerit, tamquam sibi diceretur quod legebatur: *Vade, vende omnia, quæ habes, da pauperibus et habebis thesaurum in cælis; et veni, sequere me*, et tali oraculo confestim ad te esse conversum. Itaque concitus redii in eum locum, ubi sedebat Alypius; ibi enim posueram codicem Apostoli, cum inde surrexeram. Arripui, aperui et legi in silentio capitulum, quo primum coniecti sunt oculi mei: *Non in comessationibus et ebrietatibus, non in cubilibus et impudicitiis, non in contentione et æmulatione, sed induite Dominum Iesum Christum et carnis providentiam ne feceritis in concupiscentiis*. Nec ultra volui legere nec opus erat. Statim quippe cum fine huiusce sententiæ quasi luce securitatis infusa cordi meo omnes dubitationis tenebræ diffugerunt.

12. 30. Tum interiecto aut digito aut nescio quo alio signo codicem clausi et tranquillo iam vultu indicavi Alypio. At ille quid in se ageretur (quod ego nesciebam) sic indicavit. Petit videre quid legissem: ostendi, et attendit etiam ultra quam ego legeram. Et ignorabam quid sequeretur. Sequebatur vero: *Infirmum autem in fide recipite*. Quod ille ad se rettulit mihique aperuit. Sed tali admonitione firmatus est placitoque ac proposito bono et congruentissimo suis moribus, quibus a me in melius iam olim valde longeque distabat, sine ulla turbulenta cunctatione coniunctus est. Inde ad matrem ingredimur, indicamus: gaudet. Narramus, quemadmodum gestum sit: exsultat et triumphat et benedicebat tibi, *qui potens es ultra quam petimus et intellegimus facere*, quia tanto amplius sibi a te concessum de me videbat, quam petere solebat miserabilibus flebilibusque gemitibus. Convertisti enim me ad te, ut nec uxorem quærerem nec aliquam spem sæculi huius stans in ea regula fidei, in qua me ante tot annos ei revelaveras, et *convertisti luctum* eius *in gaudium* multo uberius, quam voluerat, et multo carius atque castius, quam de nepotibus carnis meæ requirebat.

CONFESSIONES

LIBER NONUS

BAPTISMUS ET REDITUS IN AFRICAM

In secessu Cassiciaci

Deo gratiæ et laudes.

1. 1. *O Domine, ego servus tuus, ego servus tuus et filius ancillæ tuæ. Dirupisti vincula mea; tibi sacrificabo hostiam laudis.* Laudet te cor meum et lingua mea, et *omnia ossa mea* dicant: *Domine, quis similis tibi?* Dicant, et responde mihi *et dic animæ meæ: Salus tua ego sum.* Quis ego et qualis ego? Quid non mali aut facta mea aut, si non facta, dicta mea aut, si non dicta, voluntas mea fuit? Tu autem, Domine, bonus et misericors et dextera tua respiciens profunditatem mortis meæ et a fundo cordis mei exhauriens abyssum corruptionis. Et hoc erat totum nolle, quod volebam, et velle, quod volebas. Sed ubi erat tam annoso tempore et de quo imo altoque secreto evocatum est in momento liberum arbitrium meum, quod subderem cervicem leni iugo tuo et umeros levi sarcinæ tuæ, *Christe Iesu, adiutor meus et redemptor meus?* Quam suave mihi subito factum est carere suavitatibus nugarum, et quas amittere metus fuerat, iam dimittere gaudium erat. Eiciebas enim eas a me, vera tu et summa suavitas, eiciebas et intrabas pro eis omni voluptate dulcior, sed non *carni et sanguini*, omni luce clarior, sed omni secreto interior, omni honore sublimior, sed non sublimibus in se. Iam liber erat animus meus a curis mordacibus ambiendi et adquirendi et volutandi atque scalpendi scabiem libidinum, et garriebam tibi, claritati meæ et divitiis meis et saluti meæ, Domino Deo meo.

Feriarum exspectatio.

2. 2. *Et placuit mihi in conspectu tuo* non tumultuose abripere, sed leniter subtrahere ministerium linguæ meæ nundinis loquacitatis, ne ulterius pueri *meditantes* non *legem tuam*, non pacem tuam, sed insanias mendaces et bella forensia mercarentur ex ore meo arma furori suo. Et opportune iam paucissimi dies supererant ad vindemiales ferias, et statui tolerare illos, ut sollemniter abscederem et redemptus a te iam non redirem venalis. Consilium ergo nostrum erat coram te, coram hominibus autem nisi nostris non erat et convenerat inter nos, ne passim cuiquam effunderetur, quamquam tu nobis a convalle plorationis ascendentibus et cantantibus canticum graduum dederas *sagittas acutas et carbones vastatores adversus linguam subdolam* velut consulendo contradicentem et, sicut cibum assolet,

amando consumentem.

2. 3. Sagittaveras tu cor nostrum caritate tua, et gestabamus verba tua transfixa visceribus et exempla servorum tuorum, quos de nigris lucidos et de mortuis vivos feceras, congesta in sinum cogitationis nostræ urebant et absumebant gravem torporem, ne in ima vergeremus, et accendebant nos valide, ut omnis *ex lingua subdola* contradictionis flatus inflammare nos acrius posset, non exstinguere. Verum tamen quia propter nomen tuum, quod sanctificasti per terras, etiam laudatores utique haberet votum et propositum nostrum, iactantiæ simile videbatur non opperiri tam proximum feriarum tempus, sed de publica professione atque ante oculos omnium sita ante discedere, ut conversa in factum meum ora cunctorum intuentium, quam vicinum vindemialium diem prævenire voluerim, multa dicerent, quod quasi appetissem magnus videri. Et quo mihi erat istuc, ut putaretur et disputaretur de animo meo et *blasphemaretur bonum nostrum*?

Dolore pectoris tunc Aug. afficiebatur.

2. 4. Quin etiam quod ipsa æstate litterario labori nimio pulmo meus cedere cœperat et difficulter trahere suspiria doloribusque pectoris testari se saucium vocemque clariorem productioremve recusare, primo perturbaverat me, quia magisterii illius sarcinam pæne iam necessitate deponere cogebat aut, si curari et convalescere potuissem, certe intermittere. Sed ubi plena voluntas vacandi et videndi, *quoniam tu es Dominus*, oborta mihi est atque firmata (nosti, Deus meus) etiam gaudere cœpi, quod hæc quoque suberat non mendax excusatio, quæ offensionem hominum temperaret, qui propter liberos suos me liberum esse numquam volebant. Plenus igitur tali gaudio tolerabam illud intervallum temporis, donec decurreret (nescio utrum vel viginti dies erant) sed tamen fortiter tolerabantur, quia recesserat cupiditas, quæ mecum solebat ferre grave negotium, et ego premendus remanseram, nisi patientia succederet. Peccasse me in hoc quisquam servorum tuorum, fratrum meorum, dixerit, quod iam pleno corde militia tua passus me fuerim vel una hora sedere in cathedra mendacii. At ego non contendo. Sed tu, Domine misericordissime, nonne et hoc peccatum cum ceteris horrendis et funereis in aqua sancta ignovisti et remisisti mihi?

Anxitudo Verecundi.

3. 5. Macerabatur anxitudine Verecundus de isto nostro bono, quod propter vincula sua, quibus tenacissime tenebatur, deseri se nostro consortio videbat. Nondum Christianus coniuge fideli ea ipsa tamen artiore præ ceteris compede ab itinere, quod aggressi eramus, retardabatur nec Christianum esse alio modo se velle dicebat quam illo, quo non poterat. Benigne sane obtulit, ut, quandiu ibi essemus, in re eius essemus. Retribues illi, Domine, *in resurrectione iustorum*, quia iam ipsam sortem retribuisti ei. Quamvis enim absentibus nobis, cum Romæ iam essemus, corporali ægritudine correptus et in ea Christianus et fidelis factus ex hac vita emigravit. Ita misertus es non solum eius sed etiam nostri, ne cogitantes egregiam erga nos amici humanitatem nec eum in grege tuo numerantes dolore intolerabili cruciaremur. *Gratias tibi, Deus* noster! Tui sumus. Indicant hortationes et consolationes tuæ: fidelis promissor reddes Verecundo pro rure illo eius Cassiciaco, ubi ab æstu sæculi requievimus in te, amœnitatem sempiterne virentis paradisi tui, quoniam dimisisti ei peccata super terram in monte incaseato, monte tuo, monte uberi.

Nebridius quoque paulo post fidelis fit.

3. 6. Angebatur ergo tunc ipse, Nebridius autem collætabatur. Quamvis enim et ipse nondum Christianus in illam foveam perniciosissimi erroris inciderat, ut veritatis Filii tui carnem phantasma crederet, tamen inde emergens sic sibi erat, nondum imbutus ullis Ecclesiæ tuæ sacramentis, sed inquisitor ardentissimus veritatis. Quem non multo post conversionem nostram et regenerationem per baptismum tuum ipsum etiam fidelem catholicum castitate perfecta atque continentia tibi servientem in Africa apud suos, cum tota domus eius per eum Christiana facta esset, carne solvisti. Et nunc ille vivit in sinu Abraham. Quidquid illud est, quod illo significatur sinu, ibi Nebridius meus vivit, dulcis amicus meus, tuus autem, Domine, adoptivus ex liberto filius: ibi vivit. Nam quis alius tali animæ locus? Ibi vivit, unde me multa interrogabat homuncionem inexpertum. Iam non ponit aurem ad os meum, sed spiritale os ad fontem tuum et bibit, quantum potest, sapientiam pro aviditate sua sine fine felix. Nec eum sic arbitror inebriari ex ea, ut obliviscatur mei, cum tu, Domine, quem potat ille, nostri sis memor ain. Sic ergo eramus, Verecundum consolantes tristem salva amicitia de tali conversione nostra et exhortantes ad fidem gradus sui, vitæ scilicet coniugalis, Nebridium autem opperientes, quando sequeretur. Quod de tam proximo poterat et erat iam iamque facturus, cum ecce evoluti sunt dies illi tandem. Nam longi et multi videbantur præ amore libertatis

otiosæ ad cantandum de medullis omnibus: *Tibi dixit cor meum, quæsivi vultum tuum; vultum tuum, Domine, requiram.*

Quid Aug. egerit in litteris dum rure Cassiciaco moratur.

4. 7. Et venit dies, quo etiam actu solverer a professione rhetorica, unde iam cogitatu solutus eram. Et factum est, eruisti linguam meam, unde iam erueras cor meum, et benedicebam tibi gaudens profectus in villam cum meis omnibus. Ibi quid egerim in litteris iam quidem servientibus tibi, sed adhuc superbiæ scholam tamquam in pausatione anhelantibus testantur libri disputati cum præsentibus et cum ipso me solo coram te; quæ autem cum absente Nebridio, testantur epistulæ. Et quando mihi sufficiat tempus commemorandi omnia magna erga nos beneficia tua in illo tempore præsertim ad alia maiora properanti? Revocat enim me recordatio mea, et dulce mihi fit, Domine, confiteri tibi, quibus internis me stimulis perdomueris et quemadmodum me complanaveris humilitatis montibus et collibus cogitationum mearum et tortuosa mea direxeris et aspera lenieris quoque modo ipsum etiam Alypium, fratrem cordis mei, subegeris nomini Unigeniti tui, *Domini et Salvatoris nostri Iesu Christi*, quod primo dedignabatur inseri litteris nostris. Magis enim eas volebat redolere gymnasiorum cedros, quas iam contrivit Dominus, quam salubres herbas ecclesiasticas adversas serpentibus.

Psalmos David legit.

4. 8. Quas tibi, Deus meus, voces dedi, cum legerem psalmos David, cantica fidelia, sonos pietatis excludentes turgidum spiritum, rudis in germano amore tuo, catechumenus in villa cum catechumeno Alypio feriatus, matre adhærente nobis muliebri habitu, virili fide, anili securitate, materna caritate, christiana pietate! Quas tibi voces dabam in Psalmis illis et quomodo in te inflammabar ex eis et accendebar eos recitare, si possem, toto orbe terrarum adversus typhum generis humani! Et tamen toto orbe cantantur, *et non est qui se abscondat a calore tuo*. Quam vehementi et acri dolore indignabar Manichæis et miserabar eos rursus, quod illa sacramenta, illa medicamenta nescirent et insani essent adversus antidotum, quo sani esse potuissent! Vellem, ut alicubi iuxta essent tunc et me nesciente, quod ibi essent, intuerentur faciem meam et audirent voces meas, quando legi quartum psalmum in illo tunc otio, quid de me fecerit ille psalmus: *Cum invocarem te, exaudisti me Deus iustitiæ meæ; in tribulatione dilatasti mihi. Miserere mei, Domine, et exaudi orationem*

meam; audirent ignorante me, utrum audirent, ne me propter se illa dicere putarent, quæ inter hæc verba dixerim, quia et re vera nec ea dicerem nec sic ea dicerem, si me ab eis audiri viderique sentirem, nec si dicerem, sic acciperent, quomodo mecum et mihi coram te de familiari affectu animi mei.

Meditatio psalmi quarti.

4. 9. Inhorrui timendo ibidemque inferbui sperando et exsultando *in tua misericordia*, Pater. Et hæc omnia exibant per oculos et vocem meam, cum conversus ad nos *spiritus tuus bonus* ait nobis: Filii hominum, quousque graves corde? Ut quid diligitis vanitatem et quæritis mendacium? Dilexeram enim vanitatem et quæsieram mendacium. Et tu, Domine, iam magnificaveras sanctum tuum, *suscitans eum a mortuis et collocans ad dexteram tuam*, unde mitteret ex alto promissionem suam, *Paracletum, spiritum veritatis*. Et miserat eum iam, sed ego nesciebam. Miserat eum, quia iam magnificatus erat *resurgens a mortuis* et ascendens in cælum. Ante autem *Spiritus nondum erat datus, quia Iesus nondum erat clarificatus*. Et clamat prophetia: *Quousque graves corde? Ut quid diligitis vanitatem et quæritis mendacium? Et scitote, quoniam Dominus magnificavit sanctum suum*. Clamat *quousque*, clamat *scitote*, et ego tamdiu nesciens vanitatem dilexi et mendacium quæsivi et ideo audivi et contremui, quoniam talibus dicitur, qualem me fuisse reminiscebar. In phantasmatis enim, quas pro veritate tenueram, vanitas erat et mendacium. Et insonui multa graviter ac fortiter in dolore recordationis meæ. Quæ utinam audissent qui adhuc usque diligunt vanitatem et quærunt mendacium; forte conturbarentur et evomuissent illud, et exaudires eos, cum clamarent ad te, quoniam vera morte carnis *mortuus est* pro nobis, *qui te interpellat pro nobis*.

4. 10. Legebam: *Irascimini et nolite peccare*, et quomodo movebar, Deus meus, qui iam didiceram irasci mihi de præteritis, ut de cetero non peccarem, et merito irasci, quia non alia natura gentis tenebrarum de me peccabat, sicut dicunt qui sibi non irascuntur et thesaurizant sibi *iram in die iræ et revelationis iusti iudicii* tui ! Nec iam bona mea foris erant nec oculis carneis in isto sole quærebantur. Volentes enim gaudere forinsecus facile vanescunt et effunduntur in ea, quæ videntur et temporalia sunt, et imagines eorum famelica cogitatione lambiunt. Et o si fatigentur inedia et dicant: *Quis ostendet nobis bona?* Et dicamus, et audiant: *Signatum est in nobis lumen vultus tui, Domine*. Non enim lumen nos sumus, *quod illuminat omnem hominem*, sed

CONFESSIONES

illuminamur a te, ut, qui fuimus *aliquando tenebræ*, simus *lux* in te. O si viderent internum æternum, quod ego quia gustaveram, frendebam, quoniam non eis poteram ostendere, si afferrent ad me cor in oculis suis foris a te et dicerent: *Quis ostendet nobis bona?* Ibi enim, ubi mihi iratus eram, intus in cubili, ubi compunctus eram, ubi sacrificaveram mactans vetustatem meam, et inchoata meditatione renovationis meæ sperans in te, ibi mihi dulcescere cœperas et dederas *lætitiam in corde meo*. Et exclamabam legens hæc foris et agnoscens intus nec volebam multiplicari terrenis bonis devorans tempora et devoratus temporibus, cum haberem in æterna simplicitate aliud *frumentum et vinum et oleum*.

4. 11. Et clamabam in consequenti versu clamore alto cordis mei: *O in pace! O in id ipsum!* O quid dixit: *Obdormiam et somnum capiam?* Quoniam quis resistet nobis, cum *fiet sermo, qui scriptus est: Absorpta est mors in victoriam?* Et tu es *id ipsum* valde, qui non mutaris, et in te requies obliviscens laborum omnium, quoniam nullus alius tecum nec ad alia multa adipiscenda, quæ non sunt quod tu, sed *tu, Domine, singulariter in spe constituisti me.* Legebam et ardebam nec inveniebam, quid facerem surdis mortuis, ex quibus fueram, pestis, latrator amarus et cæcus adversus litteras de melle cæli melleas et de lumine tuo luminosas, et *super inimicis* Scripturæ huius *tabescebam*.

Dolore dentium Aug. liberatus est mire.

4. 12. Quando recordabor omnia dierum illorum feriatorum? Sed nec oblitus sum nec silebo flagelli tui asperitatem et misericordiæ tuæ mirabilem celeritatem. Dolore dentium tunc excruciabas me, et cum in tantum ingravesceret, ut non valerem loqui, *ascendit in cor* meum admonere omnes meos, qui aderant, ut deprecarentur te pro me, Deum salutis omnimodæ. Et scripsi hoc in cera et dedi, ut eis legeretur. Mox ut genua supplici affectu fiximus, fugit dolor ille. Sed quis dolor? Aut quomodo fugit? Expavi, fateor, *Domine meus, Deus meus.* Nihil enim tale ab ineunte ætate expertus fueram. Et insinuati sunt mihi in profundo nutus tui et gaudens in fide laudavi nomen tuum, et ea fides me securum esse non sinebat de præteritis peccatis meis, quæ mihi per baptismum tuum remissa nondum erant.

Peractis vindemialibus, a publica professione rhetoris se abdicat.

5. 13. Renuntiavi peractis vindemialibus, ut scholasticis suis Mediolanenses

venditorem verborum alium providerent, quod et tibi ego servire delegissem et illi professioni præ difficultate spirandi ac dolore pectoris non sufficerem. Et insinuavi per litteras antistiti tuo, viro sancto Ambrosio, pristinos errores meos et præsens votum meum, ut moneret, quid mihi potissimum de libris tuis legendum esset, quo percipiendæ tantæ gratiæ paratior aptiorque fierem. At ille iussit Isaiam prophetam, credo, quod præ ceteris Evangelii vocationisque gentium sit prænuntiator apertior. Verumtamen ego primam huius lectionem non intellegens totumque talem arbitrans distuli repetendum exercitatior in dominico eloquio.

Reditus Mediolanium

Aug. baptizatur Mediolanii cum Alypio et Adeodato.

6. 14. Inde ubi tempus advenit, quo me nomen dare oportet, relicto rure Mediolanum remeavimus. Placuit et Alypio renasci in te mecum iam induto humilitate sacramentis tuis congrua et fortissimo domitori corporis usque ad Italicum solum glaciale nudo pede obterendum insolito ausu. Adiunximus etiam nobis puerum Adeodatum ex me natum carnaliter de peccato meo. Tu bene feceras eum. Annorum erat ferme quindecim et ingenio præveniebat multos graves et doctos viros. Munera tua tibi confiteor, Domine Deus meus, creator omnium et multum potens formare nostra deformia; nam ego in illo puero præter delictum non habebam. Quod enim et nutriebatur a nobis in disciplina tua, tu inspiraveras nobis, nullus alius: munera tua tibi confiteor. Est liber noster, qui inscribitur *De Magistro*: ipse ibi mecum loquitur. *Tu scis* illius esse sensa omnia, quæ inseruntur ibi ex persona collocutoris mei, cum esset in annis sedecim. Multa eius alia mirabiliora expertus sum. Horrori mihi erat illud ingenium: et quis præter te talium miraculorum opifex? Cito de terra abstulisti vitam eius, et securior eum recordor non timens quidquam pueritiæ nec adulescentiæ nec omnino homini illi. Sociavimus eum coævum nobis in gratia tua, educandum in disciplina tua: et baptizati sumus et fugit a nobis sollicitudo vitæ præteritæ. Nec satiabar illis diebus dulcedine mirabili, considerare altitudinem consilii tui super salutem generis humani. Quantum flevi in *hymnis et canticis* tuis suave sonantis ecclesiæ tuæ vocibus commotus acriter! Voces illæ influebant auribus meis et eliquabatur veritas in cor meum et exæstuabat inde affectus pietatis, et currebant lacrimæ, et bene mihi erat cum eis.

CONFESSIONES

Mos canendi hymnos apud Mediolanensem Ecclesiam.

7. 15. Non longe cœperat Mediolanensis Ecclesia genus hoc consolationis et exhortationis celebrare magno studio fratrum concinentium vocibus et cordibus. Nimirum annus erat aut non multo amplius, cum Iustina, Valentiniani regis pueri mater, hominem tuum Ambrosium persequeretur hæresis suæ causa, qua fuerat seducta ab Arianis. Excubabat pia plebs in ecclesia mori parata cum episcopo suo, servo tuo. Ibi mea mater, ancilla tua, sollicitudinis et vigiliarum primas tenens, orationibus vivebat. Nos adhuc frigidi a calore Spiritus tui excitabamur tamen civitate attonita atque turbata. Tunc hymni et psalmi ut canerentur secundum morem orientalium partium, ne populus mæroris tædio contabesceret, institutum est; ex illo in hodiernum retentum multis iam ac pæne omnibus gregibus tuis et per cetera orbis imitantibus.

Corpora martyrum Protasii et Gervasii effossa et translata ad Basilicam Ambrosianam.

7. 16. Tunc memorato antistiti tuo per visum aperuisti, quo loco laterent martyrum corpora Protasii et Geruasii, quæ per tot annos incorrupta in thesauro secreti tui reconderas, unde opportune promeres ad cœrcendam rabiem femineam, sed regiam. Cum enim propalata et effossa digno cum honore transferrentur ad Ambrosianam basilicam, non solum quos immundi vexabant spiritus confessis eisdem dæmonibus sanabantur, verum etiam quidam plures annos cæcus civis civitatique notissimus, cum populi tumultuantis lætitiæ causam quæsisset atque audisset, exsiluit eoque se ut duceret suum ducem rogavit. Quo perductus impetravit admitti, ut sudario tangeret feretrum pretiosæ in conspectu tuo mortis sanctorum tuorum. Quod ubi fecit atque admovit oculis, confestim aperti sunt. Inde fama discurrens, inde laudes tuæ ferventes, lucentes, inde illius inimicæ animus etsi ad credendi sanitatem non applicatus, a persequendi tamen furore compressus est. *Gratias tibi, Deus meus*! Unde et quo duxisti recordationem meam, ut hæc etiam confiterer tibi, quæ magna oblitus præterieram? Et tamen tunc, cum ita flagraret odor *unguentorum tuorum*, non currebamus *post te*; ideo plus flebam inter cantica hymnorum tuorum olim suspirans tibi et tandem respirans, quantum patet aura in domo fænea.

Monicæ mors apud Ostia Tiberina

LIBER NONUS

Monicæ educatio.

8. 17. *Qui habitare* facis *unanimes in domo*, consociasti nobis et Evodium iuvenem ex nostro municipio. Qui cum agens in rebus militaret, prior nobis ad te conversus est et baptizatus et relicta militia sæculari accinctus in tua. Simul eramus simul habitaturi placito sancto. Quærebamus, quisnam locus nos utilius haberet servientes tibi; pariter remeabamus in Africam. Et cum apud Ostia Tiberina essemus, mater defuncta est. Multa prætereo, quia multum festino. Accipe confessiones meas et gratiarum actiones, Deus meus, de rebus innumerabilibus etiam in silentio. Sed non præteribo quidquid mihi anima parturit de illa famula tua, quæ me parturivit et carne, ut in hanc temporalem, et corde, ut in æternam lucem nascerer. Non eius, sed tua dicam dona in eam. Neque enim se ipsa fecerat aut educaverat se ipsam: tu creasti eam, nec pater nec mater sciebat, qualis ex eis fieret. Et erudivit eam *in timore tuo* virga Christi tui, regimen Unici tui in domo fideli, bono membro Ecclesiæ tuæ. Nec tantam erga suam disciplinam diligentiam matris prædicabat quantam famulæ cuiusdam decrepitæ, quæ patrem eius infantem portaverat, sicut dorso grandiuscularum puellarum parvuli portari solent. Cuius rei gratia et propter senectam ac mores optimos in domo christiana satis a dominis honorabatur. Unde etiam curam dominicarum filiarum commissam diligenter gerebat et erat in eis coercendis, cum opus esset, sancta severitate vehemens atque in docendis sobria prudentia. Nam eas præter illas horas, quibus ad mensam parentum moderatissime alebantur, etiamsi exardescerent siti, nec aquam bibere sinebat præcavens consuetudinem malam et addens *verbum sanum* : "Modo aquam bibitis, quia in potestate vinum non habetis; cum autem ad maritos veneritis factæ dominæ apothecarum et cellariorum, aqua sordebit, sed mos potandi prævalebit". Hac ratione præcipiendi et auctoritate imperandi frenabat aviditatem tenerioris ætatis et ipsam puellarum sitim formabat ad honestum modum, ut iam nec liberet quod non deceret.

Quomodo Monica a vinulentia sanata est.

8. 18. Et subrepserat tamen, sicut mihi filio famula tua narrabat, subrepserat ei vinulentia. Nam cum de more tamquam puella sobria iuberetur a parentibus de cupa vinum depromere, submisso poculo, qua desuper patet, priusquam in lagunculam funderet merum, primoribus labris sorbebat exiguum, quia non poterat amplius sensu recusante. Non enim ulla temulenta cupidine faciebat hoc, sed quibusdam

superfluentibus ætatis excessibus, qui ludicris motibus ebulliunt et in puerilibus animis maiorum pondere premi solent. Itaque ad illud modicum quotidiana modica addendo; quoniam *qui modica spernit, paulatim decidit*; in eam consuetudinem lapsa erat, ut prope iam plenos mero caliculos inhianter hauriret. Ubi tunc sagax anus et vehemens illa prohibitio? Numquid valebat aliquid adversus latentem morbum, nisi tua medicina, Domine, vigilaret super nos? Absente patre et matre et nutritoribus tu præsens, qui creasti, qui vocas, qui etiam per præpositos homines boni aliquid agis ad animarum salutem. Quid tunc egisti, Deus meus? Unde curasti? Unde sanasti? Nonne protulisti durum et acutum ex altera anima convicium tamquam medicinale ferrum ex occultis provisionibus tuis et uno ictu putredinem illam præcidisti? Ancilla enim, cum qua solebat accedere ad cupam, litigans cum domina minore, ut fit, sola cum sola, obiecit hoc crimen amarissima insultatione vocans meribibulam. Quo illa stimulo percussa respexit fœditatem suam confestimque damnavit atque exuit. Sicut amici adulantes pervertunt, sic inimici litigantes plerumque corrigunt. Nec tu quod per eos agis, sed quod ipsi voluerunt, retribuis eis. Illa enim irata exagitare appetivit minorem dominam, non sanare, et ideo clanculo, aut quia ita eas invenerat locus et tempus litis, aut ne forte et ipsa periclitaretur, quod tam sero prodidisset. At tu, Domine, rector cælitum et terrenorum, ad usus tuos contorquens profunda torrentis, fluxum sæculorum ordinans turbulentum, etiam de alterius animæ insania sanasti alteram, ne quisquam, cum hoc advertit, potentiæ suæ tribuat, si verbo eius alius corrigatur, quem vult corrigi.

Monica maritum ferum mansuetudine sua mitigavit.

9. 19. Educata itaque pudice ac sobrie potiusque a te subdita parentibus quam a parentibus tibi, ubi plenis annis nubilis facta est, tradita viro servivit veluti domino et sategit eum lucrari tibi loquens te illi moribus suis, quibus eam pulchram faciebas et reverenter amabilem atque mirabilem viro. Ita autem toleravit cubilis iniurias, ut nullam de hac re cum marito haberet umquam simultatem. Exspectabat enim misericordiam tuam super eum, ut in te credens castificaretur. Erat vero ille præterea sicut benevolentia præcipuus, ita ira fervidus. Sed noverat hæc non resistere irato viro, non tantum facto, sed ne verbo quidem. Iam vero refractum et quietum cum opportunum viderat, rationem facti sui reddebat, si forte ille inconsideratius commotus fuerat. Denique cum matronæ multæ, quarum viri mansuetiores erant, plagarum vestigia etiam dehonestata facie gererent, inter amica

colloquia illæ arguebant maritorum vitam, hæc earum linguam, veluti per iocum graviter admonens, ex quo illas tabulas, quæ matrimoniales vocantur, recitari audissent, tamquam instrumenta, quibus ancillæ factæ essent, deputare debuisse; proinde memores conditionis superbire adversus dominos non oportere. Cumque mirarentur illæ scientes, quam ferocem coniugem sustineret, numquam fuisse auditum aut aliquo indicio claruisse, quod Patricius ceciderit uxorem aut quod a se invicem vel unum diem domestica lite dissenserint, et causam familiariter quærerent, docebat illa institutum suum, quod supra memoravi. Quæ observabant, expertæ gratulabantur; quæ non observabant, subiectæ vexabantur.

Monica vixit cum socru mirabili concordia.

9. 20. Socrum etiam suam primo susurris malarum ancillarum adversus se irritatam sic vicit obsequiis perseverans tolerantia et mansuetudine, ut illa ultro filio suo medias linguas famularum proderet, quibus inter se et nurum pax domestica turbabatur, expeteretque vindictam. Itaque posteaquam ille et matri obtemperans et curans familiæ disciplinam et concordiæ suorum consulens proditas ad prodentis arbitrium verberibus cohercuit, promisit illa talia de se præmia sperare debere, quæcumque de sua nuru sibi, quo placeret, mali aliquid loqueretur, nullaque iam audente memorabili inter se benevolentiæ suavitate vixerunt.

Monica se præbebat pacificam inter dissidentes.

9. 21. Hoc quoque illi bono mancipio tuo, in cuius utero me creasti, *Deus meus, misericordia mea*, munus grande donaveras, quod inter dissidentes atque discordes quaslibet animas, ubi poterat, tam se præbebat pacificam, ut cum ab utraque multa de invicem audiret amarissima, qualia solet eructare turgens atque indigesta discordia, quando præsenti amicæ de absente inimica per acida colloquia cruditas exhalatur odiorum, nihil tamen alteri de altera proderet, nisi quod ad eas reconciliandas valeret. Parvum hoc bonum mihi videretur, nisi turbas innumerabiles tristis experirer nescio qua horrenda pestilentia peccatorum latissime pervagante non solum iratorum inimicorum iratis inimicis dicta prodere, sed etiam quæ non dicta sunt addere, cum contra homini humano parum esse debeat inimicitias hominum nec excitare nec augere male loquendo, nisi eas etiam exstinguere bene loquendo studuerit. Qualis illa erat docente te magistro intimo in schola pectoris.

CONFESSIONES

Monica serva servorum Dei.

9. 22. Denique etiam virum suum iam in extrema vita temporali eius lucrata est tibi nec in eo iam fideli planxit, quod in nondum fideli toleraverat. Erat etiam serva servorum tuorum. Quisquis eorum noverat eam, multum in ea laudabat et honorabat et diligebat te, quia sentiebat præsentiam tuam in corde eius sanctæ conversationis fructibus testibus. Fuerat enim *unius viri uxor, mutuam vicem parentibus* reddiderat, *domum suam* pie tractaverat, *in operibus bonis testimonium* habebat. Nutrierat filios totiens eos parturiens, quotiens abs te deviare cernebat. Postremo nobis, Domine, omnibus, quia ex munere tuo sinis loqui servis tuis, qui ante dormitionem eius in te iam consociati vivebamus percepta gratia baptismi tui, ita curam gessit, quasi omnes genuisset, ita servivit, quasi ab omnibus genita fuisset.

Mater filiusque apud Ostia Tiberina colloquentes.

10. 23. Impendente autem die, quo ex hac vita erat exitura (quem diem tu noveras ignorantibus nobis) provenerat, ut credo, procurante te occultis tuis modis, ut ego et ipsa soli staremus incumbentes ad quamdam fenestram, unde hortus intra domum, quæ nos habebat, prospectabatur, illic apud Ostia Tiberina, ubi remoti a turbis post longi itineris laborem instaurabamus nos navigationi. Colloquebamur ergo soli valde dulciter et *præterita* obliviscentes *in ea quæ ante sunt* extenti quærebamus inter nos apud præsentem veritatem, quod tu es, qualis futura esset vita æterna sanctorum, quam *nec oculus vidit nec auris audivit nec in cor hominis ascendit*. Sed inhiabamus ore cordis in superna fluenta fontis tui, fontis *vitæ*, qui *est apud te*, ut inde pro captu nostro aspersi quoquo modo rem tantam cogitaremus.

10. 24. Cumque ad eum finem sermo perduceretur, ut carnalium sensuum delectatio quantalibet in quantalibet luce corporea præ illius vitæ iucunditate non comparatione, sed ne commemoratione quidem digna videretur, erigentes nos ardentiore affectu *in id ipsum* perambulavimus gradatim cuncta corporalia et ipsum cælum, unde sol et luna et stellæ lucent super terram. Et adhuc ascendebamus interius cogitando et loquendo et mirando opera tua et venimus in mentes nostras et transcendimus eas, ut attingeremus regionem ubertatis indeficientis, ubi *pascis Israel* in æternum veritate pabulo, et ibi vita sapientia est, per quam fiunt omnia ista, et quæ fuerunt et quæ futura sunt, et ipsa non fit, sed sic est, ut fuit, et sic erit semper. Quin potius fuisse et futurum esse non est in ea, sed esse solum, quoniam

æterna est; nam fuisse et futurum esse non est æternum. Et dum loquimur et inhiamus illi, attingimus eam modice toto ictu cordis; et suspiravimus et reliquimus ibi religatas *primitias spiritus* et remeavimus ad strepitum oris nostri, ubi verbum et incipitur et finitur. Et quid simile Verbo tuo, Domino nostro, in se permanenti sine vetustate atque innovanti omnia?

10. 25. Dicebamus ergo: "Si cui sileat tumultus carnis, sileant phantasiæ terræ et aquarum et æris, sileant et poli et ipsa sibi anima sileat et transeat se non se cogitando, sileant somnia et imaginariæ revelationes, omnis lingua et omne signum et quidquid transeundo fit si cui sileat omnino (quoniam si quis audiat, dicunt hæc omnia: "Non ipsa nos fecimus, sed fecit nos qui *manet in æternum* ") his dictis si iam taceant, quoniam erexerunt aurem in eum, qui fecit ea, et loquatur ipse solus non per ea, sed per se ipsum, ut audiamus verbum eius, non per linguam carnis neque per vocem angeli nec per sonitum nubis nec per ænigma similitudinis, sed ipsum, quem in his amamus, ipsum sine his audiamus, sicut nunc extendimus nos et rapida cogitatione attingimus, æternam sapientiam super omnia manentem, si continuetur hoc et subtrahantur aliæ visiones longe imparis generis et hæc una rapiat et absorbeat et recondat in interiora gaudia spectatorem suum, ut talis sit sempiterna vita, quale fuit hoc momentum intellegentiæ, cui suspiravimus, nonne hoc est: *Intra in gaudium Domini tui?* Et istud quando? An cum *omnes resurgimus, sed non omnes immutabimur?*"

10. 26. Dicebam talia, etsi non isto modo et his verbis, tamen, *Domine, tu scis*, quod illo die, cum talia loqueremur et mundus iste nobis inter verba vilesceret cum omnibus delectationibus suis, tunc ait illa: "Fili, quantum ad me attinet, nulla re iam delector in hac vita. Quid hic faciam adhuc et cur hic sim, nescio, iam consumpta spe huius sæculi. Unum erat, propter quod in hac vita aliquantum immorari cupiebam, ut te Christianum catholicum viderem, priusquam morerer. Cumulatius hoc mihi Deus meus præstitit, ut te etiam contempta felicitate terrena servum eius videam. Quid hic facio?".

Post ægritudinem octo dierum Monica mortua est.

11. 27. Ad hæc ei quid responderim, non satis recolo, cum interea vix intra quinque dies aut non multo amplius decubuit febribus. Et cum ægrotaret, quodam die defectum animæ passa est et paululum subtracta a præsentibus. Nos concurrimus,

sed cito reddita est sensui et aspexit astantes me et fratrem meum et ait nobis quasi quærenti similis: "Ubi eram?". Deinde nos intuens mærore attonitos: "Ponitis hic, inquit, matrem vestram". Ego silebam et fletum frenabam. Frater autem meus quiddam locutus est, quo eam non in peregre, sed in patria defungi tamquam felicius optaret. Quo audito illa vultu anxio reverberans eum oculis, quod talia saperet, atque inde me intuens: "Vide, ait, quid dicit". Et mox ambobus: "Ponite, inquit hoc corpus ubicumque: nihil vos eius cura conturbet; tantum illud vos rogo, ut ad Domini altare memineritis mei, ubiubi fueritis". Cumque hanc sententiam verbis quibus poterat explicasset, conticuit et ingravescente morbo exercebatur.

11. 28. Ego vero cogitans dona tua, *Deus invisibilis*, quæ immittis in corda fidelium tuorum, et proveniunt inde fruges admirabiles, gaudebam et gratias tibi agebam recolens, quod noveram, quanta cura semper æstuasset de sepulchro, quod sibi providerat et præparaverat iuxta corpus viri sui. Quia enim valde concorditer vixerant, id etiam volebat, ut est animus humanus minus capax divinorum, adiungi ad illam felicitatem et commemorari ab hominibus, concessum sibi esse post transmarinam peregrinationem, ut coniuncta terra amborum coniugum terra tegeretur. Quando autem ista inanitas plenitudine bonitatis tuæ cœperat in eius corde non esse, nesciebam et lætabar admirans, quod sic mihi apparuisset, quamquam et in illo sermone nostro ad fenestram, cum dixit: "Iam quid hic facio?" non apparuit desiderare in patria mori. Audivi etiam postea, quod iam, cum Ostiis essemus, cum quibusdam amicis meis materna fiducia colloquebatur quodam die de contemptu vitæ huius et bono mortis, ubi ipse non aderam, illisque stupentibus virtutem feminæ (quoniam tu dederas ei) quærentibusque, utrum non formidaret tam longe a sua civitate corpus relinquere: "Nihil, inquit, longe est Deo, neque timendum est, ne ille non agnoscat in fine sæculi, unde me resuscitet". Ergo die nono ægritudinis suæ, quinquagesimo et sexto anno ætatis suæ, tricesimo et tertio ætatis meæ, anima illa religiosa et pia corpore soluta est.

Obitus ille non flebilis.

12. 29. Premebam oculos eius, et confluebat in præcordia mea mæstitudo ingens et transfluebat in lacrimas, ibidemque oculi mei violento animi imperio resorbebant fontem suum usque ad siccitatem, et in tali luctamine valde male mihi erat. Tum vero, ubi efflavit extremum, puer Adeodatus exclamavit in planctu atque ab omnibus

nobis cohercitus tacuit. Hoc modo etiam meum quiddam puerile, quod labebatur in fletus, iuvenali voce, voce cordis, cohercebatur et tacebat. Neque enim decere arbitrabamur funus illud questibus lacrimosis gemitibusque celebrare, quia his plerumque solet deplorari quædam miseria morientium aut quasi omnimoda exstinctio. At illa nec misere moriebatur nec omnino moriebatur. Hoc et documentis morum eius et *fide non ficta* rationibusque certis tenebamus.

Aug. de morte matris angitur et cruciatur.

12. 30. Quid erat ergo, quod intus mihi graviter dolebat, nisi ex consuetudine simul vivendi dulcissima et carissima repente dirupta vulnus recens? Gratulabar quidem testimonio eius, quod in ea ipsa ultima ægritudine obsequiis meis interblandiens appellabat me pium et commemorabat grandi dilectionis affectu numquam se audisse ex ore meo iaculatum in se durum aut contumeliosum sonum. Sed tamen quid tale, Deus meus, qui fecisti nos, quid comparabile habebat honor a me delatus illi et servitus ab illa mihi? Quoniam itaque deserebar tam magno eius solacio, sauciabatur anima et quasi dilaniabatur vita, quæ una facta erat ex mea et illius.

12. 31. Cohibito ergo a fletu illo puero psalterium arripuit Evodius et cantare cœpit psalmum. Cui respondebamus omnis domus: *Misericordiam et iudicium cantabo tibi, Domine.* Audito autem, quid ageretur, convenerunt multi fratres ac religiosæ feminæ, et de more illis, quorum officium erat, funus curantibus ego in parte, ubi decenter poteram, cum eis, qui me non deserendum esse censebant, quod erat tempori congruum disputabam eoque fomento veritatis mitigabam cruciatum tibi notum illis ignorantibus et intente audientibus et sine sensu doloris me esse arbitrantibus. At ego in auribus tuis, ubi eorum nullus audiebat, increpabam mollitiam affectus mei et constringebam fluxum mæroris, cedebatque mihi paululum; rursusque impetu suo ferebatur non usque ad eruptionem lacrimarum nec usque ad vultus mutationem, sed ego sciebam, quid corde premerem. Et quia mihi vehementer displicebat tantum in me posse hæc humana, quæ ordine debito et sorte conditionis nostræ accidere necesse est, alio dolore dolebam dolorem meum et duplici tristitia macerabar.

Funus Monicæ factum.

12. 32. Cum ecce corpus elatum est, imus, redimus sine lacrimis. Nam neque in eis

CONFESSIONES

precibus, quas tibi fudimus, cum offerretur pro ea sacrificium pretii nostri iam iuxta sepulchrum posito cadavere, priusquam deponeretur, sicut illic fieri solet, nec in eis ergo precibus flevi, sed toto die graviter in occulto mæstus eram et mente turbata rogabam te, ut poteram, quo sanares dolorem meum, nec faciebas, credo, commendans memoriæ meæ vel hoc uno documento omnis consuetudinis vinculum etiam adversus mentem, quæ iam non fallaci verbo pascitur. Visum etiam mihi est, ut irem lavatum, quod audieram inde balneis nomen inditum, quia Græci YYYYY dixerint, quod anxietatem pellat ex animo. Ecce et hoc confiteor misericordiæ tuæ, pater orphanorum, quoniam lavi et talis eram, qualis priusquam lavissem. Neque enim exudavit de corde meo mæroris amaritudo. Deinde dormivi et evigilavi et non parva ex parte mitigatum inveni dolorem meum atque, ut eram in lecto meo solus, recordatus sum veridicos versus Ambrosii tui; tu es enim:

> *Deus, creator omnium*
> *polique rector vestiens*
> *diem decoro lumine,*
> *noctem sopora gratia,*
> *artus solutos ut quies*
> *reddat laboris usui*
> *mentesque fessas allevet*
> *luctuque solvat anxios.*

Aug. matrem mortuam demum flevit.

12. 33. Atque inde paulatim reducebam in pristinum sensum ancillam tuam conversationemque eius piam in te et sancte in nos blandam atque morigeram, qua subito destitutus sum, et libuit flere *in conspectu tuo* de illa et pro illa, de me et pro me. Et dimisi lacrimas, quas continebam, ut effluerent quantum vellent, substernens eas cordi meo; et requievit in eis, quoniam ibi erant aures tuæ, non cuiusquam hominis superbe interpretantis ploratum meum. Et nunc, Domine, confiteor tibi in litteris. Legat qui volet et interpretetur, ut volet, et si peccatum invenerit, flevisse me matrem exigua parte horæ, matrem oculis meis interim mortuam, quæ me multos annos fleverat, ut oculis tuis viverem, non irrideat, sed potius, si est grandi caritate, pro peccatis meis fleat ipse ad te, patrem omnium fratrum Christi tui.

LIBER NONUS

Magna spes nos tenet indulgentiæ Dei nostri.

13. 34. Ego autem iam sanato corde ab illo vulnere, in quo poterat redargui carnalis affectus, fundo tibi, Deus noster, pro illa famula tua longe aliud lacrimarum genus, quod manat de concusso spiritu consideratione periculorum omnis animæ, quæ in Adam moritur. Quamquam illa in Christo vivificata etiam nondum a carne resoluta sic vixerit, ut laudetur nomen tuum in fide moribusque eius, non tamen audeo dicere, ex quo eam per baptismum regenerasti, nullum verbum exisse ab ore eius contra præceptum tuum. Et dictum est a Veritate, Filio tuo : *Si quis dixerit fratri suo: fatue, reus erit gehennæ ignis*, et væ etiam laudabili vitæ hominum, si remota misericordia discutias eam! Quia vero non exquiris delicta vehementer, fiducialiter speramus aliquem apud te locum. Quisquis autem tibi enumerat vera merita sua, quid tibi enumerat nisi munera tua? O si cognoscant se homines homines et *qui gloriatur, in domino glorietur* !

Pro matris peccatis deprecatio ad Deum.

13. 35. Ego itaque, *laus mea* et vita mea, *Deus cordis mei*, sepositis paulisper bonis eius actibus, pro quibus *tibi* gaudens *gratias ago*, nunc pro peccatis matris meæ deprecor te; *exaudi me* per medicinam vulnerum nostrorum, quæ pependit in ligno, et sedens *ad dexteram* tuam te *interpellat pro nobis*. Scio misericorditer operatam et ex corde dimisisse debita debitoribus suis; dimitte illi et tu debita sua, si qua etiam contraxit per tot annos post aquam salutis. Dimitte, Domine, *dimitte, obsecro, ne intres* cum ea *in iudicium*. Superexsultet *misericordia iudicio*, quoniam eloquia tua vera sunt et promisisti misericordiam misericordibus. Quod ut essent, tu dedisti eis, qui misereberis, cui misertus eris, et misericordiam præstabis, cui misericors fueris.

13. 36. Et, credo, iam feceris quod te rogo, sed *voluntaria oris mei approba, Domine*. Namque illa imminente die resolutionis suæ non cogitavit suum corpus sumptuose contegi aut condiri aromatis aut monumentum electum concupivit aut curavit sepulchrum patrium; non ista mandavit nobis, sed tantummodo memoriam sui ad altare tuum fieri desideravit, cui nullius diei prætermissione servierat, unde sciret dispensari victimam sanctam, qua deletum est *chirographum, quod erat contrarium nobis*, qua triumphatus est hostis computans delicta nostra et quærens quid obiciat, et nihil inveniens in illo, in quo vincimus. Quis ei refundet innocentem sanguinem? Quis ei restituet pretium, quo nos emit, ut nos auferat ei? Ad cuius pretii nostri

CONFESSIONES

sacramentum ligavit ancilla tua animam suam vinculo fidei. Nemo a protectione tua dirumpat eam. Non se interponat nec vi nec insidiis leo et draco : neque enim respondebit illa nihil se debere, ne convincatur et obtineatur ab accusatore callido, sed respondebit dimissa debita sua ab eo, cui nemo reddet, quod pro nobis non debens reddidit.

Quotquot hæc legerint, meminerint ad altare Dei Monicæ et Patricii.

13. 37. Sit ergo in pace cum viro, ante quem nulli et post quem nulli nupta est, cui servivit *fructum* tibi afferens *cum tolerantia*, ut eum quoque lucraretur tibi. Et inspira *Domine meus, Deus meus* inspira servis tuis, fratribus meis, filiis tuis, dominis meis, quibus et corde et voce et litteris servio, ut quotquot hæc legerint, meminerint ad altare tuum Monicæ, famulæ tuæ, cum Patricio, quondam eius coniuge, per quorum carnem introduxisti me in hanc vitam, quemadmodum nescio. Meminerint cum affectu pio parentum meorum in hac luce transitoria et fratrum meorum sub te Patre in matre Catholica et civium meorum in æterna Hierusalem, cui suspirat peregrinatio populi tui ab exitu usque ad reditum, ut quod a me illa poposcit extremum uberius ei præstetur in multorum orationibus per confessiones quam per orationes meas.

LIBER DECIMUS

POST DEUM QUÆSITUM ED COGNITUM

Quo fructu auctor nunc confiteatur qualis sit

Spes eius Deus.

1. 1. *Cognoscam* te, cognitor meus, *cognoscam, sicut et cognitus sum.* Virtus animæ meæ, intra in eam et coapta tibi, ut habeas et possideas *sine macula et ruga.* Hæc est mea spes, ideo loquor et in ea spe gaudeo, quando sanum gaudeo. Cetera vero vitæ huius tanto minus flenda, quanto magis fletur, et tanto magis flenda, quanto minus fletur in eis. *Ecce enim veritatem dilexisti,* quoniam *qui facit* eam, *venit ad lucem.* Volo eam facere in corde meo coram te in confessione, in stilo autem meo coram multis testibus.

Domino iam manifestus est.

2. 2. Et tibi quidem, Domine, cuius oculis nuda est abyssus humanæ conscientiæ, quid occultum esset in me, etiamsi nollem confiteri tibi? Te enim mihi absconderem, non me tibi. Nunc autem quod gemitus meus testis est displicere me mihi, tu refulges et places et amaris et desideraris, ut erubescam de me et abiciam me atque eligam te et nec tibi nec mihi placeam nisi de te. Tibi ergo, Domine, manifestus sum, quicumque sim. Et quo fructu tibi confitear, dixi. Neque id ago verbis carnis et vocibus, sed verbis animæ et clamore cogitationis, quem novit auris tua. Cum enim malus sum, nihil est aliud confiteri tibi quam displicere mihi; cum vero pius, nihil est aliud confiteri tibi quam hoc non tribuere mihi *quoniam tu,* Domine, *benedicis iustum,* sed prius eum iustificas impium. *Confessio* itaque mea, Deus meus, *in conspectu tuo* tibi tacite fit et non tacite. Tacet enim strepitu, clamat affectu. Neque enim dico recti aliquid hominibus, quod non a me tu prius audieris, aut etiam tu aliquid tale audis a me, quod non mihi tu prius dixeris.

Domino confitetur, ut homines audiant.

3. 3. Quid mihi ergo est cum hominibus, ut audiant confessiones meas, quasi ipsi sanaturi sint *omnes languores* meos? Curiosum genus ad cognoscendam vitam alienam, desidiosum ad corrigendam suam. Quid a me quærunt audire qui sim, qui nolunt a te audire qui sint? Et unde sciunt, cum a me ipso de me ipso audiunt, an verum dicam, quandoquidem nemo *scit hominum, quid agatur in homine, nisi spiritus*

CONFESSIONES

hominis, qui in ipso est? Si autem a te audiant de se ipsis, non poterunt dicere: "Mentitur Dominus". Quid est enim a te audire de se nisi cognoscere se? Quis porro cognoscit et dicit: "Falsum est", nisi ipse mentiatur? Sed quia *caritas omnia credit*, inter eos utique, quos connexos sibimet unum facit, ego quoque, Domine, etiam sic tibi confiteor, ut audiant homines, quibus demonstrare non possum, an vera confitear; sed credunt mihi, quorum mihi aures caritas aperit.

Qualis ipse fuerit confessus est, nunc autem qualis sit.

3. 4. Verumtamen tu, medice meus intime, quo fructu ista faciam, eliqua mihi. Nam confessiones præteritorum malorum meorum, quæ remisisti et texisti, ut beares me in te, mutans animam meam fide et sacramento tuo, cum leguntur et audiuntur, excitant cor, ne dormiat in desperatione et dicat: "Non possum", sed evigilet in amore misericordiæ tuæ et dulcedine gratiæ tuæ, qua potens est omnis infirmus, qui sibi per ipsam fit conscius infirmitatis suæ. Et delectat bonos audire præterita mala eorum, qui iam carent eis, nec ideo delectat, quia mala sunt, sed quia fuerunt et non sunt. Quo itaque fructu, Domine meus, cui quotidie confitetur conscientia mea spe misericordiæ tuæ securior quam innocentia sua, quo fructu, quæso, etiam hominibus coram te confiteor per has litteras adhuc, quis ego sim, non quis fuerim? Nam illum fructum vidi et commemoravi. Sed quis adhuc sim ecce in ipso tempore confessionum mearum, et multi hoc nosse cupiunt, qui me noverunt, et non me noverunt, qui ex me vel de me aliquid audierunt, sed auris eorum non est ad cor meum, ubi ego sum quicumque sum. Volunt ergo audire confitente me, quid ipse intus sim, quo nec oculum nec aurem nec mentem possunt intendere; credituri tamen volunt, numquid cognituri? Dicit enim eis caritas, qua boni sunt, non mentiri me de me confitentem, et ipsa in eis credit mihi.

Legentes respirent in bonis, suspirent in malis eius.

4. 5. Sed quo fructu id volunt? An congratulari mihi cupiunt, cum audierint, quantum ad te accedam munere tuo, et orare pro me, cum audierint, quantum retarder pondere meo? Indicabo me talibus. Non enim parvus est fructus, Domine Deus meus, *ut a multis tibi gratiæ agantur de nobis,* et a multis rogeris pro nobis. Amet in me fraternus animus quod amandum doces, et doleat in me quod dolendum doces. Animus ille hoc faciat fraternus, non extraneus, non *filiorum alienorum, quorum os locutum est vanitatem, et dextera eorum dextera iniquitatis,* sed fraternus

ille, qui cum approbat me, gaudet de me, cum autem improbat me, contristatur pro me, quia sive approbet sive improbet me, diligit me. Indicabo me talibus: respirent in bonis meis, suspirent in malis meis. Bona mea instituta tua sunt et dona tua, mala mea delicta mea sunt et iudicia tua. Respirent in illis et suspirent in his, et hymnus et fletus ascendant in conspectum tuum de fraternis cordibus, turibulis tuis. Tu autem, Domine, delectatus odore sancti templi tui, *miserere mei secundum magnam misericordiam tuam* propter nomen tuum et nequaquam deserens cœpta tua consumma imperfecta mea.

4. 6. Hic est fructus confessionum mearum, non qualis fuerim, sed qualis sim, ut hoc confitear non tantum coram te secreta exsultatione cum tremore, et secreto mærore cum spe, sed etiam in auribus credentium filiorum hominum, sociorum gaudii mei et consortium mortalitatis meæ, civium meorum ct mecum peregrinorum, præcedentium et consequentium et comitum viæ meæ. Hi sunt servi tui, fratres mei, quos filios tuos esse voluisti dominos meos, quibus iussisti ut serviam, si volo tecum de te vivere. Et hoc mihi verbum tuum parum erat si loquendo præciperet, nisi et faciendo præiret. Et ego id ago factis et dictis, id ago sub alis tuis nimis cum ingenti periculo, nisi quia sub alis tuis tibi subdita est anima mea et infirmitas mea tibi nota est. Parvulus sum, sed vivit semper Pater meus et idoneus est mihi tutor meus; idem ipse est enim, qui genuit me et tuetur me, et tu ipse es omnia bona mea, tu Omnipotens, qui mecum es et priusquam tecum sim. Indicabo ergo talibus, qualibus iubes ut serviam, non quis fuerim, sed quis iam sim et quis adhuc sim; *sed neque me ipsum diiudico*. Sic itaque audiar.

Dominus solus scit omnia de homine.

5. 7. Tu enim, Domine, diiudicas me, quia etsi nemo *scit hominum, quæ sunt hominis nisi spiritus hominis, qui in ipso est*, tamen est aliquid hominis, quod nec ipse scit *spiritus hominis, qui in ipso est, tu* autem, *Domine, scis* eius omnia, qui fecisti eum. Ego vero quamvis præ tuo conspectu me despiciam et æstimem *me terram et cinerem*, tamen aliquid de te scio, quod de me nescio. Et certe *videmus nunc per speculum in ænigmate*, nondum *facie ad faciem*; et ideo, quandiu peregrinor abs te, mihi sum præsentior quam tibi et tamen te novi nullo modo posse violari; ego vero quibus temptationibus resistere valeam quibusve non valeam nescio. Et spes est, quia *fidelis es, qui nos non* sinis *temptari supra quam* possumus *ferre, sed* facis *cum*

temptatione etiam exitum, ut possimus *sustinere.* Confitear ergo quid de me sciam, confitear et quid de me nesciam, quoniam et quod de me scio, te mihi lucente scio, et quod de me nescio, tamdiu nescio, donec fiant *tenebræ* meæ *sicut meridies* in vultu tuo.

Deus quæritur

Quid amatur, cum Deus amatur?

6. 8. Non dubia, sed certa conscientia, Domine, amo te. Percussisti cor meum verbo tuo, et amavi te. Sed et cælum et terra et omnia, quæ in eis sunt, ecce undique mihi dicunt, ut te amem, nec cessant dicere omnibus, *ut sint inexcusabiles.* Altius autem tu misereberis, cui misertus eris, et misericordiam præstabis, cui misericors fueris; alioquin cælum et terra surdis loquuntur laudes tuas. Quid autem amo, cum te amo? Non speciem corporis nec decus temporis, non candorem lucis ecce istis amicum oculis, non dulces melodias cantilenarum omnimodarum, non florum et unguentorum et aromatum sua violentiam, non manna et mella, non membra acceptabilia carnis amplexibus; non hæc amo, cum amo Deum meum. Et tamen amo quamdam lucem et quamdam vocem et quemdam odorem et quemdam cibum et quemdam amplexum, cum amo Deum meum, lucem, vocem, odorem, cibum, amplexum interioris hominis mei, ubi fulget animæ meæ, quod non capit locus, et ubi sonat, quod non rapit tempus, et ubi olet, quod non spargit flatus, et ubi sapit, quod non minuit edacitas, et ubi hæret, quod non divellit satietas. Hoc est quod amo, cum Deum meum amo.

Supra omnia corpora Deus est quærendus.

6. 9. *Et quid est hoc?* Interrogavi terram, et dixit: "Non sum"; et quæcumque in eadem sunt, idem confessa sunt. Interrogavi mare et abyssos et *reptilia animarum vivarum,* et responderunt: "Non sumus Deus tuus; quære super nos". Interrogavi auras flabiles, et inquit universus ær cum incolis suis: "Fallitur Anaximenes; non sum Deus". Interrogavi cælum, solem, lunam, stellas: "Neque nos sumus Deus, quem quæris", inquiunt. Et dixi omnibus his, quæ circumstant fores carnis meæ: "Dicite mihi de Deo meo, quod vos non estis, dicite mihi de illo aliquid". Et exclamaverunt voce magna: *Ipse fecit nos.* Interrogatio mea, intentio mea; et responsio eorum, species eorum. Et direxi me ad me et dixi mihi: "Tu quis es?". Et respondi: "Homo".

LIBER DECIMUS

Et ecce corpus et anima in me mihi præsto sunt, unum exterius et alterum interius. Quid horum est, unde quærere debui Deum meum, quem iam quæsiveram per corpus a terra usque ad cælum, quousque potui mittere nuntios radios oculorum meorum? Sed melius quod interius. Ei quippe renuntiabant omnes nuntii corporales præsidenti et iudicanti de responsionibus cæli et terræ et omnium, quæ in eis sunt, dicentium: "Non sumus Deus", et: "Ipse fecit nos". Homo interior cognovit hæc per exterioris ministerium; ego interior cognovi hæc, ego, ego animus per sensum corporis mei. Interrogavi mundi molem de Deo meo, et respondit mihi: "Non ego sum, sed ipse me fecit".

6. 10. Nonne omnibus, quibus integer sensus est, apparet hæc species? Cur non omnibus eadem loquitur? Animalia pusilla et magna vident eam, sed interrogare nequeunt. Non enim præposita est in eis nuntiantibus sensibus iudex ratio. Homines autem possunt interrogare, ut *invisibilia Dei per ea, quæ facta sunt, intellecta* conspiciant, sed amore subduntur eis et subditi iudicare non possunt. Nec respondent ista interrogantibus nisi iudicantibus nec vocem suam mutant, id est speciem suam, si alius tantum videat, alius autem videns interroget, ut aliter illi appareat, aliter huic, sed eodem modo utrique apparens illi muta est, huic loquitur; immo vero omnibus loquitur, sed illi intellegunt, qui eius vocem acceptam foris intus cum veritate conferunt. Veritas enim dicit mihi: "Non est Deus tuus terra et cælum neque omne corpus". Hoc dicit eorum natura. Vident: moles est, minor in parte quam in toto. Iam tu melior es, tibi dico, anima, quoniam tu vegetas molem corporis tui præbens ei vitam, quod nullum corpus præstat corpori. Deus autem tuus etiam tibi vitæ vita est.

Supra animam et sensus Deus est quærendus.

7. 11. Quid ergo amo, cum Deum meum amo? Quis est ille super caput animæ meæ? Per ipsam animam meam ascendam at illum. Transibo vim meam, qua hæreo corpori et vitaliter compagem eius repleo. Non ea vi reperio Deum meum: nam reperiret et *equus et mulus, quibus non est intellectus*, et est eadem vis, qua vivunt etiam eorum corpora. Est alia vis, non solum qua vivifico sed etiam qua sensifico carnem meam, quam mihi fabricavit Dominus, iubens oculo, ut non audiat, et auri, ut non videat, sed illi, per quem videam, huic, per quam audiam, et propria singillatim ceteris sensibus sedibus suis et officiis suis: quæ diversa per eos ago unus ego animus.

Transibo et istam vim meam; nam et hanc habet equus et mulus; sentiunt enim etiam ipsi per corpus.

Memoriæ campi

Memoriæ thesauri:

8. 12. Transibo ergo et istam naturæ meæ, gradibus ascendens ad eum, qui fecit me, et venio in campos et lata prætoria memoriæ, ubi sunt thesauri innumerabilium imaginum de cuiuscemodi rebus sensis invectarum. Ibi reconditum est, quidquid etiam cogitamus, vel augendo vel minuendo vel utcumque variando ea quæ sensus attigerit, et si quid aliud commendatum et repositum est, quod nondum absorbuit et sepelivit oblivio. Ibi quando sum, posco, ut proferatur quidquid volo, et quædam statim prodeunt, quædam requiruntur diutius et tamquam de abstrusioribus quibusdam receptaculis eruuntur, quædam catervatim se proruunt et, dum aliud petitur et quæritur, prosiliunt in medium quasi dicentia: "Ne forte nos sumus?". Et abigo ea manu cordis a facie recordationis meæ, donec enubiletur quod volo atque in conspectum prodeat ex abditis. Alia faciliter atque imperturbata serie sicut poscuntur suggeruntur et cedunt præcedentia consequentibus et cedendo conduntur, iterum cum voluero processura. Quod totum fit, cum aliquid narro memoriter.

a) rerum sensarum imagines;

8. 13. Ubi sunt omnia distincte generatimque servata, quæ suo quæque aditu ingesta sunt, sicut lux atque omnes colores formæque corporum per oculos, per aures autem omnia genera sonorum omnesque odores per aditum narium, omnes sapores per oris aditum, a sensu autem totius corporis, quid durum, quid molle, quid calidum frigidumve, lene aut asperum, grave seu leve sive extrinsecus sive intrinsecus corpori. Hæc omnia recipit recolenda, cum opus est, et retractanda grandis memoriæ recessus et nescio qui secreti atque ineffabiles sinus eius; quæ omnia suis quæque foribus intrant ad eam et reponuntur in ea. Nec ipsa tamen intrant, sed rerum sensarum imagines illic præsto sunt cogitationi reminiscenti eas. Quæ quomodo fabricatæ sint, quis dicit, cum appareat, quibus sensibus raptæ sint interiusque reconditæ? Nam et in tenebris atque in silentio dum habito, in memoria mea profero, si volo, colores, et discerno inter album et nigrum et inter quos alios volo, nec

incurrunt soni atque perturbant quod per oculos haustum considero, cum et ipsi ibi sint et quasi seorsum repositi lateant. Nam et ipsos posco, si placet, atque adsunt illico, et quiescente lingua ac silente gutture canto quantum volo, imaginesque illæ colorum, quæ nihilo minus ibi sunt, non se interponunt neque interrumpunt, cum thesaurus alius retractatur, qui influxit ab auribus. Ita cetera, quæ per sensus ceteros ingesta atque congesta sunt, recordor prout libet et auram liliorum discerno a violis nihil olfaciens et mel defruto, lene aspero, nihil tum gustando neque contrectando, sed reminiscendo antepono.

b) omnia sive experta a se sive credita.

8. 14. Intus hæc ago, in aula ingenti memoriæ meæ. Ibi enim mihi cælum et terra et mare præsto sunt cum omnibus, quæ in eis sentire potui, præter illa, quæ oblitus sum. Ibi mihi et ipse occurro meque recolo, quid, quando et ubi egerim quoque modo, cum agerem, affectus fuerim. Ibi sunt omnia, quæ sive experta a me sive credita memini. Ex eadem copia etiam similitudines rerum vel expertarum vel ex eis, quas expertus sum, creditarum alias atque alias et ipse contexo præteritis atque ex his etiam futuras actiones et eventa et spes, et hæc omnia rursus quasi præsentia meditor. "Faciam hoc et illud" dico apud me in ipso ingenti sinu animi mei pleno tot et tantarum rerum imaginibus, et hoc aut illud sequitur. "O si esset hoc aut illud!". "Avertat Deus hoc aut illud!"; dico apud me ista et, cum dico, præsto sunt imagines omnium quæ dico ex eodem thesauro memoriæ, nec omnino aliquid eorum dicerem, si defuissent.

Magna vis memoriæ.

8. 15. Magna ista vis est memoriæ, magna nimis, Deus meus, penetrale amplum et infinitum. Quis ad fundum eius pervenit? Et vis est hæc animi mei atque ad meam naturam pertinet, nec ego ipse capio totum, quod sum. Ergo animus ad habendum se ipsum angustus est, ut ubi sit quod sui non capit? Numquid extra ipsum ac non in ipso? Quomodo ergo non capit? Multa mihi super hoc oboritur admiratio, stupor apprehendit me. Et eunt homines mirari alta montium et ingentes fluctus maris et latissimos lapsus fluminum et Oceani ambitum et gyros siderum et relinquunt se ipsos nec mirantur, quod hæc omnia cum dicerem, non ea videbam oculis, nec tamen dicerem, nisi montes et fluctus et flumina et sidera, quæ vidi, et Oceanum, quem credidi, intus in memoria mea viderem spatiis tam ingentibus, quasi foris viderem.

CONFESSIONES

Nec ea tamen videndo absorbui, quando vidi oculis, nec ipsa sunt apud me, sed imagines eorum, et novi, quid ex quo sensu corporis impressum sit mihi.

c) omnia de doctrinis liberalibus percepta.

9. 16. Sed non ea sola gestat immensa ista capacitas memoriæ meæ. Hic sunt et illa omnia, quæ de doctrinis liberalibus percepta nondum exciderunt, quasi remota interiore loco, non loco; nec eorum imagines, sed res ipsas gero. Nam quid sit litteratura, quid peritia disputandi, quot genera quæstionum, quidquid horum scio, sic est in memoria mea, ut non retenta imagine rem foris reliquerim aut sonuerit et præterierit, sicut vox impressa per aures vestigio, quo recoleretur, quasi sonaret, cum iam non sonaret, aut sicut odor dum transit et vanescit in ventos, olfactum afficit, unde traicit in memoriam imaginem sui, quam reminiscendo repetamus, aut sicut cibus, qui certe in ventre iam non sapit et tamen in memoria quasi sapit, aut sicut aliquid, quod corpore tangendo sentitur quod etiam separatum a nobis imaginatur memoria. Istæ quippe res non intromittuntur ad eam, sed earum solæ imagines mira celeritate capiuntur et miris tamquam cellis reponuntur et mirabiliter recordando proferuntur.

Unde et qua intrant in memoriam doctrinæ ac scientiæ?

10. 17. At vero, cum audio tria genera esse quæstionum: an sit, quid sit, quale sit, sonorum quidem, quibus hæc verba confecta sunt, imagines teneo et eos per auras cum strepitu transisse ac iam non esse scio. Res vero ipsas, quæ illis significantur sonis, neque ullo sensu corporis attigi neque uspiam vidi præter animum meum et in memoria recondidi non imagines earum, sed ipsas; quæ unde ad me intraverint dicant, si possunt. Nam percurro ianuas omnes carnis meæ nec invenio, qua earum ingressæ sint. Quippe oculi dicunt: "Si coloratæ sunt, nos eas nuntiavimus"; aures dicunt: "Si sonuerunt, a nobis indicatæ sunt"; nares dicunt: "Si oluerunt, per nos transierunt", dicit etiam sensus gustandi: "Si sapor non est, nihil me interroges"; tactus dicit: "Si corpulentum non est, non contrectavi; si non contrectavi, non indicavi". Unde et qua hæc intraverunt in memoriam meam? Nescio quomodo; nam cum ea didici, non credidi alieno cordi, sed in meo recognovi et vera esse approbavi et commendavi ei tamquam reponens, unde proferrem, cum vellem. Ibi ergo erant et antequam ea didicissem, sed in memoria non erant. Ubi ergo aut quare, cum dicerentur, agnovi et dixi: "Ita est, verum est", nisi quia iam erant in memoria, sed

LIBER DECIMUS

tam remota et retrusa quasi in cavis abditioribus, ut, nisi admonente aliquo eruerentur, ea fortasse cogitare non possem?

Cur cogitatio a cogendo sit dicta.

11. 18. Quocirca invenimus nihil esse aliud discere ista, quorum non per sensus haurimus imagines, sed sine imaginibus, sicuti sunt, per se ipsa intus cernimus, nisi ea, quæ passim atque indisposite memoria continebat, cogitando quasi colligere atque animadvertendo curare, ut tamquam ad manum posita in ipsa memoria, ubi sparsa prius et neglecta latitabant, iam familiari intentioni facile occurrant. Et quam multa huius modi gestat memoria mea quæ iam inventa sunt et, sicut dixi, quasi ad manum posita, quæ didicisse et nosse dicimur. Quæ si modestis temporum intervallis recolere desivero, ita rursus demerguntur et quasi in remotiora penetralia dilabuntur, ut denuo velut nova excogitanda sint indidem iterum (neque enim est alia regio eorum) et cogenda rursus, ut sciri possint, id est velut ex quadam dispersione colligenda, unde dictum est cogitare. Nam cogo et cogito sic est, ut ago et agito, facio et factito. Verumtamen sibi animus hoc verbum proprie vindicavit, ut non quod alibi, sed quod in animo colligitur, id est cogitur, cogitari proprie iam dicatur.

d) numerorum dimensionumque rationes et leges;

12. 19. Item continet memoria numerorum dimensionumque rationes et leges innumerabiles, quarum nullam corporis sensus impressit, quia nec ipsæ coloratæ sunt aut sonant aut olent aut gustatæ aut contrectatæ sunt. Audivi sonos verborum, quibus significantur, cum de his disseritur, sed illi alii, istæ autem aliæ sunt. Nam illi aliter Græce, aliter Latine sonant, istæ vero nec Græcæ nec Latinæ sunt nec aliud eloquiorum genus. Vidi lineas fabrorum vel etiam tenuissimas, sicut filum araneæ; sed illæ aliæ sunt, non sunt imagines earum, quas mihi nuntiavit carnis oculus: novit eas quisquis sine ulla cogitatione qualiscumque corporis intus agnovit eas. Sensi etiam numeros omnibus corporis sensibus, quos numeramus; sed illi alii sunt, quibus numeramus, nec imagines istorum sunt et ideo valde sunt. Rideat me ista dicentem, qui non eos videt, et ego doleam ridentem me.

e) quomodo hæc omnia cognita sint;

CONFESSIONES

13. 20. Hæc omnia memoria teneo et quomodo ea didicerim memoria teneo. Multa etiam, quæ adversus hæc falsissime disputantur, audivi et memoria teneo; quæ tametsi falsa sunt tamen ea meminisse me non est falsum; et discrevisse me inter illa vera et hæc falsa, quæ contra dicuntur, et hoc memini aliterque nunc video discernere me ista, aliter autem memini sæpe me discrevisse, cum ea sæpe cogitarem. Ergo et intellexisse me sæpius ista memini, et quod nunc discerno et intellego, recondo in memoria, ut postea me nunc intellexisse meminerim. Ergo et meminisse me memini, sicut postea, quod hæc reminisci nunc potui, si recordabor, utique per vim memoriæ recordabor.

f) animi affectiones.

14. 21. Affectiones quoque animi mei eadem memoria continet non illo modo, quo eas habet ipse animus, cum patitur eas, sed alio multum diverso, sicut sese habet vis memoriæ. Nam et lætatum me fuisse reminiscor non lætus et tristitiam meam præteritam recordor non tristis et me aliquando timuisse recolo sine timore et pristinæ cupiditatis sine cupiditate sum memor. Aliquando et e contrario tristitiam meam transactam lætus reminiscor et tristis lætitiam. Quod mirandum non est de corpore: aliud enim animus, aliud corpus. Itaque si præteritum dolorem corporis gaudens memini, non ita mirum est. Hic vero, cum animus sit etiam ipsa memoria (nam et cum mandamus aliquid, ut memoriter habeatur, dicimus: "Vide, ut illud in animo habeas", et cum obliviscimur, dicimus: "Non fuit in animo" et "Elapsum est animo", ipsam memoriam vocantes animum) cum ergo ita sit, *quid est hoc*, quod cum tristitiam meam præteritam lætus memini, animus habet lætitiam et memoria tristitiam lætusque est animus ex eo, quod inest ei lætitia, memoria vero ex eo, quod inest ei tristitia, tristis non est? Num forte non pertinet ad animum? Quis hoc dixerit? Nimirum ergo memoria quasi venter est animi, lætitia vero atque tristitia quasi cibus dulcis et amarus; cum memoriæ commendantur, quasi traiecta in ventrem recondi illic possunt, sapere non possunt. Ridiculum est hæc illis similia putare, nec tamen sunt omni modo dissimilia.

14. 22. Sed ecce de memoria profero, cum dico quattuor esse perturbationes animi: cupiditatem, lætitiam, metum, tristitiam, et quidquid de his disputare potuero, dividendo singula per species sui cuiusque generis et definiendo, ibi invenio quid dicam atque inde profero, nec tamen ulla earum perturbatione perturbor, cum eas

reminiscendo commemoro; et antequam recolerentur a me et retractarentur, ibi erant; propterea inde per recordationem potuere depromi. Forte ergo sicut de ventre cibus ruminando, sic ista de memoria recordando proferuntur. Cur igitur in ore cogitationis non sentitur a disputante, hoc est a reminiscente, lætitiæ dulcedo vel amaritudo mæstitiæ? An in hoc dissimile est, quod non undique simile est? Quis enim talia volens loqueretur, si quotiens tristitiam metumve nominamus, totiens mærere vel timere cogeremur? Et tamen non ea loqueremur, nisi in memoria nostra non tantum sonos nominum secundum imagines impressas a sensibus corporis sed etiam rerum ipsarum notiones inveniremus, quas nulla ianua carnis accepimus, sed eas ipse animus per experientiam passionum suarum sentiens memoriæ commendavit, aut ipsa sibi hæc etiam non commendata retinuit.

Difficile est dictu num per imagines omnia recordemur.

15. 23. Sed utrum per imagines an non, quis facile dixerit? Nomino quippe lapidem, nomino solem, cum res ipsæ non adsunt sensibus meis; in memoria sane mea præsto sunt imagines earum. Nomino dolorem corporis, nec mihi adest, dum nihil dolet, nisi tamen adesset imago eius in memoria mea, nescirem, quid dicerem, nec eum in disputando a voluptate discernerem. Nomino salutem corporis, cum salvus sum corpore; adest mihi quidem res ipsa; verumtamen nisi et imago eius inesset in memoria mea, nullo modo recordarer, quid huius nominis significaret sonus, nec ægrotantes agnoscerent salute nominata, quid esset dictum, nisi eadem imago vi memoriæ teneretur, quamvis ipsa res abesset a corpore. Nomino numeros, quibus numeramus; et adsunt in memoria mea non imagines eorum, sed ipsi. Nomino imaginem solis, et hæc adest in memoria mea; neque enim imaginem imaginis eius, sed ipsam recolo: ipsa mihi reminiscenti præsto est. Nomino memoriam et agnosco quod nomino. Et ubi agnosco nisi in ipsa memoria? Num et ipsa per imaginem suam sibi adest ac non per se ipsam?

g) oblivio ipsa.

16. 24. Quid, cum oblivionem nomino atque itidem agnosco quod nomino, unde agnoscerem, nisi meminissem? Non eumdem sonum nominis dico, sed rem, quam significat; quam si oblitus essem, quid ille valeret sonus, agnoscere utique non valerem. Ergo cum memoriam memini, per se ipsam sibi præsto est ipsa memoria; cum vero memini oblivionem, et memoria præsto est et oblivio, memoria, qua

meminerim, oblivio, quam meminerim. Sed quid est oblivio nisi privatio memoriæ? Quomodo ergo adest, ut eam meminerim, quando cum adest meminisse non possum? At si quod meminimus memoria retinemus, oblivionem autem nisi meminissemus, nequaquam possemus audito isto nomine rem quæ illo significatur, agnoscere, memoria retinetur oblivio. Adest ergo, ne obliviscamur, quæ cum adest, obliviscimur. An ex hoc intellegitur non per se ipsam inesse memoriæ, cum eam meminimus, sed per imaginem suam, quia, si per se ipsam præsto esset oblivio, non ut meminissemus, sed ut obliviscereremur, efficeret? Et hoc quis tandem indagabit? Quis comprehendet, quomodo sit?

16. 25. Ego certe, Domine, laboro hic et laboro in me ipso: factus sum mihi terra difficultatis et sudoris nimii. Neque enim nunc scrutamur *plagas cæli* aut siderum intervalla dimetimur vel terræ libramenta quærimus; ego sum, qui memini, ego animus. Non ita mirum, si a me longe est quidquid ego non sum; quid autem propinquius me ipso mihi? Et ecce memoriæ meæ vis non comprehenditur a me, cum ipsum me non dicam præter illam. Quid enim dicturus sum, quando mihi certum est meminisse me oblivionem? An dicturus sum non esse in memoria mea quod memini? An dicturus sum ad hoc inesse oblivionem in memoria mea, ut non obliviscar? Utrumque absurdissimum est. Quid illud tertium? Quo pacto dicam imaginem oblivionis teneri memoria mea, non ipsam oblivionem, cum eam memini? Quo pacto et hoc dicam, quandoquidem cum imprimitur rei cuiusque imago in memoria, prius necesse est, ut adsit res ipsa, unde illa imago possit imprimi? Sic enim Carthaginis memini, sic omnium locorum, quibus interfui, sic facies hominum, quas vidi, et ceterorum sensuum nuntiata, sic ipsius corporis salutem sive dolorem; cum præsto essent ista, cepit ab eis imagines memoria, quas intuerer præsentes et retractarem animo, cum illa et absentia reminiscerer. Si ergo per imaginem suam, non per se ipsam in memoria tenetur oblivio, ipsa utique aderat, ut eius imago caperetur. Cum autem adesset, quomodo imaginem suam in memoria conscribebat, quando id etiam, quod iam notatum invenit, præsentia sua delet oblivio? Et tamen quocumque modo, licet sit modus iste incomprehensibilis et inexplicabilis, etiam ipsam oblivionem meminisse me certus sum, qua id quod meminerimus obruitur.

Supra memoriam Deus est quærendus.

17. 26. Magna vis est memoriæ, nescio quid horrendum, Deus meus, profunda et

infinita multiplicitas; et hoc animus est et hoc ego ipse sum. Quid ergo sum, Deus meus? Quæ natura sum? Varia, multimoda vita et immensa vehementer. Ecce in memoriæ meæ campis et antris et cavernis innumerabilibus atque innumerabiliter plenis innumerabilium rerum generibus sive per imagines, sicut omnium corporum, sive per præsentiam, sicut artium, sive per nescio quas notiones vel notationes, sicut affectionum animi (quas et cum animus non patitur, memoria tenet, cum in animo sit quidquid est in memoria) per hæc omnia discurro et volito hac illac, penetro etiam, quantum possum, et finis nusquam; tanta vis est memoriæ, tanta vitæ vis est in homine vivente mortaliter! Quid igitur agam, tu vera mea vita, Deus meus? Transibo et hanc vim meam, quæ memoria vocatur, transibo eam, ut pertendam ad te, *dulce lumen*. Quid dicis mihi? Ecce ego ascendens per animum meum ad te, qui desuper mihi manes, transibo et istam vim meam, quæ memoria vocatur, volens te attingere, unde attingi potes, et inhærere tibi, unde inhæreri tibi potest. Habent enim memoriam et pecora et aves, alioquin non cubilia nidosve repeterent, non alia multa, quibus assuescunt; neque enim et assuescere valerent ullis rebus nisi per memoriam. Transibo ergo et memoriam, ut attingam eum, qui seperavit me a quadrupedibus et a volatilibus cæli sapientiorem me fecit. Transibo et memoriam, ut ubi te inveniam, vere bone, secura suavitas, ut ubi te inveniam? Si præter memoriam meam te invenio, immemor tui sum. Et quomodo iam inveniam te, si memor non sum tui?

Memoria et oblivio.

18. 27. Perdiderat enim mulier drachmam et quæsivit eam cum lucerna et, nisi memor eius esset, non inveniret eam. Cum enim esset inventa, unde sciret, utrum ipsa esset, si memor eius non esset? Multa memini me perdita quæsisse atque invenisse. Inde istuc scio, quia, cum quærerem aliquid eorum et diceretur mihi: "Num forte hoc est?", "Num forte illud?", tamdiu dicebam: "Non est", donec id offerretur quod quærebam. Cuius nisi memor essem, quidquid illud esset, etiamsi mihi offerretur, non invenirem, quia non agnoscerem. Et semper ita fit, cum aliquid perditum quærimus et invenimus. Verumtamen si forte aliquid ab oculis perit, non a memoria, veluti corpus quodlibet visibile, tenetur intus imago eius et quæritur, donec reddatur aspectui. Quod cum inventum fuerit, ex imagine, quæ intus est, recognoscitur. Nec invenisse nos dicimus quod perierat, si non agnoscimus, nec agnoscere possumus, si non meminimus; sed hoc perierat quidem oculis, memoria tenebatur.

CONFESSIONES

De iis, quæ memoria perdit.

19. 28. Quid? Cum ipsa memoria perdit aliquid, sicut fit, cum obliviscimur et quærimus, ut recordemur, ubi tandem quærimus nisi in ipsa memoria? Et ibi si aliud pro alio forte offeratur, respuimus, donec illud occurrat quod quærimus. Et cum occurrit, dicimus: "Hoc est"; quod non diceremus, nisi agnosceremus, nec agnosceremus, nisi meminissemus. Certe ergo obliti fueramus. An non totum exciderat, sed ex parte, quæ tenebatur, pars alia quærebatur, quia sentiebat se memoria non simul volvere, quod simul solebat, et quasi detruncata consuetudine claudicans reddi quod deerat flagitabat? Tamquam si homo notus sive conspiciatur oculis sive cogitetur et nomen eius obliti requiramus, quidquid aliud occurrerit non connectitur, quia non cum illo cogitari consuevit ideoque respuitur, donec illud adsit, ubi simul assuefacta notitia non inæqualiter adquiescat. Et unde adest nisi ex ipsa memoria? Nam et cum ab alio commoniti recognoscimus, inde adest. Non enim quasi novum credimus, sed recordantes approbamus hoc esse, quod dictum est. Si autem penitus aboleatur ex animo, nec admoniti reminiscimur. Neque enim omni modo adhuc obliti sumus, quod vel oblitos nos esse meminimus. Hoc ergo nec amissum quærere poterimus, quod omnino obliti fuerimus.

Cum Deum quærimus, vitam beatam quærimus.

20. 29. Quomodo ergo te quæro, Domine? Cum enim te, Deum meum, quæro, vitam beatam quæro. Quæram te, ut vivat anima mea. Vivit enim corpus meum de anima mea et vivit anima mea de te. Quomodo ergo quæro vitam beatam? Quia non est mihi, donec dicam: "Sat, est illic". Vbi oportet ut dicam, quomodo eam quæro, utrum per recordationem, tamquam eam oblitus sim oblitumque me esse adhuc teneam, an per appetitum discendi incognitam, sive quam numquam scierim sive quam sic oblitus fuerim, ut me nec oblitum esse meminerim. Nonne ipsa est beata vita, quam omnes volunt et omnino qui nolit nemo est? Ubi noverunt eam, quod sic volunt eam? Ubi viderunt, ut amarent eam? Nimirum habemus eam nescio quomodo. Et est alius quidam modus, quo quisque cum habet eam, tunc beatus est, et sunt, qui spe beati sunt. Inferiore modo isti habent eam quam illi, qui iam re ipsa beati sunt, sed tamen meliores quam illi, qui nec re nec spe beati sunt. Qui tamen etiam ipsi nisi aliquo modo haberent eam, non ita vellent beati esse: quod eos velle certissimum est. Nescio quomodo noverunt eam ideoque habent eam in nescio qua notitia, de qua

satago, utrum in memoria sit, quia, si ibi est, iam beati fuimus aliquando, utrum singillatim omnes, an in illo homine, qui primus peccavit, in quo et omnes mortui sumus et de quo omnes cum miseria nati sumus, non quæro nunc, sed quæro, utrum in memoria sit beata vita. Neque enim amaremus eam, nisi nossemus. Audimus nomen hoc et omnes rem ipsam nos appetere fatemur; non enim sono delectamur. Nam hoc cum Latine audit Græcus, non delectatur, quia ignorat, quid dictum sit; nos autem delectamur, sicut etiam ille, si Græce hoc audierit, quoniam res ipsa nec Græca nec Latina est, cui adipiscendæ Græci Latinique inhiant ceterarumque linguarum homines. Nota est igitur omnibus, qui una voce, si interrogari possent, utrum beati esse vellent, sine ulla dubitatione velle responderent. Quod non fieret, nisi res ipsa, cuius hoc nomen est, eorum memoria teneretur.

Vitæ beatæ recordatio.

21. 30. Numquid ita, ut meminit Carthaginem qui vidit? Non, vita enim beata non videtur oculis, quia non est corpus. Numquid sicut meminimus numeros? Non; hos enim qui habet in notitia, non adhuc quærit adipisci, vitam vero beatam habemus in notitia ideoque amamus et tamen adhuc adipisci eam volumus, ut beati simus. Numquid sicut meminimus eloquentiam? Non; quamvis enim et hoc nomine audito recordentur ipsam rem, qui etiam nondum sunt eloquentes multique esse cupiant (unde apparet eam esse in eorum notitia) tamen per corporis sensus alios eloquentes animadverterunt et delectati sunt et hoc esse desiderant (quamquam nisi ex interiore notitia non delectarentur neque hoc esse vellent, nisi delectarentur) beatam vero vitam nullo sensu corporis in aliis experimur. Numquid sicut meminimus gaudium? Fortasse ita. Nam gaudium meum etiam tristis memini sicut vitam beatam miser, neque umquam corporis sensu gaudium meum vel vidi vel audivi vel odoratus sum vel gustavi vel tetigi, sed expertus sum in animo meo, quando lætatus sum, et adhæsit eius notitia memoriæ meæ, ut id reminisci valeam aliquando cum aspernatione, aliquando cum desiderio pro earum rerum diversitate, de quibus me gavisum esse memini. Nam et de turpibus gaudio quodam perfusus sum, quod nunc recordans detestor atque exsecror, aliquando de bonis et honestis, quod desiderans recolo, tametsi forte non adsunt, et ideo tristis gaudium pristinum recolo.

Beati omnes esse volumus.

21. 31. Ubi ergo et quando expertus sum vitam meam beatam, ut recorder eam et amem et desiderem? Nec ego tantum aut cum paucis, sed beati prorsus omnes esse volumus. Quod nisi certa notitia nossemus, non tam certa voluntate vellemus. Sed *quid est hoc?* Quod si quæratur a duobus, utrum militare velint, fieri possit, ut alter eorum velle se, alter nolle respondeat; si autem ab eis quæratur, utrum esse beati velint, uterque se statim sine ulla dubitatione dicat optare, nec ob aliud velit ille militare, nec ob aliud iste nolit, nisi ut beati sint. Num forte quoniam alius hinc, alius inde gaudet? Ita se omnes beatos esse velle consonant, quemadmodum consonarent, si hoc interrogarentur, se velle gaudere atque ipsum gaudium vitam beatam vocant. Quod etsi alius hinc, alius illinc assequitur, unum est tamen, quo pervenire omnes nituntur, ut gaudeant. Quæ quoniam res est, quam se expertum non esse nemo potest dicere, propterea reperta in memoria recognoscitur, quando beatæ vitæ nomen auditur.

Deus ipse est gaudium eorum, qui eum colunt.

22. 32. Absit, Domine, absit a corde servi tui, qui confitetur tibi, absit, ut, quocumque gaudio gaudeam, beatum me putem. Est enim gaudium, quod non datur impiis, sed eis, qui te gratis colunt, quorum gaudium tu ipse es. Et ipsa est beata vita, gaudere ad te, de te, propter te; ipsa est et non est altera. Qui autem aliam putant esse, aliud sectantur gaudium neque ipsum verum. Ab aliqua tamen imagine gaudii voluntas eorum non avertitur.

Gaudium de veritate omnes volunt.

23. 33. Non ergo certum est, quod omnes esse beati volunt, quoniam qui non de te gaudere volunt, quæ sola vita beata est, non utique beatam vitam volunt. An omnes hoc volunt, sed quoniam *caro concupiscit adversus spiritum et spiritus adversus carnem, ut non* faciant quod volunt, cadunt in id quod valent eoque contenti sunt, quia illud, quod non valent, non tantum volunt, quantum sat est, ut valeant? Nam quæro ab omnibus, utrum malint de veritate quam de falsitate gaudere; tam non dubitant dicere de veritate se malle, quam non dubitant dicere beatos esse se velle. Beata quippe vita est gaudium de veritate. Hoc est enim gaudium de te, qui Veritas es, Deus, *illuminatio mea, salus faciei meæ, Deus meus.* Hanc vitam beatam omnes volunt, hanc vitam, quæ sola beata est, omnes volunt, gaudium de veritate omnes volunt. Multos expertus sum, qui vellent fallere, qui autem falli, neminem. Ubi ergo

noverunt hanc vitam beatam, nisi ubi noverunt etiam veritatem? Amant enim et ipsam, quia falli nolunt, et cum amant beatam vitam, quod non est aliud quam de veritate gaudium, utique amant etiam veritatem nec amarent, nisi esset aliqua notitia eius in memoria eorum. Cur ergo non de illa gaudent? Cur non beati sunt? Quia fortius occupantur in aliis, quæ potius eos faciunt miseros quam illud beatos, quod tenuiter meminerunt. *Adhuc* enim *modicum lumen est* in hominibus; ambulent, ambulent, *ne tenebræ comprehendant*.

23. 34. Cur autem *veritas parit odium*, et inimicus eis factus est homo tuus verum prædicans, cum ametur beata vita, quæ non est nisi gaudium de veritate, nisi quia sic amatur veritas, ut, quicumque aliud amant, hoc quod amant velint esse veritatem, et quia falli nollent, nolunt convinci, quod falsi sint? Itaque propter eam rem oderunt veritatem, quam pro veritate amant. Amant eam lucentem, oderunt eam redarguentem. Quia enim falli nolunt et fallere volunt, amant eam, cum se ipsa indicat, et oderunt eam, cum eos ipsos indicat. Inde retribuet eis, ut, qui se ab ea manifestari nolunt, et eos nolentes manifestet et eis ipsa non sit manifesta. Sic, sic, etiam sic animus humanus, etiam sic cæcus et languidus, turpis atque indecens latere vult, se autem ut lateat aliquid non vult. Contra illi redditur, ut ipse non lateat veritatem, ipsum autem veritas lateat. Tamen etiam sic, dum miser est, veris mavult gaudere quam falsis. Beatus ergo erit, si nulla interpellante molestia de ipsa, per quam vera sunt omnia, sola veritate gaudebit.

Deus in memoria invenitur.

24. 35. Ecce quantum spatiatus sum in memoria mea quærens te, Domine, et non te inveni extra eam. Neque enim aliquid de te inveni, quod non meminissem, ex quo didici te. Nam ex quo didici te, non sum oblitus tui. Ubi enim inveni veritatem, ibi inveni Deum meum, ipsam Veritatem. Quam ex quo didici, non sum oblitus. Itaque ex quo te didici, manes in memoria mea, et illic te invenio, cum reminiscor tui et delector in te. Hæ sunt sanctæ deliciæ meæ, quas donasti mihi misericordia tua respiciens paupertatem meam.

Quo memoriæ loco habitat Deus?

25. 36. Sed ubi manes in memoria mea, Domine, ubi illic manes? Quale cubile fabricasti tibi? Quale sanctuarium ædificasti tibi? Tu dedisti hanc dignationem

memoriæ meæ, ut maneas in ea, sed in qua eius parte maneas, hoc considero. Transcendi enim partes eius, quas habent et bestiæ, cum te recordarer, quia non ibi te inveniebam inter imagines rerum corporalium, et veni ad partes eius, ubi commendavi affectiones animi mei, nec illic inveni te. Et intravi ad ipsius animi mei sedem, quæ illi est in memoria mea, quoniam sui quoque meminit animus, nec ibi tu eras, quia sicut non es imago corporalis nec affectio viventis, qualis est, cum lætamur, contristamur, cupimus, metuimus, meminimus, obliviscimur et quidquid huius modi est, ita nec ipse animus es, quia Dominus Deus animi tu es, et commutantur hæc omnia, tu autem incommutabilis manes super omnia et dignatus es habitare in memoria mea, ex quo te didici. Et quid quæro, quo loco eius habites, quasi vero loca ibi sint? Habitas certe in ea, quoniam tui memini, ex quo te didici, et in ea te invenio, cum recordor te.

Ubi Deus invenitur, cum cognoscitur?

26. 37. Ubi ergo te inveni, ut discerem te? Neque enim iam eras in memoria mea, priusquam te discerem. Ubi ergo te inveni, ut discerem te, nisi in te supra me? Et nusquam locus, et recedimus et accedimus, et nusquam locus. Veritas, ubique præsides omnibus consulentibus te simulque respondes omnibus etiam diversa consulentibus. Liquide tu respondes, sed non liquide omnes audiunt. Omnes unde volunt consulunt, sed non semper quod volunt audiunt. Optimus minister tuus est, qui non magis intuetur hoc a te audire quod ipse voluerit, sed potius hoc velle quod a te audierit.

Sero Aug. amavit Deum.

27. 38. Sero te amavi, pulchritudo tam antiqua et tam nova, sero te amavi! Et ecce intus eras et ego foris et ibi te quærebam et in ista formosa, quæ fecisti, deformis irruebam. Mecum eras, et tecum non eram. Ea me tenebant longe a te, quæ si in te non essent, non essent. Vocasti et clamasti et rupisti surdidatem meam, coruscasti, splenduisti et fugasti cæcitatem meam; fragrasti, et duxi spiritum et anhelo tibi, gustavi, et esurio et sitio, tetigisti me, et exarsi in pacem tuam.

Qualis auctor sit ipso tempore confessionum suarum

LIBER DECIMUS

Vita humana super terram.

28. 39. Cum inhæsero tibi ex omni me, nusquam erit mihi *dolor et labor*, et viva erit vita mea tota plena te. Nunc autem quoniam quem tu imples, sublevas eum, quoniam tui plenus non sum, oneri mihi sum. Contendunt lætitiæ meæ flendæ cum lætandis mæroribus, et ex qua parte stet victoria nescio. Contendunt mærores mei mali cum gaudiis bonis, et ex qua parte stet victoria nescio. Ei mihi! *Domine, miserere mei*! Ei mihi! Ecce vulnera mea non abscondo: medicus es, æger sum; misericors es, miser sum. Numquid non *temptatio est vita humana super terram*? Quis velit molestias et difficultates? Tolerari iubes ea, non amari. Nemo quod tolerat amat, etsi tolerare amat. Quamvis enim gaudeat se tolerare, mavult tamen non esse quod toleret. Prospera in adversis desidero, adversa in prosperis timeo. Quis inter hæc medius locus, ubi non sit *humana vita temptatio*? Væ prosperitatibus sæculi semel et iterum a timore adversitatis et a corruptione lætitiæ! Væ adversitatibus sæculi semel et iterum et tertio a desiderio prosperitatis, et quia ipsa adversitas dura est, et ne frangat tolerantiam! Numquid non *temptatio est vita humana super terram* sine ullo interstitio?

Deus imperat continentiam.
A) Concupiscentia carnis vel voluptates:

29. 40. Et tota spes mea non nisi in magna valde misericordia tua. Da quod iubes et iube quod vis. Imperas nobis continentiam. *Et cum scirem*, ait quidam, *quia nemo potest esse continens, nisi Deus det, et hoc ipsum erat sapientiæ, scire cuius esset hoc donum.* Per continentiam quippe colligimur et redigimur in unum, a quo in multa defluximus. Minus enim te amat qui tecum aliquid amat, quod non propter te amat. O amor, qui semper ardes et numquam exstingueris, caritas, Deus meus, accende me! Continentiam iubes: da quod iubes et iube quod vis.

a) libido;

30. 41. Iubes certe, ut contineam a concupiscentia *carnis et* concupiscentia *oculorum et* ambitione *sæculi*. Iussisti a concubitu et de ipso coniugio melius aliquid, quam concessisti, monuisti. Et quoniam dedisti, factum est, et antequam dispensator sacramenti tui fierem. Sed adhuc vivunt in memoria mea, de qua multa locutus sum, talium rerum imagines, quas ibi consuetudo mea fixit, et occursantur mihi vigilanti

quidem carentes viribus, in somnis autem non solum usque ad delectationem sed etiam usque ad consensionem factumque simillimum. Et tantum valet imaginis illusio in anima mea in carne mea, ut dormienti falsa visa persuadeant quod vigilanti vera non possunt. Numquid tunc ego non sum, Domine Deus meus? Et tamen tantum interest inter me ipsum et me ipsum intra momentum, quo hinc ad soporem transeo vel huc inde retranseo! Ubi est tunc ratio, qua talibus suggestionibus resistit vigilans et, si res ipsæ ingerantur, inconcussus manet? Numquid clauditur cum oculis? Numquid sopitur cum sensibus corporis? Et unde sæpe etiam in somnis resistimus nostrique propositi memores atque in eo castissime permanentes nullum talibus illecebris adhibemus adsensum? Et tamen tantum interest, ut, cum aliter accidit, evigilantes ad conscientiæ requiem redeamus ipsaque distantia reperiamus nos non fecisse, quod tamen in nobis quoquo modo factum esse doleamus.

30. 42. Numquid non potens est manus tua, Deus omnipotens, sanare *omnes languores* animæ meæ atque abundantiore gratia tua lascivos motus etiam mei soporis exstinguere? Augebis, Domine, magis magisque in me munera tua, ut anima mea sequatur me ad te concupiscentiæ visco expedita, ut non sit rebellis sibi atque ut in somnis etiam non solum non perpetret istas corruptelarum turpitudines per imagines animales usque ad carnis fluxum, sed ne consentiat quidem. Nam ut nihil tale vel tantulum libeat, quantulum possit nutu cohiberi etiam in casto dormientis affectu non tantum in hac vita, sed etiam in hac ætate, non magnum est omnipotenti, *qui* vales *facere supra quam petimus et intellegimus.* Nunc tamen quid adhuc sim in hoc genere mali mei, dixi bono Domino meo exsultans *cum tremore* in eo, quod donasti mihi, et lugens in eo, quod inconsummatus sum, sperans perfecturum te in me misericordias tuas usque ad pacem plenariam, quam tecum habebunt interiora et exteriora mea, cum *absorpta* fuerit *mors in victoriam.*

b) gustus;

31. 43. Est alia malitia diei, quæ utinam sufficiat ei. Reficimus enim quotidianas ruinas corporis edendo et bibendo, priusquam escas et ventrem destruas, cum occideris indigentiam satietate mirifica et *corruptibile hoc* indueris *incorruptione* sempiterna. Nunc autem suavis est mihi necessitas, et adversus istam suavitatem pugno, ne capiar, et quotidianum bellum gero, *in ieiuniis* sæpius *in servitutem* redigens *corpus meum,* et dolores mei voluptate pelluntur. Nam fames et sitis

quidam dolores sunt, urunt et sicut febris necant, nisi alimentorum medicina succurrat. Quæ quoniam præsto est ex consolatione munerum tuorum, in quibus nostræ infirmitati terra et aqua et cælum serviunt, calamitas deliciæ vocantur.

31. 44. Hoc me docuisti, ut quemadmodum medicamenta sic alimenta sumpturus accedam. Sed dum ad quietem satietatis ex indigentiæ molestia transeo, in ipso transitu mihi insidiatur laqueus concupiscentiæ. Ipse enim transitus voluptas est, et non est alius, qua transeatur, quo transire cogit necessitas. Et cum salus sit causa edendi ac bibendi, adiungit se tamquam pedisequa periculosa iucunditas et plerumque præire conatur, ut eius causa fiat, quod salutis causa me facere vel dico vel volo. Nec idem modus utriusque est: nam quod saluti satis est, delectationi parum est, et sæpe incertum fit, utrum adhuc necessaria corporis cura subsidium petat an voluptaria cupiditatis fallacia ministerium suppetat. Ad hoc incertum hilarescit infelix anima et in eo præparat excusationis patrocinium gaudens non apparere, quid satis sit moderationi valetudinis, ut obtentu salutis obumbret negotium voluptatis. His temptationibus quotidie conor resistere et invoco dexteram tuam et ad te refero æstus meos, quia consilium mihi de hac re nondum stat.

31. 45. Audio vocem iubentis Dei mei: *Non graventur corda vestra in crapula et ebrietate.* Ebrietas longe est a me: misereberis, ne appropinquet mihi. Crapula autem nonnumquam subrepit servo tuo: misereberis, ut longe fiat a me. *Nemo* enim *potest esse continens, nisi tu des.* Multa nobis orantibus tribuis, et quidquid boni antequam oraremus accepimus, a te accepimus; et ut hoc postea cognosceremus, a te accepimus. Ebriosus numquam fui, sed ebriosos a te factos sobrios ego novi. Ergo a te factum est, ut hoc non essent qui numquam fuerunt, a quo factum est, ut hoc non semper essent qui fuerunt, a quo etiam factum est, ut scirent utrique, a quo factum est. Audivi aliam vocem tuam: *Post concupiscentias tuas non eas et a voluptate tua vetare.* Audivi et illam ex munere tuo, quam multum amavi: *Neque si manducaverimus, abundabimus, neque si non manducaverimus, deerit nobis*; hoc est dicere: nec illa res me copiosum faciet nec illa ærumnosum. Audivi et alteram: *Ego enim didici, in quibus sum, sufficiens esse et abundare novi et penuriam pati novi. Omnia possum in eo, qui me confortat.* Ecce miles castrorum cælestium, non pulvis, quod sumus. Sed memento, Domine, *quia pulvis sumus*, et de pulvere fecisti hominem, et *perierat et inventus est.* Nec ille in se potuit, quia idem pulvis fuit, quem talia dicentem afflatu tuæ inspirationis adamavi: *Omnia possum*, inquit, *in eo, qui me*

confortat. Conforta me, ut possim, da quod iubes et iube quod vis. Iste se accepisse confitetur et quod *gloriatur in Domino* gloriatur. Audivi alium rogantem, ut accipiat: *Aufer a me*, inquit, *concupiscentias ventris*. Unde apparet, sancte Deus meus, te dare, cum fit quod imperas fieri.

31. 46. Docuisti me, Pater bone: *Omnia munda mundis*, sed *malum* esse *homini qui per offensionem manducat*; et omnem creaturam tuam bonam esse *nihilque abiciendum, quod cum gratiarum actione percipitur*; et quia *esca nos non commendat Deo*, et *ut nemo* nos *iudicet in cibo aut in potu*; et ut *qui manducat non manducantem non spernat, et qui non manducat, manducantem non iudicet*. Didici hæc, gratias tibi, laudes tibi, Deo meo, magistro meo, pulsatori aurium mearum, illustratori cordis mei; eripe ab omni temptatione. Non ego immunditiam obsonii timeo, sed immunditiam cupiditatis. Scio Noë omne carnis genus, quod cibo esset usui, manducare permissum, Eliam cibo carnis refectum, Ioannem mirabili abstinentia præditum animalibus, hoc est lucustis in escam cedentibus, non fuisse pollutum: et scio Esau lenticulæ concupiscentia deceptum et David propter aquæ desiderium a se ipso reprehensum, et regem nostrum non de carne, sed de pane temptatum. Ideoque et populus in eremo non quia carnes desideravit, sed quia escæ desiderio adversus Dominum murmuravit, meruit improbari.

31. 47. In his ergo temptationibus positus certo quotidie adversus concupiscentiam manducandi et bibendi: non enim est quod semel præcidere et ulterius non attingere decernam, sicut de concubitu potui. Itaque freni gutturis temperata relaxatione et constrictione tenendi sunt. Et quis est, Domine, qui non rapiatur aliquantum extra metas necessitatis? Quisquis est, magnus est, magnificet nomen tuum. Ego autem non sum, *quia peccator homo sum*. Sed et ego magnifico *nomen tuum, et interpellat te pro* peccatis meis, qui vicit sæculum, numerans me inter infirma membra corporis sui, quia et *imperfectum* eius *viderunt oculi tui, et in libro tuo omnes scribentur*.

c) odoratus;

32. 48. De illecebra odorum non satago nimis: cum absunt, non requiro, cum adsunt, non respuo, paratus eis etiam semper carere. Ita mihi videor; forsitan fallar. Sunt enim et istæ plangendæ tenebræ, in quibus me latet facultas mea, quæ in me est, ut animus meus de viribus suis ipse se interrogans non facile sibi credendum existimet, quia et quod inest plerumque occultum est, nisi experientia manifestetur, et nemo

securus esse debet in ista vita, quæ *tota temptatio* nominatur, utrum qui fieri potuit ex deteriore melior, non fiat etiam ex meliore deterior. Una spes, una fiducia, una firma promissio misericordia tua.

d) auditus;

33. 49. Voluptates aurium tenacius me implicaverant et subiugaverant, sed resolvisti et liberasti me. Nunc in sonis, quos animant eloquia tua, cum suavi et artificiosa voce cantantur, fateor, aliquantulum adquiesco, non quidem ut hæream, sed ut surgam, cum volo. Attamen cum ipsis sententiis quibus vivunt ut admittantur ad me, quærunt in corde meo nonnullius dignitatis locum, et vix eis præbeo congruentem. Aliquando enim plus mihi videor honoris eis tribuere, quam decet, dum ipsis sanctis dictis religiosius et ardentius sentio moveri animos nostros in flammam pietatis, cum ita cantantur, quam si non ita cantarentur, et omnes affectus spiritus nostri pro sui diversitate habere proprios modos in voce atque cantu, quorum nescio qua occulta familiaritate excitentur. Sed delectatio carnis meæ, cui mentem enervandam non oportet dari, sæpe me fallit, dum rationi sensus non ita comitatur, ut patienter sit posterior, sed tantum, quia propter illam meruit admitti, etiam præcurrere ac ducere conatur. Ita in his pecco non sentiens et postea sentio.

33. 50. Aliquando autem hanc ipsam fallaciam immoderatius cavens erro nimia severitate, sed valde interdum, ut melos omnes cantilenarum suavium, quibus Davidicum psalterium frequentatur, ab auribus meis removeri velim atque ipsius Ecclesiæ, tutiusque mihi videtur, quod de Alexandrino episcopo Athanasio sæpe mihi dictum commemini, qui tam modico flexu vocis faciebat sonare lectorem psalmi, ut pronuntianti vicinior esset quam canenti. Verumtamen cum reminiscor lacrimas meas, quas fudi ad cantus ecclesiæ in primordiis recuperatæ fidei meæ, et nunc ipsum cum moveor non cantu, sed rebus quæ cantantur cum liquida voce et convenientissima modulatione cantantur, magnam instituti huius utilitatem rursus agnosco. Ita fluctuo inter periculum voluptatis et experimentum salubritatis magisque adducor non quidem irretractabilem sententiam proferens cantandi consuetudinem approbare in Ecclesia, ut per oblectamenta aurium infirmior animus in affectum pietatis assurgat. Tamen cum mihi accidit, ut me amplius cantus quam res, quæ canitur, moveat, pœnaliter me peccare confiteor et tunc mallem non audire cantantem. Ecce ubi sum! Flete mecum et pro me flete qui aliquid boni vobiscum

intus agitis, unde facta procedunt. Nam qui non agitis, non vos hæc movent. Tu autem, *Domine Deus meus, exaudi, respice et vide et miserere et sana me*, in cuius oculis mihi quæstio factus sum, et ipse est languor meus.

e) visus.

34. 51. Restat voluptas oculorum istorum carnis meæ, de qua loquar confessiones, quas audiant aures templi tui, aures fraternæ ac piæ, ut concludamus temptationes concupiscentiæ carnis, quæ me adhuc pulsant ingemescentem et *habitaculum* meum, *quod de cælo est, superindui* cupientem. Pulchras formas et varias, nitidos et amœnos colores amant oculi. Non teneant hæc animam meam; teneat eam Deus, qui fecit hæc *bona* quidem *valde*, sed ipse est bonum meum, non hæc. Et tangunt me vigilantem totis diebus, nec requies ab eis datur mihi, sicut datur a vocibus canoris, aliquando ab omnibus, in silentio. Ipsa enim regina colorum lux ista perfundens cuncta, quæ cernimus, ubiubi per diem fuero, multimodo adlapsu blanditur mihi aliud agenti et eam non advertenti. Insinuat autem se ita vehementer, ut, si repente subtrahatur, cum desiderio requiratur; et si diu absit, contristat animum.

34. 52. O lux, quam videbat Tobis, cum clausis istis oculis filium docebat vitæ viam et ei præibat pede caritatis nusquam errans; aut quam videbat Isaac prægravatis et opertis senectute carneis luminibus, cum filios non agnoscendo benedicere, sed benedicendo agnoscere meruit; aut quam videbat Iacob, cum et ipse præ grandi ætate captus oculis in filiis præsignata futuri populi genera luminoso corde radiavit et nepotibus suis ex Ioseph divexas mystice manus, non sicut pater eorum foris corrigebat, sed sicut ipse intus discernebat, imposuit. Ipsa est lux, una est et unum omnes, qui vident et amant eam. At ista corporalis, de qua loquebar, illecebrosa ac periculosa dulcedine condit vitam sæculi cæcis amatoribus. Cum autem et de ipsa laudare te norunt, *Deus creator omnium*, assumunt eam in hymno tuo, non assumuntur ab ea in somno suo: sic esse cupio. Resisto seductionibus oculorum, ne implicentur pedes mei, quibus ingredior viam tuam, et erigo ad te invisibiles oculos, ut tu evellas *de laqueo pedes meos.* Tu subinde evelles eos, nam illaqueantur. Tu non cessas evellere, ego autem crebro hæreo in ubique sparsis insidiis, quoniam non dormies neque dormitabis, qui custodis Israel.

34. 53. Quam innumerabilia variis artibus et opificiis in vestibus, calceamentis, vasis et cuiuscemodi fabricationibus, picturis etiam diversisque figmentis atque his usum

necessarium atque moderatum et piam significationem longe transgredientibus addiderunt homines ad illecebras oculorum, foras sequentes quod faciunt, intus relinquentes a quo facti sunt et exterminantes quod facti sunt. At ego, Deus meus et decus meum, etiam hinc tibi dico hymnum et sacrifico laudem sanctificatori meo, quoniam pulchra traiecta per animas in manus artificiosas ab illa pulchritudine veniunt, quæ super animas est, cui suspirat anima mea *die ac nocte*. Sed pulchritudinum exteriorum operatores et sectatores inde trahunt approbandi modum, non autem inde trahunt utendi modum. Et ibi est et non vident eum, ut non eant longius et fortitudinem suam ad te custodiant, nec eam spargant in deliciosas lassitudines. Ego autem hæc loquens atque discernens etiam istis pulchris gressum innecto, sed tu evellis, Domine, evellis tu, *quoniam misericordia tua ante oculos meos est*. Nam ego capior miserabiliter, et tu evellis misericorditer aliquando non sentientem, quia suspensius incideram, aliquando cum dolore, quia iam inhæseram.

B) Concupiscentia oculorum vel curiositas supervacanea.

35. 54. Huc accedit alia forma temptationis multiplicius periculosa. Præter enim concupiscentiam carnis, quæ inest in delectatione omnium sensuum et voluptatum, cui servientes depereunt qui longe se faciunt a te, inest animæ per eosdem sensus corporis quædam non se oblectandi in carne, sed experiendi per carnem vana et curiosa cupiditas nomine cognitionis et scientiæ palliata. Quæ quoniam in appetitu noscendi est, oculi autem sunt ad noscendum in sensibus principes, *concupiscentia oculorum* eloquio divino appellata est. Ad oculos enim proprie videre pertinet. Utimur autem hoc verbo etiam in ceteris sensibus, cum eos ad cognoscendum intendimus. Neque enim dicimus: Audi quid rutilet, aut: Olefac quam niteat, aut: Gusta quam splendeat, aut: Palpa quam fulgeat; videri enim dicuntur hæc omnia. Dicimus autem non solum: Vide quid luceat, quod soli oculi sentire possunt; sed etiam: Vide quid sonet, vide quid oleat, vide quid sapiat, vide quam durum sit. Ideoque generalis experientia sensuum *concupiscentia*, sicut dictum est, *oculorum* vocatur, quia videndi officium, in quo primatum oculi tenent, etiam ceteri sensus sibi de similitudine usurpant, cum aliquid cognitionis explorant.

35. 55. Ex hoc autem evidentius discernitur, quid voluptatis, quid curiositatis agatur per sensus, quod voluptas pulchra, canora, suavia, sapida, lenia sectatur, curiositas autem etiam his contraria temptandi causa non ad subeundam molestiam, sed

experiendi noscendique libidine. Quid enim voluptatis habet videre in laniato cadavere quod exhorreas? Et tamen sicubi iaceat, concurrunt, ut contristentur, ut palleant. Timent etiam, ne in somnis hoc videant, quasi quisquam eos vigilantes videre coegerit aut pulchritudinis ulla fama persuaserit. Ita et in ceteris sensibus, quæ persequi longum est. Ex hoc morbo cupiditatis in spectaculis exhibentur quæque miracula. Hinc ad perscrutanda naturæ, quæ præter nos est, operta proceditur, quæ scire nihil prodest et nihil aliud quam scire homines cupiunt. Hinc etiam, si quid eodem perversæ scientiæ fine per artes magicas quæritur. Hinc etiam in ipsa religione Deus temptatur, *cum signa et prodigia* flagitantur non ad aliquam salutem, sed ad solam experientiam desiderata.

35. 56. In hac tam immensa silva plena insidiarum et periculorum ecce multa præciderim et a meo corde dispulerim, sicuti donasti me facere, *Deus salutis meæ*; attamen quando audeo dicere, cum circumquaque quotidianam vitam nostram tam multa huius generis rerum circumstrepant, quando audeo dicere nulla re tali me intentum fieri ad spectandum et vana cura capiendum? Sane me iam theatra non rapiunt, nec curo nosse transitus siderum, nec anima mea umquam responsa quæsivit umbrarum; omnia sacrilega sacramenta detestor. A te, Domine Deus meus, cui humilem famulatum ac simplicem debeo, quantis mecum suggestionum machinationibus agit inimicus ut signum aliquod petam! Sed obsecro te per regem nostrum et patriam Hierusalem simplicem, castam, ut quemadmodum a me longe est ad ista consensio, ita sit semper longe atque longius. Pro salute autem cuiusquam cum te rogo, alius multum differens finis est intentionis meæ, et te facientem quod vis das mihi et dabis libenter sequi.

35. 57. Verumtamen in quam multis minutissimis et contemptibilibus rebus curiositas quotidie nostra temptetur et quam sæpe labamur, quis enumerat? Quotiens narrantes inania primo quasi toleramus, ne offendamus infirmos, deinde paulatim libenter advertimus. Canem currentem post leporem iam non specto, cum in circo fit; at vero in agro, si casu transeam, avertit me fortasse et ab aliqua magna cogitatione atque ad se convertit illa venatio, non deviare cogens corpore iumenti, sed cordis inclinatione, et nisi iam mihi demonstrata infirmitate mea cito admoneas aut ex ipsa visione per aliquam considerationem in te assurgere aut totum contemnere atque transire, vanus hebesco. Quid cum me domi sedentem stelio muscas captans vel aranea retibus suis irruentes implicans sæpe intentum facit?

LIBER DECIMUS

Num quia parva sunt animalia, ideo non res eadem geritur? Pergo inde ad laudandum te, creatorem mirificum atque ordinatorum rerum omnium, sed non inde esse intentus incipio. Aliud est cito surgere, aliud est non cadere. Et talibus vita mea plena est, et una spes mea magna valde misericordia tua. Cum enim huiuscemodi rerum conceptaculum fit cor nostrum et portat copiosæ vanitatis catervas, hinc et orationes nostræ sæpe interrumpuntur atque turbantur, et ante conspectum tuum, dum ad aures tuas vocem cordis intendimus, nescio unde irruentibus nugatoriis cogitationibus res tanta præciditur.

Lene iugum Dei.
C) Ambitio sæculi:

36. 58. Numquid etiam hoc inter contemnenda deputabimus aut aliquid nos reducet in spem nisi nota misericordia tua, quoniam cœpisti mutare nos? *Et tu scis*, quanta ex parte mutaveris, qui me primitus sanas a libidine vindicandi me, *ut propitius* fias etiam ceteris *omnibus iniquitatibus* meis et sanes *omnes languores* meos et redimas *de corruptione vitam* meam et corones me *in miseratione et misericordia* et saties *in bonis desiderium* meum, qui compressisti a timore tuo superbiam meam et mansuefecisti iugo tuo cervicem meam. Et nunc porto illud, et lene est mihi, quoniam sic promisisti et fecisti; et vere sic erat, et nesciebam, quando id subire metuebam.

a) officia;

36. 59. Sed numquid, Domine, qui solus sine typho dominaris, quia *solus* verus *Dominus es*, qui non habes dominum, numquid hoc quoque tertium temptationis genus cessavit a me aut cessare in hac tota vita potest, timeri et amari velle ab hominibus non propter aliud, sed ut inde sit gaudium, quod non est gaudium? Misera vita est et fœda iactantia. Hinc fit vel maxime non amare te nec caste timere te, ideoque tu *superbis resistis, humilibus autem das gratiam*, et intonas super ambitiones sæculi, et contremunt *fundamenta montium*. Itaque nobis, quoniam propter quædam humanæ societatis officia necessarium est amari et timeri ab hominibus, instat adversarius veræ beatitudinis nostræ ubique spargens in laqueis *euge, euge*, ut, dum avide colligimus, incaute capiamur et a veritate tua gaudium

nostrum deponamus atque in hominum fallacia ponamus, libeatque nos amari et timeri non propter te, sed pro te, atque isto modo sui similes factos secum habeat non ad concordiam caritatis, sed ad consortium supplicii, qui statuit sedem suam ponere in aquilone, ut te perversa et distorta via imitantis tenebrosi frigidique servirent. Nos autem, Domine, *pusillus grex* tuus ecce sumus, tu nos posside. Prætende alas tuas, et fugiamus sub eas. Gloria nostra tu esto; propter te amemur et verbum tuum timeatur in nobis. Qui laudari vult ab hominibus vituperante te, non defendetur ab hominibus iudicante te nec eripietur damnante te. Cum autem non *peccator laudatur in desideriis animæ suæ, nec qui iniqua gerit benedicetur*, sed laudatur homo propter aliquod donum, quod dedisti ei, at ille plus gaudet sibi laudari se quam ipsum donum habere, unde laudatur, etiam iste te vituperante laudatur, et melior iam ille, qui laudavit, quam iste, qui laudatus est. Illi enim placuit in homine donum Dei, huic amplius placuit donum hominis quam Dei.

B) laudes hominum;

37. 60. Temptamur his temptationibus quotidie, Domine, sine cessatione temptamur. Quotidiana fornax nostra est humana lingua. Imperas nobis et in hoc genere continentiam: da quod iubes et iube quod vis. Tu nosti de hac re ad te gemitum cordis mei et flumina oculorum meorum. Neque enim facile colligo, quam sim ab ista peste mundatior, et multum timeo occulta mea, quæ norunt oculi tui, mei autem non. Est enim qualiscumque in aliis generibus temptationum mihi facultas explorandi me, in hoc pæne nulla est. Nam et a voluptatibus carnis et a curiositate supervacanea cognoscendi video quantum assecutus sim posse refrenare animum meum, cum eis rebus careo vel voluntate vel cum absunt. Tunc enim me interrogo, quam magis minusve mihi molestum sit non habere. Divitiæ vero, quæ ob hoc expetuntur, ut alicui trium istarum cupiditatium vel duabus earum vel omnibus serviant, si persentiscere non potest animus, utrum eas habens contemnat, possunt et dimitti, ut se probet. Laude vero ut careamus atque in eo experiamur, quid possumus, numquid male vivendum est et tam perdite atque immaniter, ut nemo nos noverit, qui non detestetur? Quæ maior dementia dici aut cogitari potest? At si bonæ vitæ bonorumque operum comes et solet et debet esse laudatio, tam comitatum eius quam ipsam bonam vitam deseri non oportet. Non autem sentio, sine quo esse aut æquo animo aut ægre possim, nisi cum afuerit.

37. 61. Quid igitur tibi in hoc genere temptationis, Domine, confiteor? Quid, nisi delectari me laudibus? Sed amplius ipsa veritate quam laudibus. Nam si mihi proponatur, utrum malim furens aut in omnibus rebus errans ab omnibus hominibus laudari an constans et in veritate certissimus ab omnibus vituperari, video quid eligam. Verumtamen nollem, ut vel augeret mihi gaudium cuiuslibet boni mei suffragatio oris alieni. Sed auget, fateor, non solum, sed et vituperatio minuit. Et cum ista miseria mea perturbor, subintrat mihi excusatio, quæ qualis sit, *tu scis, Deus*; nam me incertum facit. Quia enim nobis imperasti non tantum continentiam, id est a quibus rebus amorem cohibeamus, verum etiam iustitiam, id est quo eum conferamus, nec te tantum voluisti a nobis verum etiam proximum diligi, sæpe mihi videor de provectu aut spe proximi delectari, cum bene intellegentis laude delector, et rursus eius malo contristari, cum eum audio vituperare quod aut ignorat aut bonum est. Nam et contristor aliquando laudibus meis, cum vel ea laudantur in me, in quibus mihi ipse displiceo, vel etiam bona minora et levia pluris æstimantur, quam æstimanda sunt. Sed rursus unde scio, an propterea sic afficior, quia nolo de me ipso a me dissentire laudatorem meum, non quia illius utilitate moveor, sed quia eadem bona, quæ mihi in me placent, iucundiora mihi sunt, cum et alteri placent? Quodam modo enim non ego laudor, cum de me sententia mea non laudatur, quandoquidem aut illa laudantur, quæ mihi displicent, aut illa amplius, quæ mihi minus placent. Ergone de hoc incertus sum mei?

37. 62. Ecce in te, Veritas, video non me laudibus meis propter me, sed propter proximi utilitatem moveri oportere. Et utrum ita sim, nescio. Minus mihi in hac re notus sum ipse quam tu. Obsecro te, Deus meus, et me ipsum mihi indica, ut confitear oraturis pro me fratribus meis, quod in me saucium comperero. Iterum me diligentius interrogem. Si utilitate proximi moveor in laudibus meis, cur minus moveor, si quisquam alius iniuste vituperetur quam si ego? Cur ea contumelia magis mordeor, quæ in me quam quæ in alium eadem iniquitate coram me iacitur? An et hoc nescio? Etiamne id restat, ut ipse me seducam et verum non faciam coram te in corde et lingua mea? Insaniam istam, Domine, longe fac a me, ne *oleum peccatoris mihi sit os meum ad impinguandum caput meum*.

CONFESSIONES

C) vana gloria;

38. 63 Egenus et pauper ego sum, et melior in occulto gemtu displicens mihi et quærens misericordiam tuam, donec reficiatur defectus meus et perficiatur usque in pacem, quam nescit arrogantis oculus. Sermo autem ore procedens et facta, quæ innotescunt hominibus, habent temptationem periculosissimam ab amore laudis, qui ad privatam quandam excellentiam contrahit emendicata suffragia: temptat, et cum a me in me arguitur, eo ipso, quo arguitur, et sæpe de ipso vanæ gloriæ contemptu vanius gloriatur, ideoque non iam de ipso contemptu gloriæ gloriatur: non enim eam contemnit, cum gloriatur.

39. 64 Intus etiam, intus est aliud in eodem genere temptationis malum, quo inanescunt qui placent sibi de se quamvis aliis vel non placeant vel displiceant nec placere affectent ceteris. Sed sibi placentes multum tibi displicent, non tantum de non bonis quasi bonis verum etiam de bonis tuis quasi suis, aut etiam sicut de tuis, sed tamquam de meritis suis, aut etiam sicut ex tua gratia, non tamen socialiter gaudentes, sed aliis invidentes eam. In his omnibus atque in huius modi periculis et laboribus vides tremorem cordis mei, et vulnera mea magis subinde a te sanari quam mihi non infligi sentio.

40. 65 Ubi non mecum ambulasti, veritas, docens, quid caveam et quid appetam, cum ad te refferrem inferiora visa mea, quæ potui, teque consulerem? Lustravi mundum foris sensu, quo potui, et adtendi vitam corporis mei de me sensusque ipsos meos. Inde ingressus sum in recessus memoriæ meæ, multiplices amplitudines plenas miris modis copiarum innumerabilium, et consideravi et expavi, et nihil eorum discernere potui sine te, et nihil eorum te esse inveni. Nec ego ipse inventor, qui peragravi omnia et distinguere et pro suis quæque dignitatibus æstimare conatus sum, excipiens alia nutantibus sensibus et interrogans, alia mecum conmixta sentiens, ipsosque nuntios dinoscens atque dinumerans, iamque in memoriæ latis opibus alia pertractans, alia recondens, alia eruens: nec ego ipse, cum hæc agerem, id est vis mea, qua id agebam, nec ipsa eras tu, quia lux es tu permanens quam de omnibus consulebam, an essent, quid essent, quanti pendenda essent: et audiebam docentem ac iubentem. Et sæpe istuc facio; hoc me delectant, et ab actionibus

necessitatis, quantum relaxari possum, ad istam voluptatem refugio. Neque in his omnibus quæ percurro consulens te, invenio tutum locum animæ meæ nisi in te, quo colligantur sparsa mea nec a te quicquam recedat ex me. Et aliquando intromittis me in affectum multum inusitatum introrsus ad nescio quam dulcedinem, quæ si perficiatur in me, nescio quod erit, quod vita ista non erit. Sed reccido in hæc ærumnosis ponderibus et resorbeor solitis, et teneor et multum fleo, sed multum teneor. Tantum consuetudinis sarcina digna est! Hic esse valeo nec volo, illic volo nec valeo, miser utrubique.

41. 66. Ideoque consideravi languores peccatorum meorum in cupiditate triplici, et dexteram tuam invocavi ad salutem meam. Vidi enim splendorem tuum corde saucio et repercussus dixi: quis illuc potest? Proiectus sum a facie oculorum tuorum. Tu es veritas super omnia præsidens. At ego per avaritiam meam non amittere te volui, sed volui tecum possidere mendacium, sicut nemo vult ita falsum dicere, ut nesciat ipse, quid verum sit. Itaque amisi te, quia non dignaris cum mendacio possideri.

42. 67. Quem invenirem, qui me reconciliaret tibi? Ambiendum mihi fuit ad angelos? Qua prece? Quibus sacramentis? Multi conantes ad te redire neque per se ipsos valentes sicut audio, temptaverunt hæc, et digni habiti sunt inlusionibus. Elati enim te quærebant doctrinæ fastu, exserentes potius quam tundentes pectora, et adduxerunt sibi per similitudinem cordis sui conspirantes et socias superbiæ suæ potestates æris huius, a quibus per potentias magicas deciperentur, quærentes mediatorem, per quam purgarentur, et non erat. Diabolus enim erat transfigurans se in angelum lucis. Et multum inlexit superbiam carnem, quod carneo corpore ipse non esset. Erant enim illi mortales et peccatores, tu autem Domine, cui reconciliari volebant, immortalis et sine peccato. Mediator autem inter Deum et homines opportebat ut haberet aliquid simile Deo, aliquid simile hominibus, ne in utroque hominibus similis longe esset a Deo, aut in utroque Deo similis longe esse ab hominibus, atque ita mediator non esset. Fallax itaque ille mediator, quo per secreta iudicia tua superbia meretur includi, unum cum hominibus habet, id est peccatum, aliud videri vult habere cum Deo, ut quia carnis mortalitate non tegitur, pro immortali se ostentet. Sed quia stipendium peccati mors est, hoc habet commune cum hominibus, unde simul damnetur in mortem.

43. 68. Verax autem mediator, quem secreta tua misericordia demonstrasti hominibus, et misisti, et eius exemplo etiam ipsam discerent humilitatem, mediator ille Dei et hominum, homo Christus Iesus, inter mortales peccatores et immortalem iustum apparuit, mortalis cum hominibus, iustus cum Deo, ut quoniam stipendium iustitiæ vita et pax es per iustitiam coniunctam deo evacuaret mortem iustificatorum inpiorum, quam cum ilis voluit habere conmunem. Hic demonstratus est antiquis sanctis, ut ita ipsi per fidem futuræ passionis eius, sicut nos per fidem præteritæ, salvi fierent. In quantum in enim homo, in tantum mediator, in quantum autem verbum non medius, quia æqualis Deo et Deus apud Deum et simul unus Deus.

43. 69. In quantum amasti pater bone, qui filio tuo unico non pepercisti, sed pro nobis inpiis tradidisti eum! Quomodo nos amasti, pro quibus ille non rapinam arbitratus esse æqualis tibi factus est subditus usque ad mortem crucis: unus ille in mortuis liber, potestatem habens ponendi animam suam et potestatem habens iterum sumendi eam, pro nobis tibi victor et victima, et ideo victor, quia victima, pro nobis tibi sacerdos et sacrificium, et ideo sacerdos quia sacrificium, faciens tibi nos de servis filios de te nascendo, tibi serviendo. Merito mihi spes valida in illo est, quod sanabis omnes languores meos per eum, qui sedet ad dexteram tuam et te interpellat pro nobis: alioquin desperarem. Multi enim et magni sunt iem languores, multi sunt et magni; sed amplior et medicina tua. Potuimus putare verbum tuum remotum esse a coniunctione hominis et desperare de nobis, nisi caro fieret et habitaret in nobis.

43. 70. Conterritus peccatis meis et mole miseriæ meæ, agitaveram corde meditatusque fueram fugam in solitudinem, sed prohibuisti me et confortasti me dicens: Ideo, Christus pro omnibus mortuus est, ut et qui vivunt iam non sibi vivant, sed ei quo pro omnibus mortuus est. Ecce, Domine, iacto in te curam meam, ut vivam, et considerabo mirabilia de lege tua. Tu scis inperitiam meam et infirmitatem meam: doce me et sana me. Ille tuus unicus in quo sunt omnes thesauri sapientiæ, et scientiæ absconditi, redemit me sanguine suo. Non columnientur mihi superbi, quoniam cogito pretium meum, et manduco et bibo, et erogo et pauper cupio saturari ex eo inter illos, qui edunt et saturantur: et laudabunt dominum qui requirunt eum.

LIBER UNDECIMUS

COMMENTATIO PRINCIPII, QUO DEUS DICITUR CÆLUM ET TERRAM CREAVISSE

Prœmium

1. 1. Numquid, Domine, cum tua sit æternitas, ignoras, quæ tibi dico, aut ad tempus vides quod fit in tempore? Cur ergo tibi tot rerum narrationes digero? Non utique ut per me noveris ea, sed affectum meum excito in te et eorum, qui hæc legunt, ut dicamus omnes: *Magnus Dominus et laudabilis valde*. Iam dixi et dicam: amore amoris tui facio istuc. Nam et oramus, et tamen Veritas ait: *Novit Pater vester quid vobis opus sit, priusquam petatis ab eo*. Affectum ergo nostrum patefacimus in te confitendo tibi miserias nostras et misericordias tuas *super nos*, ut liberes nos omnino, quoniam cœpisti, ut desinamus esse miseri in nobis et beatificemur in te, quoniam vocasti nos, ut simus pauperes spiritu et mites et lugentcs et esurientes ac sitientes iustitiam et misericordes et mundicordes et pacifici. Ecce narravi tibi multa, quæ potui et quæ volui, quoniam tu prior voluisti, ut confiterer tibi, *Domino Deo meo, quoniam bonus es, quoniam in sæculum misericordia tua*.

2. 2. Quando autem sufficio lingua calami enuntiare omnia hortamenta tua et omnes terrores tuos et consolationes et gubernationes, quibus me perduxisti prædicare verbum et sacramentum tuum dispensare populo tuo? Et si sufficio hæc enuntiare ex ordine, caro mihi valent stillæ temporum. Et olim inardesco meditari in lege tua et in ea tibi confiteri scientiam et imperitiam meam, primordia illuminationis tuæ et reliquias tenebrarum mearum, quousque devoretur a fortitudine infirmitas. Et nolo in aliud horæ diffluant, quas invenio liberas a necessitatibus reficiendi corporis et intentionis animi et servitutis, quam debemus hominibus et quam non debemus et tamen reddimus.

2. 3. Domine *Deus* meus, *intende orationi meæ*, et misericordia tua exaudiat desiderium meum, quoniam non mihi soli æstuat, sed usui vult esse fraternæ caritati: et vides in corde meo quia sic est. Sacrificem tibi famulatum cogitationis et linguæ meæ, et da quod *offeram tibi*. *Inops* enim *et pauper sum*, tu *dives in omnes invocantes te*, qui securus curam nostri geris. Circumcide ab omni temeritate omnique mendacio interiora et exteriora, labia mea. Sint castæ deliciæ meæ Scripturæ tuæ, nec fallar in eis nec fallam ex eis. *Domine, attende* et *miserere, Domine* Deus meus, lux cæcorum et virtus infirmorum statimque lux videntium et

CONFESSIONES

virtus fortium, attende animam meam et audi clamantem de profundo. Nam nisi adsint et in profundo aures tuæ, quo ibimus? Quo clamabimus? *Tuus est dies et tua est nox*: ad nutum tuum momenta transvolant. Largire inde spatium meditationibus nostris in abdita legis tuæ neque adversus pulsantes claudas eam. Neque enim frustra scribi voluisti tot paginarum opaca secreta, aut non habent illæ silvæ cervos suos recipientes se in eas et resumentes, ambulantes et pascentes, recumbentes et ruminantes. O Domine, *perfice me* et revela mihi eas. Ecce vox tua gaudium meum, vox tua super affluentiam voluptatum. Da quod amo: amo enim. Et hoc tu dedisti. Ne dona tua deseras nec herbam tuam spernas sitientem. Confitear tibi quidquid invenero in Libris tuis et *audiam vocem laudis* et te bibam et considerem *mirabilia de lege tua* ab usque principio, in quo fecisti *cælum et terram*, usque ad regnum tecum perpetuum sanctæ civitatis tuæ.

2. 4. *Domine, miserere mei et exaudi* desiderium meum. Puto enim, quod non sit de terra, non de auro et argento et lapidibus aut decoris vestibus aut honoribus et potestatibus aut voluptatibus carnis neque de necessariis corpori et huic vitæ peregrinationis nostræ, quæ omnia nobis apponuntur quærentibus regnum et iustitiam tuam. Vide, Deus meus, unde sit desiderium meum. *Narraverunt mihi iniusti delectationes, sed non sicut lex tua*, Domine. Ecce unde est desiderium meum. Vide, Pater, aspice et vide et approba, et placeat in conspectu misericordiæ tuæ invenire me gratiam ante te, ut aperiantur pulsanti mihi interiora sermonum tuorum. Obsecro per Dominum nostrum Iesum Christum Filium tuum, *virum dexteræ tuæ, Filium hominis, quem confirmasti tibi* Mediatorem tuum et nostrum, per quem nos quæsisti non quærentes te, quæsisti autem, ut quæreremus te, Verbum tuum, per quod fecisti omnia, in quibus et me, Unicum tuum, per quem vocasti in adoptionem populum credentium, in quo et me; per eum te obsecro, *qui sedet ad dexteram* tuam *et te interpellat pro nobis, in quo sunt omnes thesauri sapientiæ et scientiæ absconditi*. Ipsos quæro in Libris tuis. Moyses de illo scripsit: Hoc ipse ait, hoc Veritas ait.

In Verbo suo Deus omnia fecit

3. 5. Audiam et intellegam, quomodo *in principio* fecisti *cælum et terram*. Scripsit hoc Moyses, scripsit et abiit, transiit hinc a te ad te neque nunc ante me est. Nam si esset, tenerem eum et rogarem eum et per te obsecrarem, ut mihi ista panderet, et

præberem aures corporis mei sonis erumpentibus ex ore eius, et si hebræa voce loqueretur, frustra pulsaret sensum meum nec inde mentem meam quidquam tangeret; si autem Latine, scirem quid diceret. Sed unde scirem, an verum diceret? Quod si et hoc scirem, num ab illo scirem? Intus utique mihi, intus in domicilio cogitationis nec Hebræa nec Græca nec Latina nec barbara veritas sine oris et linguæ organis, sine strepitu syllabarum diceret: "Verum dicit" et ego statim certus confidenter illi homini tuo dicerem: "Verum dicis". Cum ergo illum interrogare non possim, te, quo plenus vera dixit, Veritas, rogo, te, Deus meus, rogo, *parce peccatis meis*, et qui illi servo tuo dedisti hæc dicere, da et mihi hæc intellegere.

4. 6. Ecce sunt cælum et terra, clamant, quod facta sint; mutantur enim atque variantur. Quidquid autem factum non est et tamen est, non est in eo quidquam, quod ante non erat: quod est mutari atque variari. Clamant etiam, quod se ipsa non fecerint: "Ideo sumus, quia facta sumus; non ergo eramus, antequam essemus, ut fieri possemus a nobis". Et vox dicentium est ipsa evidentia. Tu ergo, Domine, fecisti ea, qui pulcher es: pulchra sunt enim; qui bonus es: bona sunt enim; qui es: sunt enim. Nec ita pulchra sunt nec ita bona sunt nec ita sunt, sicut tu Conditor eorum, quo comparato nec pulchra sunt nec bona sunt nec sunt. Scimus hæc, gratias tibi, et scientia nostra scientiæ tuæ comparata ignorantia est.

5. 7. Quomodo autem fecisti *cælum et terram* et quæ machina tam grandis operationis tuæ? Non enim sicut homo artifex formans corpus de corpore arbitratu animæ valentis imponere utcumque speciem, quam cernit in semetipsa interno oculo (et unde hoc valeret, nisi quia tu fecisti eam?) et imponit speciem iam exsistenti et habenti, ut esset, veluti terræ aut lapidi aut ligno aut auro aut id genus rerum cuilibet. Et unde ista essent, nisi tu instituisses ea? Tu fabro corpus, tu animum membris imperitantem fecisti, tu materiam, unde facit aliquid, tu ingenium, quo artem capiat et videat intus quid faciat foris, tu sensum corporis, quo interprete traiciat ab animo ad materiam id quod facit, et renuntiet animo quid factum sit, ut ille intus consulat præsidentem sibi veritatem, an bene factum sit. Te laudant hæc omnia creatorem omnium. Sed tu quomodo facis ea? Quomodo fecisti, Deus, *cælum et terram*? Non utique in cælo neque in terra fecisti cælum et terram neque in ære aut in aquis, quoniam et hæc pertinent ad cælum et terram, neque in universo mundo fecisti universum mundum, quia non erat, ubi fieret, antequam fieret, ut esset. Nec manu tenebas aliquid, unde faceres cælum et terram: nam unde tibi hoc,

quod tu non feceras, unde aliquid faceres? Quid enim est, nisi quia tu es? Ergo dixisti *et facta sunt* atque in verbo tuo fecisti ea.

6. 8. Sed quomodo dixisti? Numquid illo modo, quo *facta est vox de nube dicens: Hic est Filius meus dilectus?* Illa enim vox acta atque transacta est, cœpta et finita. Sonuerunt syllabæ atque transierunt, secunda post primam, tertia post secundam atque inde ex ordine, donec ultima post ceteras silentiumque post ultimam. Unde claret atque eminet, quod creaturæ motus expressit eam serviens æternæ voluntati tuæ ipse temporalis. Et hæc ad tempus facta verba tua nuntiavit auris exterior menti prudenti, cuius auris interior posita est ad æternum verbum tuum. At illa comparavit hæc verba temporaliter sonantia cum æterno in silentio verbo tuo et dixit:"Aliud est longe, longe aliud est. Hæc longe infra me sunt nec sunt, quia fugiunt et prætereunt: *verbum autem* Dei mei supra me *manet in æternum*". Si ergo verbis sonantibus et prætereuntibus dixisti, ut fieret cælum et terra, atque ita fecisti cælum et terram, erat iam creatura corporalis ante cælum et terram, cuius motibus temporalibus temporaliter vox illa percurreret. Nullum autem corpus ante cælum et terram, aut si erat, id certe sine transitoria voce feceras, unde transitoriam vocem faceres, qua diceres ut fieret cælum et terra. Quidquid enim illud esset, unde talis vox fieret, nisi abs te factum esset, omnino non esset. Ut ergo fieret corpus, unde ista verba fierent, quo verbo a te dictum est?

7. 9. Vocas itaque nos ad intellegendum *Verbum*, Deum *apud te Deum*, quod sempiterne dicitur et eo sempiterne dicuntur omnia. Neque enim finitur, quod dicebatur, et dicitur aliud ut possint dici omnia, sed simul ac sempiterne omnia; alioquin iam tempus et mutatio et non vera æternitas nec vera immortalitas. Hoc novi, Deus meus, et *gratias ago*. Novi, confiteor tibi, Domine, mecumque novit et benedicit te quisquis ingratus non est certæ veritati. Novimus, Domine, novimus, quoniam in quantum quidque non est quod erat et est quod non erat, in tantum moritur et oritur. Non ergo quidquam verbi tui cedit atque succedit, quoniam vere immortale atque æternum est. Et ideo verbo tibi coæterno simul et sempiterne dicis omnia, quæ dicis, et fit, quidquid dicis ut fiat; nec aliter quam dicendo facis; nec tamen simul et sempiterna fiunt omnia, quæ dicendo facis.

8. 10. Cur, quæso, Domine Deus meus? Utcumque video, sed quomodo id eloquar nescio, nisi quia omne, quod esse incipit et esse desinit, tunc esse incipit et tunc

desinit, quando debuisse incipere vel desinere in æterna ratione cognoscitur, ubi nec incipit aliquid nec desinit. Ipsum est Verbum tuum, quod et principium est, quia et loquitur nobis. Sic in Evangelio per carnem ait, et hoc insonuit foris auribus hominum, ut crederetur et intus quæreretur et inveniretur in æterna veritate, ubi omnes discipulos bonus et solus magister docet. Ibi audio vocem tuam, Domine, dicentis mihi, quoniam ille loquitur nobis, qui docet nos, qui autem non docet nos, etiam si loquitur, non nobis loquitur. Quis porro nos docet nisi stabilis Veritas? Quia et per creaturam mutabilem cum admonemur, ad veritatem stabilem ducimur, ubi vere discimus, cum stamus et audimus eum *et gaudio* gaudemus *propter vocem sponsi*, reddentes nos, unde sumus. Et ideo principium quia nisi maneret, cum erraremus, non esset quo rediremus. Cum autem redimus ab errore, cognoscendo utique redimus; ut autem cognoscamus, docet nos, quia principium est et loquitur nobis.

9. 11. In hoc *principio*, Deus, fecisti *cælum et terram* in Verbo tuo, in Filio tuo, in virtute tua, in sapientia tua, in veritate tua miro modo dicens et miro modo faciens. Quis comprehendet? Quis enarrabit? Quid est illud, quod interlucet mihi et percutit cor meum sine læsione? Et inhorresco et inardesco: inhorresco, in quantum dissimilis ei sum, inardesco, in quantum similis ei sum. Sapientia, sapientia ipsa est, quæ interlucet mihi, discindens nubilum meum, quod me rursus cooperit deficientem ab ea caligine atque aggere pœnarum mearum, quoniam sic *infirmatus est in egestate vigor meus*, ut non sufferam bonum meum, donec tu, Domine, qui propitius factus es *omnibus iniquitatibus* meis, etiam sanes *omnes languores* meos, quia et redimes *de corruptione vitam* meam et coronabis me *in miseratione et misericordia* et satiabis *in bonis desiderium* meum, quoniam *renovabitur iuventus* mea *sicut aquilæ*. *Spe enim salvi facti sumus* et promissa tua *per patientiam exspectamus*. Audiat te intus sermocinantem qui potest; ego fidenter ex oraculo tuo clamabo: *Quam magnificata sunt opera tua, Domine, omnia in sapientia fecisti*! Et illa principium, et *in eo principio* fecisti *cælum et terram*.

De tempore

10. 12. Nonne ecce pleni sunt vetustatis suæ qui nobis dicunt: "Quid faciebat *Deus*, antequam faceret *cælum et terram*? Si enim vacabat, inquiunt, et non operabatur aliquid, cur non sic semper et deinceps, quemadmodum retro semper cessavit *ab*

opere? Si enim ullus motus in Deo novus exstitit et voluntas nova, ut creaturam conderet, quam numquam ante condiderat, quomodo iam vera æternitas, ubi oritur voluntas, quæ non erat? Neque enim voluntas Dei creatura est, sed ante creaturam, quia non crearetur aliquid nisi creatoris voluntas præcederet. Ad ipsam ergo Dei substantiam pertinet voluntas eius. Quod si exortum est aliquid in Dei substantia, quod prius non erat, non veraciter dicitur æterna illa substantia; si autem Dei voluntas sempiterna erat, ut esset creatura, cur non sempiterna et creatura?".

11. 13. Qui hæc dicunt, nondum te intellegunt, *o sapientia Dei*, lux mentium, nondum intellegunt, quomodo fiant, quæ per te atque in te fiunt, et conantur æterna sapere, sed adhuc in præteritis et futuris rerum motibus *cor eorum* volitat et adhuc *vanum est*. Quis tenebit illud et figet illud, ut paululum stet et paululum rapiat splendorem semper stantis æternitatis et comparet cum temporibus numquam stantibus et videat esse incomparabilem et videat longum tempus nisi ex multis prætereuntibus motibus, quæ simul extendi non possunt, longum non fieri; non autem præterire quidquam in æterno, sed totum esse præsens; nullum vero tempus totum esse præsens; et videat omne præteritum propelli ex futuro et omne futurum ex præterito consequi et omne præteritum ac futurum ab eo, quod semper est præsens, creari et excurrere? Quis tenebit cor hominis, ut stet et videat, quomodo stans dictet futura et præterita tempora nec futura nec præterita æternitas? Numquid *manus mea valet* hoc aut manus oris mei per loquelas agit tam grandem rem?

12. 14. Ecce respondeo dicenti:"Quid faciebat *Deus*, antequam faceret *cælum et terram*?" Respondeo non illud, quod quidam respondisse perhibetur ioculariter eludens quæstionis violentiam:"Alta, inquit, scrutantibus gehennas parabat". Aliud est videre, aliud est ridere. Hæc non respondeo. Libentius enim responderim:"Nescio, quod nescio" quam illud, unde irridetur qui alta interrogavit et laudatur qui falsa respondit. Sed dico te, Deus noster, omnis creaturæ creatorem et, si cæli et terræ nomine omnis creatura intellegitur, audenter dico: "Antequam faceret *Deus cælum et terram*, non faciebat aliquid". Si enim faciebat, quid nisi creaturam faciebat? Et utinam sic sciam, quidquid utiliter scire cupio, quemadmodum scio, quod nulla fiebat creatura, antequam fieret ulla creatura.

13. 15. At si cuiusquam volatilis sensus vagatur per imagines retro temporum et te, Deum omnipotentem et omnicreantem et omnitenentem, cæli et terræ artificem, *ab*

opere tanto, antequam id faceres, per innumerabilia sæcula cessasse miratur, evigilet atque attendat, quia falsa miratur. Nam unde poterant innumerabilia sæcula præterire, quæ ipse non feceras, cum sis omnium sæculorum auctor et conditor? Aut quæ tempora fuissent, quæ abs te condita non essent? Aut quomodo præterirent, si numquam fuissent? Cum ergo sis operator omnium temporum, si fuit aliquod tempus, antequam faceres *cælum et terram*, cur dicitur, quod *ab opere* cessabas? Id ipsum enim tempus tu feceras, nec præterire potuerunt tempora, antequam faceres tempora. Si autem ante cælum et terram nullum erat tempus, cur quæritur, quid tunc faciebas? Non enim erat tunc, ubi non erat tempus.

13. 16. Nec tu tempore tempora præcedis: alioquin non omnia tempora præcederes. Sed præcedis omnia præterita celsitudine semper præsentis æternitatis et superas omnia futura, quia illa futura sunt, et cum venerint, præterita erunt; *tu autem idem ipse es, et anni tui non deficiunt*. Anni tui nec eunt nec veniunt: isti enim nostri eunt et veniunt, ut omnes veniant. Anni tui omnes simul stant, quoniam stant, nec euntes a venientibus excluduntur, quia non transeunt; isti autem nostri omnes erunt, cum omnes non erunt. *Anni tui dies unus*, et dies tuus non quotidie, sed hodie, quia hodiernus tuus non cedit crastino; neque enim succedit hesterno. Hodiernus tuus æternitas: ideo coæternum genuisti, cui dixisti: *Ego hodie genui te*. Omnia tempora tu fecisti et ante omnia tempora tu es, nec aliquo tempore non erat tempus.

14. 17. Nullo ergo tempore non feceras aliquid, quia ipsum tempus tu feceras. Et nulla tempora tibi coæterna sunt, quia tu permanes; at illa si permanerent, non essent tempora. Quid est enim tempus? Quis hoc facile breviterque explicaverit? Quis hoc ad verbum de illo proferendum vel cogitatione comprehenderit? Quid autem familiarius et notius in loquendo commemoramus quam tempus? Et intellegimus utique, cum id loquimur, intellegimus etiam, cum alio loquente id audimus. Quid est ergo tempus? Si nemo ex me quærat, scio; si quærenti explicare velim, nescio; fidenter tamen dico scire me, quod, si nihil præteriret, non esset præteritum tempus, et si nihil adveniret, non esset futurum tempus, et si nihil esset, non esset præsens tempus. Duo ergo illa tempora, præteritum et futurum, quomodo sunt, quando et præteritum iam non est et futurum nondum est? Præsens autem si semper esset præsens nec in præteritum transiret, non iam esset tempus, sed æternitas. Si ergo præsens, ut tempus sit, ideo fit, quia in præteritum transit, quomodo et hoc esse dicimus, cui causa, ut sit, illa est, quia non erit, ut scilicet non

vere dicamus tempus esse, nisi quia tendit non esse?

15. 18. Et tamen dicimus longum tempus et breve tempus neque hoc nisi de præterito aut futuro dicimus. Præteritum tempus longum verbi gratia vocamus ante centum annos, futurum itidem longum post centum annos, breve autem præteritum sic, ut puta dicamus ante decem dies, et breve futurum post decem dies. Sed quo pacto longum est aut breve, quod non est? Præteritum enim iam non est et futurum nondum est. Non itaque dicamus:"Longum est", sed dicamus de præterito:"Longum fuit", et de futuro:"Longum erit". Domine meus, *lux mea*, nonne et hic veritas tua deridebit hominem? Quod enim longum fuit præteritum tempus, cum iam esset præteritum, longum fuit, an cum adhuc præsens esset? Tunc enim poterat esse longum, quando erat, quod esset longum: præteritum vero iam non erat; unde nec longum esse poterat, quod omnino non erat. Non ergo dicamus:"Longum fuit præteritum tempus" (neque enim inveniemus, quid fuerit longum, quando, ex quo præteritum est, non est), sed dicamus:"Longum fuit illud præsens tempus", quia cum præsens esset, longum erat. Nondum enim præterierat, ut non esset, et ideo erat, quod longum esse posset; postea vero quam præteriit, simul et longum esse destitit, quod esse destitit.

15. 19. Videamus ergo, anima humana, utrum præsens tempus possit esse longum: datum enim tibi est sentire moras atque metiri. Quid respondebis mihi? An centum anni præsentes longum tempus est? Vide prius, utrum possint præsentes esse centum anni. Si enim primus eorum annus agitur, ipse præsens est, nonaginta vero et novem futuri sunt, et ideo nondum sunt: si autem secundus annus agitur, iam unus est præteritus, alter præsens, ceteri futuri. Atque ita mediorum quemlibet centenarii huius numeri annum præsentem posuerimus; ante illum præteriti erunt, post illum futuri. Quocirca centum anni præsentes esse non poterunt. Vide saltem, utrum qui agitur unus ipse sit præsens. Et eius enim si primus agitur mensis, futuri sunt ceteri, si secundus, iam et primus præteriit et reliqui nondum sunt. Ergo nec annus, qui agitur, totus est præsens, et si non totus est præsens, non annus est præsens. Duodecim enim menses annus est, quorum quilibet unus mensis, qui agitur, ipse præsens est, ceteri aut præteriti aut futuri. Quamquam neque mensis, qui agitur, præsens est, sed unus dies; si primus, futuris ceteris, si novissimus, præteritis ceteris, si mediorum quilibet, inter præteritos et futuros.

15. 20. Ecce præsens tempus, quod solum inveniebamus longum appellandum, vix ad unius diei spatium contractum est. Sed discutiamus etiam ipsum, quia nec unus dies totus est præsens. Nocturnis enim et diurnis horis omnibus viginti quattuor expletur, quarum prima ceteras futuras habet, novissima præteritas, aliqua vero interiectarum ante se præteritas, post se futuras. Et ipsa una hora fugitivis particulis agitur: quidquid eius avolavit, præteritum est, quidquid ei restat, futurum. Si quid intellegitur temporis, quod in nullas iam vel minutissimas momentorum partes dividi possit, id solum est, quod præsens dicatur; quod tamen ita raptim a futuro in præteritum transvolat, ut nulla morula extendatur. Nam si extenditur, dividitur in præteritum et futurum: præsens autem nullum habet spatium. Ubi est ergo tempus, quod longum dicamus? An futurum? Non quidem dicimus:"longum est", quia nondum est quod longum sit, sed dicimus:"longum erit". Quando igitur erit? Si enim et tunc adhuc futurum erit, non erit longum, quia quid sit longum nondum erit; si autem tunc erit longum, cum ex futuro quod nondum est esse iam cœperit et præsens factum erit, ut possit esse quod longum sit, iam superioribus vocibus clamat præsens tempus longum se esse non posse.

16. 21. Et tamen, Domine, sentimus intervalla temporum et comparamus sibimet et dicimus alia longiora et alia breviora. Metimur etiam, quanto sit longius aut brevius illud tempus quam illud et respondemus duplum esse hoc vel triplum, illud autem simplum aut tantum hoc esse quantum illud. Sed prætereuntia metimur tempora, cum sentiendo metimur; præterita vero, quæ iam non sunt, aut futura, quæ nondum sunt, quis metiri potest, nisi forte audebit quis dicere metiri posse quod non est? Cum ergo præterit tempus, sentiri et metiri potest, cum autem præterierit, quoniam non est, non potest.

17. 22. Quæro, pater, non affirmo: Deus meus, præside mihi *et rege me*. Quisnam est, qui dicat mihi non esse tria tempora, sicut pueri didicimus puerosque docuimus, præteritum, præsens et futurum, sed tantum præsens, quoniam illa duo non sunt? An et ipsa sunt, sed ex aliquo procedit occulto, cum ex futuro fit præsens, et in aliquod recedit occultum, cum ex præsenti fit præteritum? Nam ubi ea viderunt qui futura cecinerunt, si nondum sunt? Neque enim potest videri id quod non est. Et qui narrant præterita, non utique vera narrarent, si animo illa non cernerent; quæ si nulla essent, cerni omnino non possent. Sunt ergo et futura et præterita.

18. 23. Sine me, *Domine*, amplius quærere, *spes mea*; non conturbetur intentio mea. Si enim sunt futura et præterita, volo scire, ubi sint. Quod si nondum valeo, scio tamen, ubicumque sunt, non ibi ea futura esse aut præterita, sed præsentia. Nam si et ibi futura sunt, nondum ibi sunt, si et ibi præterita sunt, iam non ibi sunt. Ubicumque ergo sunt, quæcumque sunt, non sunt nisi præsentia. Quamquam præterita cum vera narrantur, ex memoria proferuntur non res ipsæ, quæ præterierunt, sed verba concepta ex imaginibus earum, quæ in animo velut vestigia per sensus prætereundo fixerunt. Pueritia quippe mea, quæ iam non est, in tempore præterito est, quod iam non est; imaginem vero eius, cum eam recolo et narro, in præsenti tempore intueor, quia est adhuc in memoria mea. Utrum similis sit causa etiam prædicendorum futurorum, ut rerum, quæ nondum sunt, iam exsistentes præsentiantur imagines, confiteor, Deus meus, nescio. Illud sane scio, nos plerumque præmeditari futuras actiones nostras eamque præmeditationem esse præsentem, actionem autem, quam præmeditamur, nondum esse, quia futura est; quam cum aggressi fuerimus et quod præmeditabamur agere cœperimus, tunc erit illa actio, quia tunc non futura, sed præsens erit.

18. 24. Quoquo modo se itaque habeat arcana præsensio futurorum, videri nisi quod est non potest. Quod autem iam est, non futurum sed præsens est. Cum ergo videri dicuntur futura, non ipsa, quæ nondum sunt, id est quæ futura sunt, sed eorum causæ vel signa forsitan videntur, quæ iam sunt; ideo non futura, sed præsentia sunt iam videntibus, ex quibus futura prædicantur animo concepta. Quæ rursus conceptiones iam sunt, et eas præsentes apud se intuentur qui illa prædicunt. Loquatur mihi aliquod exemplum tanta rerum numerositas. Intueor auroram: oriturum solem prænuntio. Quod intueor, præsens est, quod prænuntio, futurum; non sol futurus, qui iam est, sed ortus eius, qui nondum est; tamen etiam ortum ipsum nisi animo imaginarer, sicut modo cum id loquor, non eum possem prædicere. Sed nec illa aurora, quam in cælo video, solis ortus est, quamvis eum præcedat, nec illa imaginatio in animo meo; quæ duo præsentia cernuntur, ut futurus ille ante dicatur. Futura ergo nondum sunt, et si nondum sunt, non sunt, et si non sunt, videri omnino non possunt; sed prædici possunt ex præsentibus, quæ iam sunt et videntur.

19. 25. Tu, itaque, regnator creaturæ tuæ, quis est modus, quo doces animas ea quæ futura sunt? Docuisti enim Prophetas tuos. Quisnam ille modus est, quo doces futura, cui futurum quidquam non est? Vel potius de futuris doces præsentia? Nam

LIBER UNDECIMUS

quod non est, nec doceri utique potest. Nimis longe est modus iste ab acie mea; *invaluit ex me non potero ad* illum; potero autem ex te, cum dederis tu, *dulce lumen* occultorum *oculorum meorum.*

20. 26. Quod autem nunc liquet et claret, nec futura sunt nec præterita, nec proprie dicitur: tempora sunt tria, præteritum, præsens et futurum, sed fortasse proprie diceretur: tempora sunt tria, præsens de præteritis, præsens de præsentibus, præsens de futuris. Sunt enim hæc in anima tria quædam et alibi ea non video, præsens de præteritis memoria, præsens de præsentibus contuitus, præsens de futuris exspectatio. Si hæc permittimur dicere, tria tempora video fateorque, tria sunt. Dicatur etiam:"Tempora sunt tria, præteritum, præsens et futurum", sicut abutitur consuetudo; dicatur. Ecce non curo nec resisto nec reprehendo, dum tamen intellegatur quod dicitur, neque id, quod futurum est, esse iam, neque id, quod præteritum est. Pauca sunt enim, quæ proprie loquimur, plura non proprie, sed agnoscitur quid velimus.

21. 27. Dixi ergo paulo ante, quod prætereuntia tempora metimur, ut possimus dicere duplum esse hoc temporis ad illud simplum aut tantum hoc quantum illud et si quid aliud de partibus temporum possumus renuntiare metiendo. Quocirca, ut dicebam, prætereuntia metimur tempora, et si quis mihi dicat:"Unde scis?", respondeam:"Scio, quia metimur, nec metiri quæ non sunt possumus, et non sunt præterita vel futura". Præsens vero tempus quomodo metimur, quando non habet spatium? Metimur ergo, cum præterit, cum autem præterierit, non metitur; quid enim metiatur, non erit. Sed unde et qua et quo præterit, cum metitur? Unde nisi ex futuro? Qua nisi per præsens? Quo nisi in præteritum? Ex illo ergo, quod nondum est, per illud, quod spatio caret, in illud, quod iam non est. Quid autem metimur nisi tempus in aliquo spatio? Neque enim dicimus simpla et dupla et tripla et æqualia et si quid hoc modo in tempore dicimus nisi spatia temporum. In quo ergo spatio metimur tempus præteriens? Utrum in futuro, unde præterit? Sed quod nondum est, non metimur. An in præsenti, qua præterit? Sed nullum spatium non metimur. An in præterito, quo præterit? Sed quod iam non est, non metimur.

22. 28. Exarsit animus meus nosse istuc implicatissimum ænigma. Noli claudere, Domine Deus meus, bone Pater, per Christum obsecro, noli claudere desiderio meo ista et usitata et abdita, quominus in ea penetret et dilucescant allucente

183

misericordia tua, Domine. Quem percontabor de his? Et cui fructuosius confitebor imperitiam meam nisi tibi, cui non sunt molesta studia mea flammantia vehementer in Scripturas tuas? Da quod amo: amo enim, et hoc tu dedisti. Da, Pater, qui vere nosti *data bona dare filiis tuis*, da, quoniam suscepi cognoscere et *labor est ante me*, donec aperias. Per Christum obsecro, in nomine eius sancti sanctorum nemo mihi obstrepat. *Et ego credidi, propter quod* et loquor. Hæc est spes mea; ad hanc vivo, *ut contempler delectationem Domini. Ecce veteres posuisti dies meos* et transeunt, et quomodo, nescio. Et dicimus tempus et tempus, tempora et tempora:"Quandiu dixit hoc ille","Quandiu fecit hoc ille" et:"Quam longo tempore illud non vidi", et:"Duplum temporis habet hæc syllaba ad illam simplam brevem". Dicimus hæc et audivimus hæc et intellegimur et intellegimus. Manifestissima et usitatissima sunt, et eadem rursus nimis latent et nova est inventio eorum.

23. 29. Audivi a quodam homine docto, quod solis et lunæ ac siderum motus ipsa sint tempora, et non adnui. Cur enim non potius omnium corporum motus sint tempora? An vero, si cessarent cæli lumina et moveretur rota figuli, non esset tempus, quo metiremur eos gyros et diceremus aut æqualibus morulis agi, aut si alias tardius, alias velocius moveretur, alios magis diuturnos esse, alios minus? Aut cum hæc diceremus, non et nos in tempore loqueremur aut essent in verbis nostris aliæ longæ syllabæ, aliæ breves, nisi quia illæ longiore tempore sonuissent, istæ breviore? Deus, dona hominibus videre in parvo communes notitias rerum parvarum atque magnarum. Sunt sidera et luminaria cæli in signis et in temporibus et in diebus et in annis. Sunt vero; sed nec ego dixerim circuitum illius ligneolæ rotæ diem esse, nec tamen ideo tempus non esse ille dixerit.

23. 30. Ego scire cupio vim naturamque temporis, quo metimur corporum motus et dicimus illum motum verbi gratia tempore duplo esse diuturniorem quam istum. Nam quæro, quoniam dies dicitur non tantum mora solis super terram, secundum quod aliud est dies, aliud nox, sed etiam totius eius circuitus ab Oriente usque Orientem, secundum quod dicimus:"Tot dies transierunt" (cum suis enim noctibus dicuntur tot dies, nec extra reputantur spatia noctium) quoniam ergo dies expletur motu solis atque circuitu ab Oriente usque Orientem, quæro, utrum motus ipse sit dies an mora ipsa, quanta peragitur, an utrumque. Si enim primum dies esset, dies ergo esset, etiamsi tanto spatio temporis sol cursum illum peregisset, quantum est horæ unius. Si secundum, non ergo esset dies, si ab ortu solis usque in ortum

alterum tam brevis mora esset, quam est horæ unius, sed vicies et quater circuiret sol, ut expleret diem. Si utrumque, nec ille appellaretur dies, si horæ spatio sol totum suum gyrum circuiret, nec ille, si sole cessante tantum temporis præteriret, quanto peragere sol totum ambitum de mane in mane assolet. Non itaque nunc quæram, quid sit illud, quod vocatur dies, sed quid sit tempus, quo metientes solis circuitum diceremus eum dimidio spatio temporis peractum minus quam solet, si tanto spatio temporis peractus esset, quanto peraguntur horæ duodecim, et utrumque tempus comparantes diceremus illud simplum, hoc duplum, etiamsi aliquando illo simplo, aliquando isto duplo sol ab Oriente usque Orientem circuiret. Nemo ergo mihi dicat cælestium corporum motus esse tempora, quia et cuiusdam voto cum sol stetisset, ut victoriosum prœlium perageret, sol stabat, sed tempus ibat. Per suum quippe spatium temporis, quod ei sufficeret, illa pugna gesta atque finita est. Video igitur tempus quamdam esse distentionem. Sed video? An videre mihi videor? Tu demonstrabis, Lux, Veritas.

24. 31. Iubes ut approbem, si quis dicat tempus esse motum corporis? Non iubes. Nam corpus nullum nisi in tempore moveri audio: tu dicis. Ipsum autem corporis motum tempus esse non audio: non tu dicis. Cum enim movetur corpus, tempore metior, quandiu moveatur, ex quo moveri incipit, donec desinat. Et si non vidi, ex quo cœpit, et perseverat moveri, ut non videam, cum desinit, non valeo metiri, nisi forte ex quo videre incipio, donec desinam. Quod si diu video, tantummodo longum tempus esse renuntio, non autem, quantum sit, quia et quantum cum dicimus, collatione dicimus, velut:"Tantum hoc, quantum illud", aut:"Duplum hoc ad illud", et si quid aliud isto modo. Si autem notare potuerimus locorum spatia, unde et quo veniat corpus, quod movetur, vel partes eius, si tamquam in torno movetur, possumus dicere, quantum sit temporis, ex quo ab illo loco usque ad illum locum motus corporis vel partis eius effectus est. Cum itaque aliud sit motus corporis, aliud, quo metimur quandiu sit, quis non sentiat, quid horum potius tempus dicendum sit? Nam si et varie corpus aliquando movetur, aliquando stat, non solum motum eius, sed etiam statum tempore metimur et dicimus:"Tantum stetit, quantum motum est", aut:"Duplo vel triplo stetit ad id quod motum est" et si quid aliud nostra dimensio sive comprehcnderit sive existimaverit, ut dici solet plus minus. Non est ergo tempus corporis motus.

CONFESSIONES

25. 32. *Et confiteor tibi, Domine,* ignorare me adhuc, quid sit tempus, et rursus *confiteor tibi, Domine,* scire me in tempore ista dicere et diu me iam loqui de tempore atque ipsum diu non esse diu nisi mora temporis. Quomodo igitur hoc scio, quando quid sit tempus nescio? An forte nescio, quemadmodum dicam quod scio? Ei mihi, qui nescio saltem quid nesciam! Ecce, Deus meus, *coram te, quia non mentior;* sicut loquor, ita est cor meum. Tu illuminabis *lucernam meam, Domine, Deus meus,* illuminabis *tenebras meas.*

26. 33. Nonne tibi confitetur anima mea confessione veridica metiri me tempora? Itane, Deus meus, metior et quid metiar nescio. Metior motum corporis tempore. Item ipsum tempus nonne metior? An vero corporis motum metirer, quandiu sit et quandiu hinc illuc perveniat, nisi tempus, in quo movetur, metirer? Ipsum ergo tempus unde metior? An tempore breviore metimur longius sicut spatio cubiti spatium transtri? Sic enim videmur spatio brevis syllabæ metiri spatium longæ syllabæ atque id duplum dicere. Ita metimur spatia carminum spatiis versuum, et spatia versuum spatiis pedum, et spatia pedum spatiis syllabarum, et spatia longarum spatiis brevium, non in paginis (nam eo modo loca metimur, non tempora) sed cum voces pronuntiando transeunt et dicimus:"Longum carmen est, nam tot versibus contexitur; longi versus, nam tot pedibus constant; longi pedes, nam tot syllabis tenduntur; longa syllaba est, nam dupla est ad brevem." Sed neque ita comprehenditur certa mensura temporis, quandoquidem fieri potest, ut ampliore spatio temporis personet versus brevior, si productius pronuntietur, quam longior, si correptius. Ita carmen, ita pes, ita syllaba. Inde mihi visum est nihil esse aliud tempus quam distentionem: sed cuius rei, nescio, et mirum, si non ipsius animi. Quid enim metior, obsecro, Deus meus, et dico aut indefinite:"Longius est hoc tempus quam illud", aut etiam definite:"Duplum est hoc ad illud?". Tempus metior, scio; sed non metior futurum, quia nondum est, non metior præsens, quia nullo spatio tenditur, non metior præteritum, quia iam non est. Quid ergo metior? An prætereuntia tempora, non præterita? Sic enim dixeram.

27. 34. Insiste, anime meus, et attende fortiter: *Deus adiutor noster, ipse fecit nos, et non nos.* Attende, ubi albescit veritas. Ecce puta vox corporis incipit sonare et sonat et adhuc sonat et ecce desinit, iamque silentium est, et vox illa præterita est et non est iam vox. Futura erat, antequam sonaret, et non poterat metiri, quia nondum erat, et nunc non potest, quia iam non est. Tunc ergo poterat, cum sonabat, quia tunc

erat, quæ metiri posset. Sed et tunc non stabat; ibat enim et præteribat. An ideo magis poterat? Præteriens enim tendebatur in aliquod spatium temporis, quo metiri posset, quoniam præsens nullum habet spatium. Si ergo tunc poterat, ecce puta altera cœpit sonare et adhuc sonat continuato tenore sine ulla distinctione: metiamur eam, dum sonat; cum enim sonare cessaverit, iam præterita erit et non erit, quæ possit metiri. Metiamur plane et dicamus quanta sit. Sed adhuc sonat nec metiri potest nisi ab initio sui, quo sonare cœpit, usque ad finem, quo desinit. Ipsum quippe intervallum metimur ab aliquo initio usque ad aliquem finem. Quapropter vox, quæ nondum finita est, metiri non potest, ut dicatur, quam longa vel brevis sit, nec dici aut æqualis alicui aut ad aliquam simpla vel dupla vel quid aliud. Cum autem finita fuerit, iam non erit. Quo pacto igitur metiri poterit? Et metimur tamen tempora, nec ea, quæ nondum sunt, nec ea, quæ iam non sunt, nec ea, quæ nulla mora extenduntur, nec ea, quæ terminos non habent. Nec futura ergo nec præterita nec præsentia nec prætereuntia tempora metimur et metimur tamen tempora.

27. 35. *Deus creator omnium* : versus iste octo syllabarum brevibus et longis alternat syllabis; quattuor itaque breves, prima, tertia, quinta, septima, simplæ sunt ad quattuor longas, secundam, quartam, sextam, octavam. Hæ singulæ ad illas singulas duplum habent temporis; pronuntio et renuntio, et ita est, quantum sentitur sensu manifesto. Quantum sensus manifestus est, brevi syllaba longam metior eamque sentio habere bis tantum. Sed cum altera post alteram sonat, si prior brevis, longa posterior, quomodo tenebo brevem et quomodo eam longæ metiens applicabo, ut inveniam, quod bis tantum habeat, quandoquidem longa sonare non incipit, nisi brevis sonare destiterit? Ipsamque longam num præsentem metior, quando nisi finitam non metior? Eius autem finitio præteritio est. Quid ergo est, quod metior? Ubi est qua metior brevis? Ubi est longa, quam metior? Ambæ sonuerunt, avolaverunt, præterierunt, iam non sunt; et ego metior fidenterque respondeo, quantum exercitato sensu fiditur, illam simplam esse, illam duplam, in spatio scilicet temporis. Neque hoc possum, nisi quia præterierunt et finitæ sunt. Non ergo ipsas, quæ iam non sunt, sed aliquid in memoria mea metior, quod infixum manet.

27. 36. In te, anime meus, tempora metior. Noli mihi obstrepere, quod est: noli tibi obstrepere turbis affectionum tuarum. In te, inquam, tempora metior. Affectionem, quam res prætereuntes in te faciunt et, cum illæ præterierint, manet, ipsam metior præsentem, non ea quæ præterierunt, ut fieret; ipsam metior, cum tempora metior.

CONFESSIONES

Ergo aut ipsa sunt tempora, aut non tempora metior. Quid cum metimur silentia et dicimus illud silentium tantum tenuisse temporis, quantum illa vox tenuit, nonne cogitationem tendimus ad mensuram vocis, quasi sonaret, ut aliquid de intervallis silentiorum in spatio temporis renuntiare possimus? Nam et voce atque ore cessante peragimus cogitando carmina et versus et quemque sermonem motionumque dimensiones quaslibet et de spatiis temporum, quantum illud ad illud sit, renuntiamus non aliter, ac si ea sonando diceremus. Voluerit aliquis edere longiusculam vocem et constituerit præmeditando, quam longa futura sit, egit utique iste spatium temporis in silentio memoriæque commendans cœpit edere illam vocem, quæ sonat, donec ad propositum terminum perducatur: immo sonuit et sonabit; nam quod eius iam peractum est, utique sonuit, quod autem restat, sonabit atque ita peragitur, dum præsens intentio futurum in præteritum traicit deminutione futuri crescente præterito, donec consumptione futuri sit totum præteritum.

28. 37. Sed quomodo minuitur aut consumitur futurum, quod nondum est, aut quomodo crescit præteritum, quod iam non est, nisi quia in animo, qui illud agit, tria sunt? Nam et exspectat et attendit et meminit, ut id quod exspectat per id quod attendit transeat in id quod meminerit. Quis igitur negat futura nondum esse? Sed tamen iam est in animo exspectatio futurorum. Et quis negat præterita iam non esse? Sed tamen adhuc est in animo memoria præteritorum. Et quis negat præsens tempus carere spatio, quia in puncto præterit? Sed tamen perdurat attentio, per quam pergat abesse quod aderit. Non igitur longum tempus futurum, quod non est, sed longum futurum longa exspectatio futuri est, neque longum præteritum tempus, quod non est, sed longum præteritum longa memoria præteriti est.

28. 38. Dicturus sum canticum, quod novi: antequam incipiam, in totum exspectatio mea tenditur, cum autem cœpero, quantum ex illa in præteritum decerpsero, tenditur et memoria mea, atque distenditur vita huius actionis meæ in memoriam propter quod dixi et in exspectationem propter quod dicturus sum; præsens tamen adest attentio mea, per quam traicitur quod erat futurum, ut fiat præteritum. Quod quanto magis agitur et agitur, tanto breviata exspectatione prolongatur memoria, donec tota exspectatio consumatur, cum tota illa actio finita transierit in memoriam. Et quod in toto cantico, hoc in singulis particulis eius fit atque in singulis syllabis eius, hoc in actione longiore, cuius forte particula est illud canticum, hoc in tota vita hominis, cuius partes sunt omnes actiones hominis, hoc in toto sæculo *filiorum*

LIBER UNDECIMUS

hominum, cuius partes sunt omnes vitæ hominum.

Conclusio

29. 39. Sed *quoniam melior est misericordia tua super vitas*, ecce distentio est vita mea, *et me suscepit dextera tua* in Domino meo, mediatore Filio hominis inter te unum et nos multos, in multis per multa, ut per eum *apprehendam, in quo et apprehensus sum*, et a veteribus diebus colligar sequens unum, *præterita oblitus*, non in ea quæ futura et transitura sunt, sed *in ea quæ ante sunt* non distentus, sed *extentus*, non secundum distentionem, sed secundum intentionem *sequor ad palmam supernæ vocationis*, ubi *audiam vocem laudis* et *contempler delectationem* tuam, nec venientem nec prætereuntem. Nunc vero *anni mei in gemitibus*, et tu solacium meum, Domine, Pater meus æternus es; at ego in tempora dissilui, quorum ordinem nescio, et tumultuosis varietatibus dilaniantur cogitationes meæ, intima viscera animæ meæ, donec in te confluam purgatus et liquidus igne amoris tui.

30. 40. Et stabo atque solidabor in te in forma mea, veritate tua, nec patiar quæstiones hominum, qui pœnali morbo plus sitiunt, quam capiunt, et dicunt: "Quid faciebat *Deus*, antequam faceret *cælum et terram*?", aut: "Quid ei venit in mentem, ut aliquid faceret, cum antea numquam aliquid fecerit?". Da illis, Domine, bene cogitare, quid dicant, et invenire, quia non dicitur numquam, ubi non est tempus. Qui ergo dicitur numquam fecisse, quid aliud dicitur nisi nullo tempore fecisse? Videant itaque nullum tempus esse posse sine creatura et desinant istam vanitatem loqui. Extendantur etiam *in ea, quæ ante sunt*, et intellegant te ante omnia tempora æternum creatorem omnium temporum neque ulla tempora tibi esse coæterna nec ullam creaturam, etiamsi est aliqua supra tempora.

31. 41. Domine Deus meus, quis ille sinus est alti secreti tui et quam longe inde me proiecerunt consequentia delictorum meorum? Sana oculos meos, et congaudeam luci tuæ. Certe si est tam grandi scientia et præscientia pollens animus, cui cuncta præterita et futura ita nota sint, sicut mihi unum canticum notissimum, nimium mirabilis est animus iste atque ad horrorem stupendus, quippe quem ita non lateat quidquid peractum et quidquid reliquum sæculorum est, quemadmodum me non latet cantantem illud canticum, quid et quantum eius abierit ab exordio, quid et quantum restet ad finem. Sed absit, ut tu, conditor universitatis, conditor animarum et corporum, absit, ut ita noveris omnia futura et præterita. Longe tu, longe

mirabilius longeque secretius. Neque enim sicut nota cantantis notumve canticum audientis exspectatione vocum futurarum et memoria præteritarum variatur affectus sensusque distenditur, ita tibi aliquid accidit incommutabiliter æterno, hoc est vere æterno creatori mentium. Sicut ergo nosti *in principio cælum et terram* sine varietate notitiæ tuæ, ita fecisti *in principio cælum et terram* sine distentione actionis tuæ. Qui intellegit, confiteatur tibi, et qui non intellegit, confiteatur tibi. O quam excelsus es, et *humiles corde* sunt domus tua! Tu enim erigis elisos, et non cadunt, quorum celsitudo tu es.

LIBER DUODECIMUS

COMMENTATIO CÆLI ET TERRÆ, QUÆ DEUS DICITUR FECISSE

Duæ primæ creaturæ

Inopes sumus, sed Deus pro nobis.

1. 1. Multa satagit cor meum, Domine, in hac inopia vitæ meæ pulsatum verbis sanctæ Scripturæ tuæ, et ideo plerumque in sermone copiosa est egestas humanæ intellegentiæ, quia plus loquitur inquisitio quam inventio et longior est petitio quam impetratio et operosior est manus pulsans quam sumens. Tenemus promissum: quis corrumpet illud? *Si Deus pro nobis, quis contra nos? Petite, et accipietis; quærite, et invenietis; pulsate, et aperietur vobis. Omnis enim, qui petit, accipit et quærens inveniet et pulsanti aperietur*. Promissa tua sunt, et quis falli timeat, cum promittit Veritas?

Cælum cæli, quod dicitur.

2. 2. Confitetur altitudini tuæ humilitas linguæ meæ, quoniam tu fecisti cælum et terram; hoc cælum, quod video, terramque, quam calco, unde est hæc terra, quam porto; tu fecisti. Sed ubi est cælum cæli, Domine, de quo audivimus in voce Psalmi: *Cælum cæli Domino; terram autem dedit filiis hominum*? Ubi est cælum, quod non cernimus, cui terra est hoc omne, quod cernimus? Hoc enim totum corporeum non ubique totum ita cepit speciem pulchram in novissimis, cuius fundus est terra nostra, sed ad illud *cælum cæli* etiam terræ nostræ cælum terra est. Et hoc utrumque magnum corpus non absurde terra est ad illud nescio quale *cælum*, quod *Domino* est, non *filiis hominum*.

Terra, tenebris et abysso materia informis significatur.

3. 3. Et nimirum hæc *terra erat invisibilis et incomposita* et nescio qua profunditas abyssi, super quam non erat lux, quia nulla species erat illi; unde iussisti, ut scriberetur, quod *tenebræ erant super abyssum*; quid aliud quam lucis absentia? Ubi enim lux esset, si esset, nisi super esset eminendo et illustrando? Ubi ergo lux nondum erat, quid erat adesse tenebras nisi abesse lucem? Super itaque erant tenebræ, quia super lux aberat, sicut sonus ubi non est, silentium est. Et quid est esse

ibi silentium nisi sonum ibi non esse? Nonne tu, Domine, docuisti hanc animam, quæ tibi confitetur? Nonne tu, Domine, *docuisti me*, quod, priusquam istam informem materiam formares atque distingueres, non erat aliquid, non color, non figura, non corpus, non spiritus? Non tamen omnino nihil: erat quædam informitas sine ulla specie.

Usitatis vocabulis notio quædam obscura insinuatur.

4. 4. Quid ergo vocaretur, quo etiam sensu tardioribus utcumque insinuaretur, nisi usitato aliquo vocabulo? Quid autem in omnibus mundi partibus reperiri potest propinquius informitati omnimodæ quam terra et abyssus? Minus enim speciosa sunt pro suo gradu infimo quam cetera superiora perlucida et luculenta omnia. Cur ergo non accipiam informitatem materiæ, quam sine specie feceras, unde speciosum mundum faceres, ita commode hominibus intimatam, ut appellaretur *terra invisibilis et incomposita*?

Mens dubia nutat.

5. 5. Ut cum in ea quærit cogitatio, quid sensus attingat, et dicit sibi: "Non est intellegibilis forma sicut vita, sicut iustitia, quia materies est corporum, neque sensibilis, quoniam quid videatur et quid sentiatur in invisibili et incomposita non est", dum sibi hæc dicit humana cogitatio, conetur eam vel nosse ignorando vel ignorare noscendo.

Quid antea Augustinus cogitaverit de materia.

6. 6. Ego vero, Domine, si totum confitear tibi ore meo et calamo meo, quidquid de ista materia docuisti me, cuius antea nomen audiens et non intellegens narrantibus mihi eis, qui non intellegerent, eam cum speciebus innumeris et variis cogitabam et ideo non eam cogitabam; fœdas et horribiles formas perturbatis ordinibus volvebat animus, sed formas tamen, et informe appellabam non quod careret forma, sed quod talem haberet, ut, si appareret, insolitum et incongruum aversaretur sensus meus et conturbaretur infirmitas hominis; verum autem illud quod cogitabam non privatione omnis formæ, sed comparatione formosiorum erat informe, et suadebat vera ratio, ut omnis formæ qualescumque reliquias omnino detraherem, si vellem prorsus informe cogitare et non poteram; citius enim non esse censebam, quod omni forma privaretur, quam cogitabam quiddam inter formam et nihil nec formatum nec nihil,

informe prope nihil. Et cessavit mens mea interrogare hinc spiritum meum plenum imaginibus formatorum corporum et eas pro arbitrio mutantem atque variantem, et intendi in ipsa corpora eorumque mutabilitatem altius inspexi, qua desinunt esse quod fuerant et incipiunt esse quod non erant, eumdemque transitum de forma in formam per informe quiddam fieri suspicatus sum, non per omnino nihil; sed nosse cupiebam, non suspicari: et si totum tibi confiteatur vox et stilus meus, quidquid de ista quæstione enodasti mihi, quis legentium capere durabit? Nec ideo tamen cessabit cor meum tibi dare honorem et canticum laudis de his, quæ dictare non sufficit. Mutabilitas enim rerum mutabilium ipsa capax est formarum omnium, in quas mutantur res mutabiles. Et hæc quid est? Numquid animus? Numquid corpus? Numquid species animi vel corporis? Si dici posset "nihil aliquid" et "est non est", hoc eam dicerem; et tamen iam utcumque erat, ut species caperet istas visibiles et compositas.

De nihilo Deus fecit materiam.

7. 7. Et unde utcumque erat, nisi esset abs te, a quo sunt omnia, in quantumcumque sunt? Sed tanto a te longius, quanto dissimilius: neque enim locis. Itaque tu, Domine, qui non es alias aliud et alias aliter, sed id ipsum et id ipsum et id ipsum, *sanctus, sanctus, sanctus, Dominus Deus omnipotens, in principio,* quod est de te, in Sapientia tua, quæ nata est de substantia tua, fecisti aliquid et de nihilo. Fecisti enim *cælum et terram* non de te; nam esset æquale Unigenito tuo ac per hoc et tibi, et nullo modo iustum esset, ut æquale tibi esset, quod de te non esset. Et aliud præter te non erat, unde faceres ea, Deus, una Trinitas et trina Unitas; et ideo de nihilo fecisti *cælum et terram,* magnum quiddam et parvum quiddam, quoniam omnipotens et bonus es ad facienda omnia bona, magnum cælum et parvam terram. Tu eras et aliud nihil, unde fecisti *cælum et terram,* duo quædam, unum prope te, alterum prope nihil, unum, quo superior tu esses, alterum, quo inferius nihil esset.

De materia informi Deus hæc omnia fecit.

8. 8. Sed illud *cælum cæli* tibi, Domine; terra autem, quam dedisti *filiis hominum* cernendam atque tangendam, non erat talis, qualem nunc cernimus et tangimus. *Invisibilis* enim *erat et incomposita* et abyssus erat, super quam non erat lux, aut *tenebræ erant super abyssum,* id est magis quam in abysso. Ista quippe abyssus aquarum iam visibilium etiam in profundis suis habet speciei suæ lucem utcumque

sensibilem piscibus et repentibus in suo fundo animantibus; illud autem totum prope nihil erat, quoniam adhuc omnino informe erat; iam tamen erat, quod formari poterat. Tu enim, Domine, fecisti *mundum de materia informi,* quam fecisti de nulla re pæne nullam rem, unde faceres magna, quæ miramur filii hominum. Valde enim mirabile hoc cælum corporeum, quod firmamentum inter aquam et aquam secundo die post conditionem lucis dixisti:*Fiat, et sic est factum.* Quod firmamentum vocasti cælum, sed cælum terræ huius et maris, quæ fecisti tertio die dando speciem visibilem informi materiæ, quam fecisti ante omnem diem. Iam enim feceras et cælum ante omnem diem, sed *cælum cæli* huius, quia *in principio* feceras *cælum et terram.* Terra autem ipsa, quam feceras, informis materies erat, quia *invisibilis erat et incomposita et tenebræ super abyssum*; de qua terra invisibili et incomposita, de qua informitate, de quo pæne nihilo faceres hæc omnia, quibus iste mutabilis mundus constat et non constat, in quo ipsa mutabilitas apparet, in qua sentiri et dinumerari possunt tempora, quia rerum mutationibus fiunt tempora, dum variantur et vertuntur species, quarum materies prædicta est terra invisibilis.

Cælum cæli informisque materia extra tempus sunt.

9. 9. Ideoque Spiritus, doctor famuli tui, cum te commemorat fecisse *in principio cælum et terram*, tacet de temporibus, silet de diebus. Nimirum enim *cælum cæli,* quod *in principio* fecisti, creatura est aliqua intellectualis, quamquam nequaquam tibi, Trinitati, coæterna, particeps tamen æternitatis tuæ, valde mutabilitatem suam præ dulcedine felicissimæ contemplationis tuæ cohibet et sine ullo lapsu, ex quo facta est, inhærendo tibi excedit omnem volubilem vicissitudinem temporum. Ista vero informitas, *terra invisibilis et incomposita,* nec ipsa in diebus numerata est. Ubi enim nulla species, nullus ordo, nec venit quidquam nec præterit, et ubi hoc non fit, non sunt utique dies nec vicissitudo spatiorum temporalium.

Reditus ad fontem vitæ.

10. 10. O Veritas, lumen cordis mei, non tenebræ meæ loquantur mihi! Defluxi ad ista et obscuratus sum, sed hinc, etiam hinc adamavi te. *Erravi et recordatus sum tui. Audivi vocem* tuam *post me,* ut redirem, et vix audivi propter tumultus impacatorum. Et nunc ecce redeo æstuans et anhelans ad fontem tuum. Nemo me prohibeat: hunc bibam et hunc vivam. Non ego vita mea sim: male vixi ex me, mors mihi fui; in te revivisco. Tu me alloquere, tu mihi sermocinare. Credidi libris tuis, et *verba* eorum

arcana valde.

Deus æternus est et omnia fecit.

11. 11. Iam dixisti mihi, Domine, voce forti in aurem interiorem, quia tu æternus es, *solus* habens *immortalitatem*, quoniam ex nulla specie motuve mutaris nec temporibus variatur voluntas tua, quia non est immortalis voluntas, quæ alia et alia est. Hoc *in conspectu tuo* claret mihi et magis magisque clarescat, oro te, atque in ea manifestatione persistam sobrius sub alis tuis. Item dixisti mihi, Domine, voce forti in aurem interiorem, quod omnes naturas atque substantias, quæ non sunt quod tu es et tamen sunt, tu fecisti; et hoc solum a te non est, quod non est; motusque voluntatis a te, qui es, ad id quod minus est, quia talis motus delictum atque peccatum est, et quod nullius peccatum aut tibi nocet aut perturbat ordinem imperii tui vel in primo vel in imo. Hoc *in conspectu tuo* claret mihi et magis magisque clarescat, oro te, atque in ea manifestatione persistam sobrius sub alis tuis.

Mens pura nullam vicem patitur.

11. 12. Item dixisti mihi voce forti in aurem interiorem, quod nec illa creatura tibi coæterna est, cuius voluptas tu solus es teque perseverantissima castitate hauriens mutabilitatem suam nusquam et numquam exserit et te sibi semper præsente, ad quem toto affectu se tenet, non habens futurum quod exspectet nec in præteritum traiciens quod meminerit, nulla vice variatur nec in tempora ulla distenditur. O beata, si qua ista est, inhærendo beatitudini tuæ, beata sempiterno inhabitatore te atque illustratore suo! Nec invenio, quid libentius appellandum existimem *cælum cæli Domino* quam domum tuam contemplantem delectationem tuam sine ullo defectu egrediendi in aliud, mentem puram concordissime unam stabilimento pacis sanctorum spirituum, civium civitatis tuæ in cælestibus super ista cælestia.

11. 13. Unde intellegat anima, cuius peregrinatio longinqua facta est, si iam sitit tibi, si iam factæ sunt ei *lacrimæ* suæ *panis, dum dicitur ei per singulos dies: ubi est Deus tuus?* si iam petit *a te unam et hanc* requirit, ut inhabitet *in domo* tua *per omnes dies vitæ* suæ? Et quæ vita eius nisi tu? Et qui dies tui nisi æternitas tua, sicut *anni tui*, qui non deficiunt, quia *idem ipse es*? Hinc ergo intellegat anima, quæ potest, quam longe super omnia tempora sis æternus, quando tua domus, quæ peregrinata non est, quamvis non sit tibi coæterna, tamen indesinenter et indeficienter tibi

cohærendo nullam patitur vicissitudinem temporum. Hoc *in conspectu tuo* claret mihi et magis magisque clarescat, oro te, atque in hac manifestatione persistam sobrius sub alis tuis.

Materia informis non exhibet temporum vices.

11. 14. Ecce nescio quid informe in istis mutationibus rerum extremarum atque infimarum. Et quis dicet mihi, nisi quisquis per inania cordis sui cum suis phantasmatis vagatur et volvitur, quis nisi talis dicet mihi, quod deminuta atque consumpta omni specie, si sola remaneat informitas, per quam de specie in speciem res mutabatur et vertebatur, possit exhibere vices temporum? Omnino enim non potest, quia sine varietate motionum non sunt tempora: et nulla varietas, ubi nulla species.

Duæ creaturæ carent temporibus.

12. 15. Quibus consideratis, quantum donas, Deus meus, quantum me ad pulsandum excitas quantumque pulsanti aperis, duo reperio, quæ fecisti carentia temporibus, cum tibi neutrum coæternum sit: unum, quod ita formatum est, ut sine ullo defectu contemplationis, sine ullo intervallo mutationis, quamvis mutabile, tamen non mutatum tua æternitate atque incommutabilitate perfruatur; alterum, quod ita informe erat, ut ex qua forma in quam formam vel motionis vel stationis mutaretur, quo tempori subderetur, non haberet. Sed hoc ut informe esset, non reliquisti, quoniam fecisti ante omnem diem *in principio cælum et terram*, hæc duo quæ dicebam. *Terra autem invisibilis erat et incomposita et tenebræ super abyssum.* Quibus verbis insinuatur informitas, ut gradatim excipiantur, qui omnimodam speciei privationem nec tamen ad nihil perventionem cogitare non possunt, unde fieret alterum cælum et terra visibilis atque composita et aqua speciosa et quidquid deinceps in constitutione huius mundi non sine diebus factum commemoratur, quia talia sunt, ut in eis agantur vicissitudines temporum propter ordinatas commutationes motionum atque formarum.

Cælum intellectuale et terra informis extra tempus facta sunt.

13. 16. Hoc interim sentio, Deus meus, cum audio loquentem Scripturam tuam: *In principio fecit Deus cælum et terram; terra autem erat invisibilis et incomposita et tenebræ erant super abyssum*, neque commemorantem, quoto die feceris hæc. Sic

interim sentio propter illud *cælum cæli*, cælum intellectuale, ubi est intellectus nosse simul, non *ex parte*, non *in ænigmate*, non *per speculum*, sed ex toto, in manifestatione, *facie ad faciem*; non modo hoc, modo illud, sed, quod dictum est, nosse simul sine ulla vicissitudine temporum, et propter invisibilem atque incompositam terram sine ulla vicissitudine temporum, quæ solet habere modo hoc et modo illud, quia ubi nulla species, nusquam est hoc et illud; propter duo hæc, primitus formatum et penitus informe, illud cælum, sed cælum cæli, hoc vero terram, sed terram invisibilem et incompositam, propter duo hæc interim sentio sine commemoratione dierum dicere Scripturam tuam: *In principio fecit Deus cælum et terram*. Statim quippe subiecit, quam terram dixerit. Et quod secundo die commemoratur factum firmamentum et vocatum cælum, insinuat, de quo cælo prius sine diebus sermo locutus sit.

Diversa possunt intellegi in verbis Scripturæ sanctæ

Mira est profunditas eloquiorum Dei.

14. 17. Mira profunditas eloquiorum tuorum, quorum ecce ante nos superficies blandiens parvulis: sed mira profunditas, Deus meus, mira profunditas! Horror est intendere in eam, horror honoris et tremor amoris. Odi hostes eius vehementer: o si occidas eos de gladio bis acuto, et non sint hostes eius! Sic enim amo eos occidi sibi, ut vivant tibi. Ecce autem alii non reprehensores, sed laudatores libri *Geneseos*: "Non, inquiunt, hoc voluit in his verbis intellegi Spiritus Dei, qui per Moysen famulum eius ista conscripsit, non hoc voluit intellegi, quod tu dicis, sed aliud, quod nos dicimus". Quibus ego te arbitro, Deus omnium nostrum, ita respondeo.

15. 18. Num dicetis falsa esse, quæ mihi veritas voce forti in aurem interiorem dicit de vera æternitate Creatoris, quod nequaquam eius substantia per tempora varietur nec eius voluntas extra eius substantiam sit? Unde non eum modo velle hoc modo velle illud, sed semel et simul et semper velle omnia quæ vult, non iterum et iterum neque nunc ista nunc illa nec velle postea quod nolebat aut nolle quod volebat prius, quia talis voluntas mutabilis est et omne mutabile æternum non est; Deus autem noster æternus est. Item, quod mihi dicit in aurem interiorem, exspectatio rerum venturarum fit contuitus, cum venerint, idemque contuitus fit memoria, cum præterierint; omnis porro intentio quæ ita variatur, mutabilis est, et omne mutabile æternum non est: Deus autem noster æternus est. Hæc colligo atque coniungo et

invenio Deum meum, Deum æternum non aliqua nova voluntate condidisse creaturam nec scientiam eius transitorium aliquid pati.

15. 19. Quid ergo dicetis, contradictores? An falsa sunt ista? "Non" inquiunt. Quid illud? Num falsum est omnem naturam formatam materiamve formabilem non esse nisi ab illo, qui summe bonus est, quia summe est? "Neque hoc negamus" inquiunt. Quid igitur? An illud negatis, sublimem quamdam esse creaturam tam casto amore cohærentem Deo vero et vere æterno, ut, quamvis ei coæterna non sit, in nullam tamen temporum varietatem et vicissitudinem ab illo se resolvat et defluat, sed in eius solius veracissima contemplatione requiescat? Quoniam tu, Deus, diligenti te, quantum præcipis, ostendis ei te et sufficis ei, et ideo non declinat a te nec ad se? Hæc est *domus Dei* non terrena neque ulla cælesti mole corporea, sed spiritalis et particeps æternitatis tuæ, quia sine labe in æternum. Statuisti enim *eam in sæculum et in sæculum sæculi; præceptum posuisti et non præteribit.* Nec tamen tibi coæterna, quoniam non sine initio: facta est enim.

15. 20. Nam etsi non invenimus tempus ante illam (*prior* quippe *omnium creata est sapientia*) nec utique illa Sapientia tibi, Deus noster, Patri suo, plane coæterna et æqualis et per quam creata sunt omnia et in quo principio fecisti *cælum et terram*, sed profecto Sapientia, quæ creata est, intellectualis natura scilicet, quæ contemplatione luminis lumen est (dicitur enim et ipsa, quamvis creata, Sapientia; sed quantum interest inter lumen, quod illuminat et quod illuminatur, tantum inter Sapientiam, quæ creat, et istam, quæ creata est, sicut inter iustitiam iustificantem et iustitiam, quæ iustificatione facta est; nam et nos dicti sumus iustitia tua; ait enim quidam servus tuus: *Ut nos simus iustitia Dei in ipso*) ergo quia *prior omnium creata est* quædam *sapientia*, quæ creata est, mens rationalis et intellectualis castæ civitatis tuæ, matrisnostræ, quæ *sursum est* et *libera est* et æterna *in cælis* (quibus cælis, nisi qui te laudant *cæli cælorum*, quia hoc est et *cælum cæli Domino?*) Etsi non invenimus tempus ante illam, quia et creaturam temporis antecedit, quæ *prior omnium creata est*, ante illam tamen est ipsius Creatoris æternitas, a quo facta sumpsit exordium, quamvis non temporis, quia nondum erat tempus, ipsius tamen conditionis suæ.

15. 21. Unde ita est abs te, Deo nostro, ut aliud sit plane quam tu et non id ipsum. Etsi non solum ante illam, sed nec in illa invenimus tempus, quia est idonea faciem tuam semper videre nec uspiam deflectitur ab ea; quo fit, ut nulla mutatione

LIBER DUODECIMUS

varietur. Inest ei tamen ipsa mutabilitas, unde tenebresceret et frigesceret, nisi amore grandi tibi cohærens tamquam semper meridies luceret et ferveret ex te. O domus luminosa et speciosa, *dilexi decorem* tuum *et locum habitationis gloriæ* Domini mei, fabricatoris et possessoris tui! Tibi suspiret peregrinatio mea, et dico ei qui fecit te, ut possideat et me in te, quia fecit et me. *Erravi sicut ovis perdita*, sed in umeris pastoris mei, structoris tui, spero me reportari tibi.

15. 22. Quid dicitis mihi quos alloquebar contradictores, qui tamen et Moysen pium famulum Dei et libros eius oracula Sancti Spiritus creditis? Estne ista domus Dei, non quidem Deo coætcrna, sed tamen secundum modum suum æterna in cælis, ubi vices temporum frustra quæritis, quia non invenitis? Supergreditur enim omnem distentionem et omne spatium ætatis volubile, cui semper *inhærere Deo bonum est*. "Est" inquiunt. Quid igitur ex his, quæ *clamavit* cor meum *ad Deum meum*, cum audiret interius *vocem laudis* eius, quid tandem falsum esse contenditis? An quia erat informis materies, ubi propter nullam formam nullus ordo erat? Ubi autem nullus ordo erat, nulla esse vicissitudo temporum poterat; et tamen hoc pæne nihil in quantum non omnino nihil erat, ab illo utique erat, a quo est quidquid est, quod utcumque aliquid est. "Hoc quoque, aiunt, non negamus".

16. 23. Cum his enim volo coram te aliquid colloqui, Deus meus, qui hæc omnia, quæ intus in mente mea non tacet veritas tua, vera esse concedunt. Nam qui hæc negant, latrent quantum volunt et obstrepant sibi; persuadere conabor, ut quiescant et viam præbeant ad se verbo tuo. Quod si noluerint et reppulerint me, obsecro, *Deus meus, ne tu sileas a me*. Tu loquere *in corde* meo veraciter; solus enim sic loqueris; et dimittam eos foris sufflantes in pulverem et excitantes terram in oculos suos et intrem in cubile meum, et cantem tibi amatoria gemens inenarrabiles gemitus in peregrinatione mea et recordans Hierusalem extento in eam sursum corde, Hierusalem patriam meam, Hierusalem matrem meam s18, teque super eam regnatorem, illustratorem, patrem, tutorem, maritum, castas et fortes delicias et solidum gaudium et omnia bona ineffabilia, simul omnia, quia unum summum et vcrum bonum: et non avertar, donec in eius pacem, matris carissimæ, ubi sunt primitiæ spiritus mei, unde ista mihi certa sunt, colligas totum quod sum a dispersione et deformitate hac et conformes atque confirmes in æternum, *Deus meus,*

misericordia mea. Cum his autem, qui cuncta illa, quæ vera sunt, falsa esse non dicunt honorantes et in culmine sequendæ auctoritatis nobiscum constituentes illam per sanctum Moysen editam sanctam Scripturam tuam, et tamen nobis aliquid contradicunt, ita loquor. Tu esto, Deus noster, arbiter inter confessiones meas et contradictiones eorum.

Nomina cæli et terræ significantur.

17. 24. Dicunt enim: "Quamvis vera sint hæc, non ea tamen duo Moyses intuebatur, cum revelante Spiritu diceret: *In principio fecit Deus cælum et terram.* Non cæli nomine spiritalem vel intellectualem illam creaturam semper faciem Dei contemplantem significavit nec terræ nomine informem materiam". Quid igitur? "Quod nos dicimus, inquiunt, hoc ille vir sensit, hoc verbis istis elocutus est". Quid illud est? "Nomine, aiunt, cæli et terræ totum istum visibilem mundum prius universaliter et breviter significare voluit, ut postea digereret dierum enumeratione quasi articulatim universa, quæ Sancto Spiritui placuit sic enuntiare. Tales quippe homines erant rudis ille atque carnalis populus, cui loquebatur, ut eis opera Dei non nisi sola visibilia commendanda iudicaret". Terram vero invisibilem et incompositam tenebrosamque abyssum, unde consequenter ostenditur per illos dies facta atque disposita esse cuncta ista visibilia, quæ nota sunt omnibus, non incongruenter informem istam materiam intellegendam esse consentiunt.

17. 25. Quid? Si dicat alius eamdem informitatem confusionemque materiæ cæli et terræ nomine prius insinuatam, quod ex ea mundus iste visibilis cum omnibus naturis, quæ in eo manifestissime apparent, qui cæli et terræ nomine sæpe appellari solet, conditus atque perfectus est? Quid? Si dicat et alius cælum et terram quidem invisibilem visibilemque naturam non indecenter appellatam ac per hoc universam creaturam, quam fecit in Sapientia, id est *in principio*, Deus, huiuscemodi duobus vocabulis esse comprehensam; verumtamen quia non de ipsa substantia Dei, sed ex nihilo cuncta facta sunt, quia non sunt id ipsum, quod Deus, et inest quædam mutabilitas omnibus, sive maneant, sicut æterna domus Dei, sive mutentur, sicut anima hominis et corpus, communem omnium rerum invisibilium visibiliumque materiem adhuc informem, sed certe formabilem, unde fieret cælum et terra, id est invisibilis atque visibilis iam utraque formata creatura, his nominibus enuntiatam, quibus appellaretur *terra invisibilis et incomposita et tenebræ super abyssum*, ea

distinctione, *ut terra invisibilis et incomposita* intellegatur materies corporalis ante qualitatem formæ, tenebræ autem *super abyssum* spiritalis materies ante cohibitionem quasi fluentis immoderationis et ante illuminationem Sapientiæ?

Inchoatio et materia creabilis rerum.

17. 26. Est adhuc quod dicat, si quis alius velit, non scilicet iam perfectas atque formatas invisibiles visibilesque naturas cæli et terræ nomine significari, cum legitur: *In principio fecit Deus cælum et terram*, sed ipsam adhuc informem inchoationem rerum formabilem creabilemque materiam his nominibus appellatam, quod in ea iam essent ista confusa, nondum qualitatibus formisque distincta, quæ nunc iam digesta suis ordinibus vocantur cælum et terra, illa spiritalis, hæc corporalis creatura.

Alius aliud verum in Scripturis sanctis potest percipere.

18. 27. Quibus omnibus auditis et consideratis nolo *verbis contendere; ad nihil enim utile est nisi ad subversionem audientium. Ad ædificationem* autem *bona est lex, si quis ea legitime utatur*, quia *finis* eius *est caritas de corde puro et conscientia bona et fide non ficta*; et novi magister noster in quibus duobus præceptis totam Legem Prophetasque suspenderit. Quæ mihi ardenter confitenti, Deus meus, *lumen oculorum meorum* in occulto, quid mihi obest, cum diversa in his verbis intellegi possint, quæ tamen vera sint? Quid, inquam, mihi obest, si aliud ego sensero, quam sensit alius eum sensisse, qui scripsit? Omnes quidem, qui legimus, nitimur hoc indagare atque comprehendere, quod voluit ille quem legimus, et cum eum veridicum credimus, nihil, quod falsum esse vel novimus vel putamus, audemus eum existimare dixisse. Dum ergo quisque conatur id sentire in Scripturis sanctis, quod in eis sensit ille qui scripsit, quid mali est, si hoc sentiat, quod tu, lux omnium veridicarum mentium, ostendis verum esse, etiamsi non hoc sensit ille, quem legit, cum et ille verum nec tamen hoc senserit?

19. 28. Verum est enim, Domine, fecisse te *cælum et terram*. Et verum est esse principium Sapientiam tuam, in qua *fecisti omnia*. Item verum est, quod mundus iste visibilis habet magnas partes suas cælum et terram brevi complexione factarum omnium conditarumque naturarum. Et verum est, quod omne mutabile insinuat notitiæ nostræ quamdam informitatem, qua formam capit vel qua mutatur et

vertitur. Verum est nulla tempora perpeti quod ita cohæret formæ incommutabili, ut, quamvis sit mutabile, non mutetur. Verum est informitatem, quæ prope nihil est, vices temporum habere non posse. Verum est, quod, unde fit aliquid, potest quodam genere locutionis habere iam nomen eius rei, quæ inde fit; unde potuit vocari cælum et terra quælibet informitas, unde factum est cælum et terra. Verum est omnium formatorum nihil esse informi vicinius quam terram et abyssum. Verum est, quod non solum creatum atque formatum sed etiam quidquid creabile atque formabile est tu fecisti, *ex quo sunt omnia*. Verum est omne, quod ex informi formatur, prius esse informe, deinde formatum.

20. 29. Ex his omnibus veris, de quibus non dubitant, quorum interiori oculo talia videre donasti et qui Moysen, famulum tuum, in spiritu *veritatis* locutum esse immobiliter credunt, ex his ergo omnibus aliud sibi tollit qui dicit: *In principio fecit Deus cælum et terram*, id est in Verbo suo sibi coæterno fecit Deus intellegibilem atque sensibilem vel spiritalem corporalemque creaturam, aliud qui dicit: *In principio fecit Deus cælum et terram*, id est in Verbo suo sibi coæterno fecit Deus universam istam molem corporei mundi huius cum omnibus quas continet manifestis notisque naturis; aliud qui dicit: *In principio fecit Deus cælum et terram*, id est in Verbo suo sibi coæterno fecit informem materiam creaturæ spiritalis et corporalis; aliud qui dicit: *In principio fecit Deus cælum et terram*, id est in Verbo suo sibi coæterno fecit Deus informem materiam creaturæ corporalis, ubi confusum adhuc erat cælum et terra, quæ nunc iam distincta atque formata in istius mundi mole sentimus; aliud qui dicit: *In principio fecit Deus cælum et terram*, id est in ipso exordio faciendi atque operandi fecit Deus informem materiam confuse habentem cælum et terram, unde formata nunc eminent et apparent cum omnibus, quæ in eis sunt.

21. 30. Item quod attinet ad intellectum verborum sequentium, ex illis omnibus veris aliud sibi tollit, qui dicit: *Terra autem erat invisibilis et incomposita, et tenebræ erant super abyssum*, id est corporale illud, quod fecit Deus, adhuc materies erat corporearum rerum informis, sine ordine, sine luce; aliud qui dicit: *Terra autem erat invisibilis et incomposita, et tenebræ erant super abyssum*, id est hoc totum, quod cælum et terra appellatum est, adhuc informis et tenebrosa materies erat, unde fieret

cælum corporeum et terra corporea cum omnibus quæ in eis sunt corporeis sensibus nota; aliud qui dicit: *Terra autem erat invisibilis et incomposita, et tenebræ erant super abyssum*, id est hoc totum, quod cælum et terra appellatum est, adhuc informis et tenebrosa materies erat, unde fieret cælum intellegibile (quod alibi dicitur *cælum cæli*) et terra, scilicet omnis natura corporea, sub quo nomine intellegatur etiam hoc cælum corporeum, id est unde fieret omnis invisibilis visibilisque creatura; aliud qui dicit: *Terra autem erat invisibilis et incomposita, et tenebræ erant super abyssum*, non illam informitatem nomine cæli et terræ Scriptura appellavit, sed iam erat, inquit, ipsa informitas, quam terram invisibilem et incompositam tenebrosamque abyssum nominavit, de qua cælum et terram Deum fecisse prædixerat, spiritalem scilicet corporalemque creaturam; aliud qui dicit: *Terra autem erat invisibilis et incomposita, et tenebræ erant super abyssum*, id est informitas quædam iam materies erat, unde cælum et terram Deum fecisse Scriptura prædixit, totam scilicet corpoream mundi molem in duas maximas partes superiorem atque inferiorem distributam cum omnibus quæ in eis sunt usitatis notisque creaturis.

22. 31. Cum enim duabus istis extremis sententiis resistere quisquam ita temptaverit: "Si non vultis hanc informitatem materiæ cæli et terræ nomine appellatam videri, erat ergo aliquid, quod non fecerat Deus, unde cælum et terram faceret; neque enim Scriptura narravit, quod istam materiem Deus fecerit, nisi intellegamus eam cæli et terræ aut solius terræ vocabulo significatam, cum diceretur: *In principio fecit Deus cælum et terram*, ut id, quod sequitur: *Terra autem erat invisibilis et incomposita*, quamvis informem materiam sic placuerit appellare, non tamen intellegamus nisi eam, quam fecit Deus in eo, quod præscriptum est: *fecit cælum et terram*", respondebunt assertores duarum istarum sententiarum, quas extremas posuimus, aut illius aut illius, cum hæc audierint, et dicent: "Informem quidem istam materiam non negamus a Deo factam, Deo, a quo sunt *omnia bona valde*, quia, sicut dicimus amplius bonum esse quod creatum atque formatum est, ita fatemur minus bonum esse quod factum est creabile atque formabile, sed tamen bonum: non autem commemorasse Scripturam, quod hanc informitatem fecit Deus, sicut alia multa non commemoravit, ut Cherubim et Seraphim, et quæ Apostolus distincte ait: *Sedes, Dominationes, Principatus, Potestates*, quæ tamen omnia Deum fecisse manifestum est. Aut si eo, quod dictum est: *Fecit cælum et terram*, comprehensa sunt omnia, quid

de aquis dicimus, *super* quas *ferebatur spiritus Dei*? Si enim terra nominata simul intelleguntur, quomodo iam terræ nomine materies informis accipitur, quando tam speciosas aquas videmus? Aut si ita accipitur, cur ex eadem informitate scriptum est factum *firmamentum* et vocatum *cælum*, neque scriptum est factas esse aquas? Non enim adhuc informes sunt et invisæ, quas ita decora specie fluere cernimus. Aut si tunc acceperunt istam speciem, cum *dixit Deus: Congregetur aqua, quæ est sub firmamento*, ut congregatio sit ipsa formatio, quid respondebitur de aquis, *quæ super firmamentum sunt*, quia neque informes tam honorabilem sedem accipere meruissent nec scriptum est, qua voce formatæ sint? Unde si aliquid *Genesis* tacuit Deum fecisse quod tamen Deum fecisse nec sana fides nec certus ambigit intellectus, nec ideo ulla sobria doctrina dicere audebit istas aquas coæternas Deo, quia in libro *Geneseos* commemoratas quidem audimus, ubi autem factæ sint, non invenimus, cur non informem quoque illam materiam, quam Scriptura hæc terram invisibilem et incompositam tenebrosamque abyssum appellat, docente veritate intellegamus ex Deo factam esse de nihilo ideoque illi non esse coæternam, quamvis ubi facta sit omiserit enuntiare ista narratio?".

Duo genera dissensionum.

23. 32. His ergo auditis atque perspectis pro captu infirmitatis meæ, quam tibi confiteor scienti Deo meo, duo video dissensionum genera oboriri posse, cum aliquid a nuntiis veracibus per signa enuntiatur, unum, si de veritate rerum, alterum, si de ipsius qui enuntiat voluntate dissensio est. Aliter enim quærimus de creaturæ conditione, quid verum sit, aliter autem quid in his verbis Moyses, egregius domesticus fidei tuæ, intellegere lectorem auditoremque voluerit. In illo primo genere discedant a me omnes, qui ea, quæ falsa sunt, se scire arbitrantur. In hoc item altero discedant a me omnes, qui ea quæ falsa sunt Moysen dixisse arbitrantur. Coniungar autem illis, Domine, in te et delecter cum eis in te, qui veritate tua pascuntur in latitudine caritatis, et accedamus simul ad verba libri tui et quæramus in eis voluntatem tuam per voluntatem famuli tui, cuius calamo dispensasti ea.

Quid veri Moyses sensit hæc verba scribens?

24. 33. Sed quis nostrum sic invenit eam inter tam multa vera, quæ in illis verbis aliter atque aliter intellectis occurrunt quærentibus, ut tam fidenter dicat hoc sensisse Moysen atque hoc in illa narratione voluisse intellegi, quam fidenter dicit

hoc verum esse, sive ille hoc senserit sive aliud? Ecce enim, Deus meus, *ego servus tuus*, qui vovi tibi sacrificium confessionis in his litteris et oro, ut ex misericordia tua *reddam* tibi *vota mea*, ecce ego quam fidenter dico in tuo Verbo incommutabili omnia te fecisse, invisibilia et visibilia, numquid tam fidenter dico non aliud quam hoc attendisse Moysen, cum scriberet: *In principio fecit Deus cælum et terram*, quia non, sicut in tua veritate hoc certum video, ita in eius mente video id eum cogitasse, cum hæc scriberet? Potuit enim cogitare in ipso faciendi exordio, cum diceret: *in principio*; potuit et *cælum et terram* hoc loco nullam iam formatam perfectamque naturam sive spiritalem sive corporalem, sed utramque inchoatam et adhuc informem velle intellegi. Video quippe vere potuisse dici, quidquid horum diceretur, sed quid horum in his verbis ille cogitaverit, non ita video, quamvis sive aliquid horum sive quid aliud, quod a me commemoratum non est, tantus vir ille mente conspexerit, cum hæc verba promeret, verum eum vidisse apteque id enuntiavisse non dubitem.

Superbia et temeritas nonnullorum interpretum Scripturæ.

25. 34. *Nemo* iam *mihi molestus sit* dicendo mihi: "Non hoc sensit Moyses, quod tu dicis, sed hoc sensit, quod ego dico". Si enim mihi diceret: "Unde scis hoc sensisse Moysen, quod de his verbis eius eloqueris?" æquo animo ferre deberem et responderem fortasse, quæ superius respondi vel aliquanto uberius, si esset durior. Cum vero dicit: "Non hoc ille sensit, quod tu dicis, sed quod ego dico", neque tamen negat, quod uterque nostrum dicit, utrumque verum esse, o vita pauperum, Deus meus, in cuius sinu non est contradictio, plue mihi mitigationes in cor, ut patienter tales feram; qui non mihi hoc dicunt, quia divini sunt et in corde famuli tui viderunt quod dicunt, sed quia superbi sunt nec noverunt Moysi sententiam, sed amant suam, non quia vera est, sed quia sua est. Alioquin et aliam veram pariter amarent, sicut ego amo quod dicunt, quando verum dicunt, non quia ipsorum est, sed quia verum est: et ideo iam nec ipsorum est, quia verum est. Si autem ideo ament illud, quia verum est, iam et ipsorum est et meum est, quoniam in commune omnium est veritatis amatorum. Illud autem, quod contendunt non hoc sensisse Moysen, quod ego dico, sed quod ipsi dicunt, nolo, non amo, quia etsi ita est, tamen ista temeritas non scientiæ, sed audaciæ est, nec visus, sed typhus eam peperit. Ideoque, Domine, tremenda sunt iudicia tua, quoniam veritas tua nec mea est nec illius aut illius, sed omnium nostrum, quos ad eius communionem publice vocas, terribiliter admonens

nos, ut eam nolimus habere privatam, ne privemur ea. Nam quisquis id, quod tu omnibus ad fruendum proponis, sibi proprie vindicat et suum vult esse quod omnium est, a communi propellitur ad sua, hoc est a veritate ad mendacium. Qui enim *loquitur mendacium, de suo loquitur.*

Ne utique offendatur caritas.

25. 35. *Attende*, iudex optime, Deus, ipsa Veritas, *attende*, quid dicam contradictori huic, *attende*; coram te enim dico et coram fratribus meis, qui legitime utuntur lege usque ad finem caritatis; *attende* et *vide*, quid ei dicam, si placet tibi. Hanc enim vocem huic refero fraternam et pacificam: si ambo videmus verum esse quod dicis et ambo videmus verum esse quod dico, ubi, quæso, id videmus? Nec ego utique in te nec tu in me, sed ambo in ipsa quæ supra mentes nostras est incommutabili veritate. Cum ergo de ipsa Domini Dei nostri luce non contendamus, cur de proximi cogitatione contendimus, quam sic videre non possumus, ut videtur incommutabilis veritas, quando, si ipse Moyses apparuisset nobis atque dixisset: "Hoc cogitavi", nec sic eam videremus, sed crederemus? Non itaque *supra quam scriptum est unus pro altero infletur adversus alterum.* Diligamus *Dominum Deum* nostrum *ex toto corde, ex tota anima, ex tota mente* nostra *et proximum nostrum* sicut nosmetipsos. Propter quæ duo præcepta caritatis sensisse Moysen, quidquid in illis libris sensit, nisi crediderimus, mendacem faciemus Dominum, cum de animo conservi aliter quam ille docuit opinamur. Iam vide, quam stultum sit in tanta copia verissimarum sententiarum, quæ de illis verbis erui possunt, temere affirmare, quam earum Moyses potissimum senserit, et perniciosis contentionibus ipsam offendere caritatem, propter quam dixit omnia, cuius dicta conamur exponere.

Quid Augustinus vellet, si tunc esset quod Moyses fuit.

26. 36. Et tamen ego, Deus meus, celsitudo humilitatis meæ et requies laboris mei, qui audis confessiones meas et dimittis peccata mea, quoniam tu mihi præcipis, ut diligam proximum meum sicut me ipsum, non possum minus credere de Moyse fidelissimo famulo tuo, quam mihi optarem ac desiderarem abs te dari muneris, si tempore illo natus essem quo ille eoque loci me constituisses, ut per servitutem cordis ac linguæ meæ litteræ illæ dispensarentur, quæ tanto post essent omnibus gentibus profuturæ et per universum orbem tanto auctoritatis culmine omnium falsarum superbarumque doctrinarum verba superaturæ. Vellem quippe, si tunc ego

essem Moyses (*ex eadem* namque *massa* omnes venimus; et *quid est homo, nisi quia memor es eius?*) vellem ergo, si tunc ego essem quod ille et mihi abs te *Geneseos* liber scribendus adiungeretur, talem mihi eloquendi facultatem dari et eum texendi sermonis modum, ut neque illi, qui nondum queunt intellegere quemadmodum creat Deus, tamquam excedentia vires suas dicta recusarent et illi, qui hoc iam possunt, in quamlibet veram sententiam cogitando venissent, eam non prætermissam in paucis verbis tui famuli reperirent, et si alius aliam vidisset in luce veritatis, nec ipsa in eisdem verbis intellegenda deesset.

Parvulorum infirmitas et fides salubris.

27. 37. Sicut enim fons in parvo loco uberior est pluribusque rivis in ampliora spatia fluxum ministrat quam quilibet eorum rivorum, qui per multa locorum ab eodem fonte deducitur, ita narratio dispensatoris tui sermocinaturis pluribus profutura parvo sermonis modulo scatet fluenta liquidæ veritatis, unde sibi quisque verum, quod de his rebus potest, hic illud, ille illud, per longiores loquelarum anfractus trahat. Alii enim cum hæc verba legunt vel audiunt, cogitant Deum quasi hominem aut quasi aliquam mole immensa præditam potestatem novo quodam et repentino placito extra se ipsam tamquam locis distantibus fecisse cælum et terram, duo magna corpora supra et infra, quibus omnia continerentur. Et cum audiunt: *Dixit Deus: Fiat* illud, *et factum est illud*, cogitant verba cœpta et finita, sonantia temporibus atque transeuntia, post quorum transitum statim existere quod iussum est ut existeret, et si quid forte aliud hoc modo ex familiaritate carnis opinantur. In quibus adhuc parvulis animalibus, dum isto humillimo genere verborum tamquam materno sinu eorum gestatur infirmitas, salubriter ædificatur fides, qua certum habeant et teneant Deum fecisse omnes naturas, quas eorum sensus mirabili varietate circumspicit. Quorum si quispiam quasi vilitatem dictorum aspernatus extra nutritorias cunas superba imbecillitate se extenderit, heu! cadet miser et, Domine *Deus, miserere*, ne implumem pullum conculcent qui transeunt viam, et *mitte angelum tuum*, qui eum reponat in nido, ut vivat, donec volet.

Doctorum scientia et gaudium.

28. 38. Alii vero, quibus hæc verba non iam nidus, sed opaca fructeta sunt, vident in eis latentes fructus et volitant lætantes et garriunt scrutantes et carpunt eos. Vident enim, cum hæc verba legunt vel audiunt tua, Deus æterne, stabili permansione

cuncta præterita et futura tempora superari nec tamen quidquam esse temporalis creaturæ, quod tu non feceris, cuius voluntas, quia id est quod tu, nullo modo mutata vel quæ antea non fuisset, exorta voluntate fecisti omnia, non de te similitudinem tuam formam omnium, sed de nihilo dissimilitudinem informem, quæ formaretur per similitudinem tuam recurrens in te unum pro captu ordinato, quantum cuique rerum in suo genere datum est, et fierent *omnia bona valde*, sive maneant circa te, sive gradatim remotiore distantia per tempora et locos pulchras variationes faciant aut patiantur. Vident hæc et gaudent in luce veritatis tuæ, quantulum hic valent.

Alia quædam enarrata de verbis: *In principio.*

28. 39. Et alius eorum intendit in id, quod dictum est: *In principio fecit Deus*, et respicit Sapientiam principium, quia et loquitur ipsa nobis. Alius itidem intendit in eadem verba et principium intellegit exordium rerum conditarum et sic accipit: *In principio fecit*, ac si diceretur: primo fecit. Atque in eis, qui intellegunt *in principio*, quod in Sapientia fecisti *cælum et terram*, alius eorum ipsum cælum et terram, creabilem materiam cæli et terræ, sic esse credit cognominatam, alius iam formatas distinctasque naturas, alius unam formatam eamdemque spiritalem cæli nomine, aliam informem corporalis materiæ terræ nomine. Qui autem intellegunt in nominibus cæli et terræ adhuc informem materiam, de qua formaretur cælum et terra, nec ipsi uno modo id intellegunt, sed alius, unde consummaretur intellegibilis sensibilisque creatura, alius tantum, unde sensibilis moles ista corporea sinu grandi continens perspicuas promptasque naturas. Nec illi uno modo, qui iam dispositas digestasque creaturas cælum et terram vocari hoc loco credunt, sed alius invisibilem atque visibilem, alius solam visibilem, in qua luminosum cælum suspicimus et terram caliginosam quæque in eis sunt.

Materia primo facta.

29. 40. At ille, qui non aliter accipit: *In principio fecit*, quam si diceretur: primo *fecit*, non habet quomodo veraciter intellegat *cælum et terram*, nisi materiam cæli et terræ intellegat, videlicet universæ, id est intellegibilis corporalisque creaturæ. Si enim iam formatam velit universam, recte ab eo quæri poterit, si hoc primo fecit Deus, quid fecerit deinceps, et post universitatem non inveniet ac per hoc audiet invitus: "Quomodo illud primo, si postea nihil?". Cum vero dicit primo informem, deinde formatam, non est absurdus, si modo est idoneus discernere, quid præcedat

æternitate, quid tempore, quid electione, quid origine; æternitate, sicut Deus omnia; tempore, sicut flos fructum; electione, sicut fructus florem; origine, sicut sonus cantum. In his quattuor primum et ultimum, quæ commemoravi, difficillime intelleguntur, duo media facillime. Namque rara visio est et nimis ardua conspicere, Domine, æternitatem tuam incommutabiliter mutabilia facientem ac per hoc priorem. Quis deinde sic acutum cernat animo, ut sine labore magno dignoscere valeat, quomodo sit prior sonus quam cantus, ideo quia cantus est formatus sonus et esse utique aliquid non formatum potest, formari autem quod non est non potest? Sic est prior materies quam id, quod ex ea fit, non ideo prior, quia ipsa efficit, cum potius fiat, nec prior intervallo temporis. Neque enim priore tempore sonos edimus informes sine cantu et eos posteriore tempore in formam cantici coaptamus aut fingimus, sicut ligna, quibus arca, vel argentum, quo vasculum fabricatur; tales quippe materiæ tempore etiam præcedunt formas rerum, quæ fiunt ex eis. At in cantu non ita est. Cum enim cantatur, auditur sonus eius, non prius informiter sonat et deinde formatur in cantum. Quod enim primo utcumque sonuerit, præterit, nec ex eo quidquam reperies, quod resumptum arte componas; et ideo cantus in sono suo vertitur, qui sonus eius materies eius est. Idem quippe formatur, ut cantus sit. Et ideo, sicut dicebam, prior materies sonandi quam forma cantandi: non per faciendi potentiam prior; neque enim sonus est cantandi artifex, sed cantanti animæ subiacet ex corpore, de quo cantum faciat; nec tempore prior: simul enim cum cantu editur; nec prior electione; non enim potior sonus quam cantus, quandoquidem cantus est non tantum sonus verum etiam speciosus sonus. Sed prior est origine, quia non cantus formatur, ut sonus sit, sed sonus formatur, ut cantus sit. Hoc exemplo qui potest intellegat materiam rerum primo factam et appellatam cælum et terram, quia inde facta sunt cælum et terra, nec tempore primo factam, quia formæ rerum exserunt tempora, illa autem erat informis iamque in temporibus simul animadvertitur, nec tamen de illa narrari aliquid potest, nisi velut tempore prior sit, cum pendatur extremior, quia profecto meliora sunt formata quam informia, et præcedatur æternitate Creatoris, ut esset de nihilo, unde aliquid fieret.

Consequentia

In diversitate sententiarum sit concordia animorum et amor veritatis.

30. 41. In hac diversitate sententiarum verarum concordiam pariat ipsa veritas, et Deus noster misereatur nostri, ut legitime lege utamur, præcepti fine, pura caritate.

CONFESSIONES

Ac per hoc, si quis quærit ex me, quid horum Moyses, tuus ille famulus, senserit, non sunt hi sermones confessionum mearum, si tibi non confiteor: "Nescio". Et scio tamen illas veras esse sententias, exceptis carnalibus, de quibus quantum existimavi locutus sum. Quos tamen bonæ spei parvulos hæc verba libri tui non territant alta humiliter et pauca copiose, sed omnes, quos in eis verbis vera cernere ac dicere fateor, diligamus nos invicem pariterque diligamus te, Deum nostrum, fontem veritatis, si non vana, sed ipsam sitimus, eumdemque famulum tuum, scripturæ huius dispensatorem, spiritu tuo plenum, ita honoremus, ut hoc eum te revelante, cum hæc scriberet, attendisse credamus, quod in eis maxime et luce veritatis et fruge utilitatis excellit.

31. 42. Ita cum alius dixerit: "Hoc sensit, quod ego", et alius: "Immo illud, quod ego", religiosius me arbitror dicere: Cur non utrumque potius, si utrumque verum est? Et si quid tertium et si quid quartum et si quid omnino aliud verum quispiam in his verbis videt, cur non illa omnia vidisse credatur, per quem Deus unus sacras Litteras vera et diversa visuris multorum sensibus temperavit? Ego certe, quod intrepidus de meo corde pronuntio, si ad culmen auctoritatis aliquid scriberem, sic mallem scribere, ut, quod veri quisque de his rebus capere posset, mea verba resonarent, quam ut unam veram sententiam ad hoc apertius ponerem, ut excluderem ceteras, quarum falsitas me non posset offendere. Nolo itaque, Deus meus, tam præceps esse, ut hoc illum virum de te meruisse non credam. Sensit ille omnino in his verbis atque cogitavit, cum ea scriberet, quidquid hic veri potuimus invenire et quidquid nos non potuimus aut nondum potuimus et tamen in eis inveniri potest.

32. 43. Postremo, Domine, qui Deus es et non *caro et sanguis*, si quid homo minus vidit, numquid et spiritum tuum bonum, qui *deducet me in terram rectam*, latere potuit, quidquid eras in eis verbis tu ipse revelaturus legentibus posteris, etiamsi ille, per quem dicta sunt, unam fortassis ex multis veris sententiam cogitavit? Quod si ita est, sit igitur illa quam cogitavit ceteris excelsior. Nobis autem, Domine, aut ipsam demonstras aut quam placet alteram veram, ut, sive nobis hoc quod etiam illi homini tuo sive aliud ex eorumdem verborum occasione patefacias, tu tamen pascas, non error illudat. Ecce, Domine Deus meus, quam multa de paucis verbis, quam

LIBER DUODECIMUS

multa, oro te, scripsimus! Quæ nostræ vires, quæ tempora omnibus Libris tuis ad istum modum sufficient? Sine me itaque brevius in eis confiteri tibi et eligere unum aliquid quod tu inspiraveris verum, certum et bonum, etiamsi multa occurrerint, ubi multa occurrere poterunt, ea fide confessionis meæ, ut, si hoc dixero, quod sensit minister tuus, recte atque optime (id enim conari me oportet) quod si assecutus non fuero, id tamen dicam, quod mihi per eius verba tua veritas dicere voluerit, quæ illi quoque dixit quod voluit.

LIBER TERTIUS DECIMUS
CREATURA MUNDI ALLEGORICE INSPECTA

Proœmium

Deus bonus invocatur.

1. 1. Invoco te, *Deus meus, misericordia mea*, qui fecisti me et oblitum tui non oblitus es. Invoco te in animam meam quam præparas ad capiendum te ex desiderio, quod inspiras ei; nunc invocantem te ne deseras, qui priusquam invocarem prævenisti et instituisti crebrescens multimodis vocibus, ut audirem de longinquo et converterer et vocantem me invocarem te. Tu enim Domine, delevisti omnia mala merita mea, ne retribueres manibus meis, in quibus a te defeci, et prævenisti omnia bona merita mea ut retribueres manibus tuis, quibus me fecisti, quia et priusquam essem tu eras, nec eram, cui præstares ut essem, et tamen ecce sum ex bonitate tua præveniente totum hoc, quod me fecisti et unde me fecisti. Neque enim eguisti me, aut ego tale bonum sum, quo tu adiuveris, *Dominus meus et Deus meus*, non ut tibi sic serviam, quasi ne fatigeris in agendo, aut ne minor sit potestas tua carens obsequio meo, neque ut sic te colam quasi terram, ut sis incultus, si non te colam, sed ut serviam tibi et colam te, ut de te mihi bene sit, a quo mihi est, ut sim, cui bene sit.

Ex plenitudine bonitatis Dei creatura subsistit.

2. 2. Ex plenitudine quippe bonitatis tuæ creatura tua substitit, ut bonum, quod tibi nihil prodesset nec de te æquale tibi esset, tamen quia ex te fieri potuit, non deesset. Quid enim te promeruit cælum et terra, quæ fecisti *in principio*? Dicant, quid te promeruerunt spiritalis corporalisque natura, quas *fecisti in sapientia* tua, ut inde penderent etiam inchoata et informia quæque in genere suo vel spiritali vel corporali euntia in immoderationem et in longinquam dissimilitudinem tuam, spiritale informe præstantius, quam si formatum corpus esset, corporale autem informe præstantius, quam si omnino nihil esset, atque ita penderent in tuo verbo informia, nisi per idem verbum revocarentur ad unitatem tuam et formarentur et essent ab uno te summo Bono *universa bona valde*. Quid te promeruerant, ut essent saltem informia, quæ neque hoc essent nisi ex te?

2. 3. Quid te promeruit materies corporalis, ut esset saltem *invisibilis et incomposita*, quia neque hoc esset, nisi quia fecisti? Ideoque te, quia non erat, promereri ut esset non poterat. Aut quid te promeruit inchoatio creaturæ spiritalis, ut saltem tenebrosa

fluitaret similis abysso, tui dissimilis, nisi per idem verbum converteretur ad idem, a quo facta est, atque ab eo illuminata lux fieret, quamvis non æqualiter tamen conformis formæ æquali tibi? Sicut enim corpori non hoc est esse, quod pulchrum esse (alioquin deforme esse non posset) ita etiam creato spiritui non id est vivere, quod sapienter vivere; alioquin incommutabiliter saperet. *Bonum autem* illi *est hærere* tibi semper, ne, quod adeptus est conversione, aversione lumen amittat et relabatur in vitam tenebrosæ abysso similem. Nam et nos, qui secundum animam creatura spiritalis sumus, aversi a te, nostro lumine, in ea vita fuimus *aliquando tenebræ* et in reliquiis obscuritatis nostræ laboramus, donec simus *iustitia tua* in unico tuo *sicut montes Dei*: nam *iudicia tua* fuimus sicut *multa abyssus*.

Ortus rerum allegorice cogitatus et explanatus

Lux effecta, seu creatura spiritalis illuminata.

3. 4. Quod autem in primis conditionibus dixisti: *Fiat lux, et facta est lux*, non incongruenter hoc intellego in creatura spiritali, quia erat iam qualiscumque vita, quam illuminares. Sed sicut non te promeruerat, ut esset talis vita, quæ illuminari posset, ita nec cum iam esset promeruit te, ut illuminaretur. Neque enim eius informitas placeret tibi, si non lux fieret non existendo, sed intuendo illuminantem lucem eique cohærendo, ut et quod utcumque vivit et quod beate vivit, non deberet nisi gratiæ tuæ, conversa per commutationem meliorem ad id, quod neque in melius neque in deterius mutari potest; quod tu solus es, quia solus simpliciter es, cui non est aliud vivere, aliud beate vivere, quia tua beatitudo es.

Spiritus super aquas, seu bonitas Creatoris.

4. 5. Quid ergo tibi deesset ad bonum, quod tu tibi es, etiamsi ista vel omnino nulla essent vel informia remanerent, quæ non ex indigentia fecisti, sed ex plenitudine bonitatis tuæ cohibens atque convertens ad formam, non ut tamquam tuum gaudium compleatur ex eis? Perfecto enim tibi displicet eorum imperfectio, ut ex te perficiantur et tibi placeant, non autem imperfecto, tamquam et tu eorum perfectione perficiendus sis. *Spiritus* enim *tuus bonus superferebatur super aquas*, non ferebatur ab eis, tamquam in eis requiesceret. In quibus enim requiescere dicitur spiritus tuus, hos in se requiescere facit. Sed superferebatur incorruptibilis et incommutabilis voluntas tua, ipsa in se sibi sufficiens, super eam quam feceras

vitam; cui non hoc est vivere, quod beate vivere, quia vivit etiam fluitans in obscuritate sua; cui restat converti ad eum, a quo facta est, et magis magisque vivere apud fontem *vitæ et in lumine* eius videre *lumen*, et perfici et illustrari et beari.

Trinitas in ænigmate descripta.

5. 6. Ecce apparet mihi *in ænigmate* Trinitas, quod es, Deus meus, quoniam tu, Pater, *in principio* sapientiæ nostræ, quod est tua Sapientia de te nata, æqualis tibi et coæterna, id est in Filio tuo, fecisti *cælum et terram*. Et multa diximus de cælo cæli et de terra invisibili et incomposita et de abysso tenebrosa secundum spiritalis informitatis vagabunda deliquia, nisi converteretur ad eum, a quo erat qualiscumque vita, et illuminatione fieret speciosa vita et esset *cælum cæli* eius, quod inter aquam et aquam postea factum est. Et tenebam iam Patrem in Dei nomine, qui fecit hæc, et filium in principii nomine, in quo fecit hæc, et Trinitatem credens Deum meum, sicut credebam, quærebam in eloquiis sanctis eius, et ecce *spiritus* tuus *superferebatur super aquas*. Ecce Trinitas Deus meus, Pater et Filius et Spiritus Sanctus, Creator universæ creaturæ.

Cur Spiritus postremo nominatus sit.

6. 7. Sed quæ causa fuerat, o lumen veridicum, tibi admoveo cor meum, ne me vana doceat, discute tenebras eius et dic mihi, obsecro te per matrem caritatem, obsecro te, dic mihi, quæ causa fuerat, ut post nominatum cælum et terram invisibilem et incompositam et tenebras super abyssum tum demum Scriptura tua nominaret spiritum tuum? An quia oportebat sic eum insinuari, ut diceretur superferri? Non posset hoc dici, 'nisi prius illud commemoraretur, cui superferri spiritus tuus posset intellegi. Nec Patri enim nec Filio superferebatur nec superferri recte diceretur, si nulli rei superferretur. Prius ergo dicendum erat, cui superferretur, et deinde ille, quem non oportebat aliter commemorari, nisi ut superferri diceretur. Cur ergo aliter eum insinuari non oportebat, nisi ut superferri diceretur?

Spiritus Dei nos attollit.

7. 8. Iam hinc sequatur qui potest intellectu Apostolum tuum dicentem, quia *caritas tua diffusa est in cordibus nostris per Spiritum Sanctum, qui datus est nobis*, et *de spiritalibus* docentem et demonstrantem *supereminentem viam* caritatis et flectentem genua pro nobis ad te, ut cognoscamus *supereminentem scientiam*

CONFESSIONES

caritatis Christi. Ideoque ab initio supereminens *superferebatur super aquas.* Cui dicam, quomodo dicam de pondere cupiditatis in abruptam abyssum et de sublevatione caritatis per spiritum tuum, qui *superferebatur super aquas?* Cui dicam? Quomodo dicam? Neque enim loca sunt, quibus mergimur et emergimus. Quid similius et quid dissimilius? Affectus sunt, amores sunt, immunditia spiritus nostri defluens inferius amore curarum et sanctitas tui attollens nos superius amore securitatis, ut sursum cor habeamus ad te, ubi *spiritus* tuus superfertur *super aquas,* et veniamus ad supereminentem requiem, cum pertransierit *anima nostra aquas, quæ sunt sine substantia.*

Spiritus creaturarum fluxi et beatitudini restituti.

8. 9. Defluxit angelus, defluxit anima hominis et indicaverunt abyssum universæ spiritalis creaturæ in profundo tenebroso, nisi dixisses ab initio: *Fiat lux, et facta esset lux,* et inhæreret tibi omnis obœdiens intellegentia cælestis civitatis tuæ et requiesceret in spiritu tuo, qui superfertur incommutabiliter super omne mutabile. Alioquin et ipsum *cælum cæli* tenebrosa abyssus esset in se; *nunc autem lux est in Domino.* Nam et in ipsa misera inquietudine defluentium spirituum et indicantium tenebras suas nudatas veste luminis tui satis ostendis, quam magnam rationalem creaturam feceris, cui nullo modo sufficit ad beatam requiem, quidquid te minus est, ac per hoc nec ipsa sibi. Tu enim, *Deus* noster, illuminabis *tenebras* nostras; ex te oriuntur vestimenta nostra, et *tenebræ* nostræ *sicut meridies erunt.* Da mihi te, Deus meus, redde mihi te; en amo et, si parum est, amem validius. Non possum metiri, ut sciam, quantum desit mihi amoris ad id quod sat est, ut currat vita mea in amplexus tuos nec avertatur, donec abscondatur *in abscondito vultus tui.* Hoc tantum scio, quia male mihi est præter te non solum extra me sed et in me ipso, et omnis mihi copia, quæ Deus meus non est, egestas est.

Amore feruntur omnia.

9. 10. Numquid aut Pater aut Filius non superferebatur super aquas? Si tamquam loco sicut corpus, nec Spiritus Sanctus; si autem incommutabilis divinitatis eminentia super omne mutabile, et Pater et Filius et Spiritus Sanctus *superferebatur super aquas.* Cur ergo tantum de spiritu tuo dictum est hoc? Cur de illo tantum dictum est quasi locus, ubi esset, qui non est locus, de quo solo dictum est, quod sit donum tuum? In dono tuo requiescimus: ibi te fruimur. Requies nostra locus noster.

Amor illuc attollit nos *et spiritus tuus bonus* exaltat *humilitatem* nostram *de portis mortis*. In bona voluntate pax nobis est. Corpus pondere suo nititur ad locum suum. Pondus non ad ima tantum est, sed ad locum suum. Ignis sursum tendit, deorsum lapis. Ponderibus suis aguntur, loca sua petunt. Oleum infra aquam fusum super aquam attollitur, aqua supra oleum fusa, infra oleum demergitur; ponderibus suis aguntur, loca sua petunt. Minus ordinata inquieta sunt: ordinantur et quiescunt. Pondus meum amor meus; eo feror, quocumque feror. Dono tuo accendimur et sursum ferimur; inardescimus et imus. Ascendimus *ascensiones in corde* et cantamus canticum graduum. Igne tuo, igne tuo bono inardescimus et imus, quoniam sursum imus *ad pacem Hierusalem*, quoniam *iucundatus sum in his, qui dixerunt mihi: In domum Domini ibimus*. Ibi nos collocabit voluntas bona, ut nihil velimus aliud quam permanere illic *in æternum*.

Beatitudo creaturæ ad lumen indeficiens statim conversæ.

10. 11. Beata creatura, quæ non novit aliud, cum esset ipsa aliud, nisi dono tuo, quod superfertur super omne mutabile, mox ut facta est attolleretur nullo intervallo temporis in ea vocatione, qua dixisti: *Fiat lux*, et fieret *lux*. In nobis enim distinguitur tempore, quod *tenebræ* fuimus et *lux* efficimur; in illa vero dictum est, quid esset, nisi illuminaretur, et ita dictum est, quasi prius fuerit fluxa et tenebrosa, ut appareret causa, qua factum est, ut aliter esset, id est ut ad lumen indeficiens conversa lux esset. Qui potest, intellegat, a te petat. Ut quid *mihi molestus est*, quasi ego illuminem ullum *hominem venientem in hunc mundum*?

Imago Trinitatis in hominibus adumbrata.

11. 12. Trinitatem omnipotentem quis intelleget? Et quis non loquitur eam, si tamen eam? Rara anima, quæcumque de illa loquitur, scit quod loquitur. Et contendunt et dimicant, et nemo sine pace videt istam visionem. Vellem, ut hæc tria cogitarent homines in se ipsis. Longe aliud sunt ista tria quam illa Trinitas, sed dico, ubi se exerceant et probent et sentiant, quam longe sunt. Dico autem hæc tria: esse, nosse, velle. Sum enim et scio et volo: sum sciens et volens et scio esse me et velle et volo esse et scire. In his igitur tribus quam sit inseparabilis vita et una vita et una mens et una essentia, quam denique inseparabilis distinctio et tamen distinctio, videat qui potest. Certe coram se est; attendat in se et videat et dicat mihi. Sed cum invenerit in his aliquid et dixerit, non iam se putet invenisse illud, quod supra ista est

incommutabile, quod est incommutabiliter et scit incommutabiliter et vult incommutabiliter; et utrum propter tria hæc et ibi trinitas, an in singulis hæc tria, ut terna singulorum sint, an utrumque miris modis simpliciter et multipliciter infinito in se sibi fine, quo est et sibi notum est et sibi sufficit incommutabiliter id ipsum copiosa unitatis magnitudine, quis facile cogitaverit? Quis ullo modo dixerit? Quis quolibet modo temere pronuntiaverit?

Qui tenebris ignorantiæ tegebantur, Domini doctrina illuminati sunt.

12. 13. Procede in confessione, fides mea; dic Domino Deo tuo: Sancte, sancte, sancte, Domine Deus meus, *in nomine tuo baptizati* sumus, Pater et Fili et Spiritus Sancte, in nomine tuo baptizamus, Pater et Fili et Spiritus Sancte, quia et apud nos in Christo suo *fecit Deus cælum et terram*, spiritales et carnales Ecclesiæ suæ, et *terra* nostra antequam acciperet formam doctrinæ, *invisibilis erat et incomposita*, et ignorantiæ tenebris tegebamur, quoniam *pro iniquitate erudisti hominem*, et *iudicia tua sicut multa abyssus*. Sed quia *spiritus* tuus *superferebatur super aquam*, non reliquit miseriam nostram misericordia tua, et dixisti: *Fiat lux*; *pænitentiam agite, appropinquavit enim regnum cælorum. Pænitentiam agite*; *Fiat lux*, et quoniam *conturbata* erat ad nos ipsos *anima* nostra, commemorati sumus tui, Domine, *de terra Iordanis et de monte* æquali tibi, sed parvo propter nos, et displicuerunt nobis tenebræ nostræ, et conversi sumus ad te, *et facta est lux*. Et ecce fuimus *aliquando tenebræ, nunc autem lux in Domino*.

Adoptionis et redemptionis exspectatio.

13. 14. Et tamen adhuc *per fidem*, nondum *per speciem. Spe enim salvi facti sumus. Spes autem, quæ videtur, non est spes*. Adhuc *abyssus abyssum invocat*, sed iam *in voce cataractarum tuarum*. Adhuc et ille qui dicit: *Non potui vobis loqui quasi spiritalibus, sed quasi carnalibus*, etiam ipse nondum se arbitratur comprehendisse, *et quæ retro oblitus, in ea, quæ ante sunt*, extenditur et ingemescit gravatus, et sitit *anima* eius ad *Deum vivum, quemadmodum cervi ad fontes aquarum*, et dicit: *Quando veniam? Habitaculum* suum, *quod de cælo est, superindui* cupiens, et invocat inferiorem abyssum dicens: *Nolite conformari huic sæculo, sed reformamini in novitate mentis vestræ*; et: *Nolite pueri effici mentibus, sed malitia parvuli estote, ut mentibus perfecti sitis*; et: *O stulti Galatæ, quis vos fascinavit?* Sed iam non in voce sua; in tua enim, qui misisti *spiritum tuum de excelsis* per eum, qui ascendit *in altum*

et aperuit *cataractas* donorum suorum, ut *fluminis impetus* lætificarent *civitatem* tuam. Illi enim suspirat *sponsi amicus*, habens iam *spiritus primitias* penes eum, sed adhuc in semetipso ingemescens, *adoptionem* exspectans, *redemptionem corporis* sui; illi suspirat (membrum est enim sponsæ) et illi zelat (*amicus* est enim *sponsi*),illi zelat, non sibi, quia *in voce cataractarum tuarum*, non in voce sua *invocat* alteram *abyssum*, cui zelans timet, *ne sicut serpens Evam decepit astutia sua*, sic et eorum *sensus corrumpantur a castitate, quæ est* in sponso nostro, Unico tuo. Quæ est illa speciei lux? Cum *videbimus eum, sicuti est*, et transierint *lacrimæ, quæ mihi factæ sunt panis die ac nocte, dum dicitur mihi quotidie: Ubi est Deus tuus?*

Fides et spes.

14. 15. Et ego dico: " Deus meus ubi es? ". Ecce ubi es. Respiro in te paululum, cum effundo *super me animam meam in voce exsultationis et confessionis soni festivitatem celebrantis*. Et adhuc tristis est, quia relabitur et fit abyssus, vel potius sentit adhuc se esse abyssum. Dicit ei fides mea, quam accendisti in nocte ante pedes meos: *Quare tristis es, anima, et quare conturbas me? Spera in Domino; lucerna pedibus* tuis *verbum* eius. *Spera* et persevera, donec transeat nox, mater iniquorum, donec transeat ira Domini, cuius *filii et nos* fuimus *aliquando tenebræ*, quarum residua trahimus in corpore *propter peccatum mortuo*, donec aspiret dies et removeantur umbræ. *Spera in Domino: Mane astabo et* contemplabor; *semper confitebor illi. Mane astabo et videbo salutare vultus mei*, Deum meum, *qui vivificabit et mortalia corpora* nostra *propter spiritum, qui habitat in* nobis, quia super interius nostrum tenebrosum et fluvidum misericorditer superferebatur. Unde in hac peregrinatione pignus accepimus, ut iam simus lux, dum adhuc *spe salvi facti sumus*, et *filii lucis et filii diei, non* filii *noctis neque tenebrarum*, quod tamen fuimus. Inter quos et nos in isto adhuc incerto humanæ notitiæ tu solus dividis, *qui probas corda nostra* et vocas *lucem diem et tenebras noctem. Quis enim nos discernit* nisi tu? *Quid autem* habemus, *quod non* accepimus *a te, ex eadem massa* vasa *in honorem*, ex qua sunt et alia facta *in contumeliam*?

Firmamentum, seu Scripturæ constans auctoritas.

15. 16. Aut quis nisi tu, Deus noster, fecisti nobis firmamentum auctoritatis super nos in Scriptura tua divina? *Cælum* enim *plicabitur ut liber*, et nunc sicut pellis extenditur super nos. Sublimioris enim auctoritatis est tua divina Scriptura, cum

iam obierunt istam mortem illi mortales, per quos eam dispensasti nobis. *Et tu scis, Domine, tu scis*, quemadmodum pellibus indueris homines, cum peccato mortales fierent. Unde *sicut pellem* extendisti firmamentum Libri tui, concordes utique sermones tuos, quos per mortalium ministerium superposuisti nobis. Namque ipsa eorum morte solidamentum auctoritatis in eloquiis tuis per eos editis sublimiter extenditur super omnia, quæ subter sunt, quod, cum hic viverent, non ita sublimiter extentum erat. Nondum *sicut pellem cælum* extenderas, nondum mortis eorum famam usquequaque dilataveras.

15. 17. Videamus, Domine, *cælos, opera digitorum tuorum*; disserena oculis nostris nubilum, quo subtexisti eos. Ibi est *testimonium* tuum *sapientiam præstans parvulis*. Perfice, Deus meus, *laudem* tuam *ex ore infantium et lactentium*. Neque enim novimus alios libros ita destruentes superbiam, ita destruentes *inimicum et defensorem* resistentem reconciliationi tuæ defendendo peccata sua. Non novi, Domine, non novi alia tam *casta eloquia*, quæ sic mihi persuaderent confessionem et lenirent cervicem meam iugo tuo et invitarent colere te gratis. Intellegam ea, Pater bone, da mihi hoc subterposito, quia subterpositis solidasti ea.

Aquæ super firmamentum, seu populi angelorum.

15. 18. Sunt aliæ aquæ super hoc firmamentum, credo, immortales et a terrena corruptione secretæ. *Laudent nomen* tuum, *laudent* te supercælestes populi angelorum tuorum, qui non opus habent suspicere firmamentum hoc et legendo cognoscere verbum tuum. *Vident* enim *faciem* tuam *semper*, et ibi legunt sine syllabis temporum, quid velit æterna voluntas tua. Legunt, eligunt et diligunt; semper legunt et numquam præterit quod legunt. Eligendo enim et diligendo legunt ipsam incommutabilitatem consilii tui. Non clauditur codex eorum nec plicatur liber eorum, quia tu ipse illis hoc es et es in æternum, quia super hoc firmamentum ordinasti eos, quod firmasti super infirmitatem inferiorum populorum, ubi suspicerent et cognoscerent misericordiam tuam temporaliter enuntiantem te, qui fecisti tempora. *In cælo* enim, Domine, *misericordia tua et veritas tua usque ad nubes*. Transeunt nubes, cælum autem manet. Transeunt prædicatores verbi tui ex hac vita in aliam vitam, Scriptura vero tua usque in finem sæculi super populos extenditur. Sed et *cælum et terra transibunt, sermones autem tui non transibunt*, quoniam et pellis plicabitur et fænum, super quod extendebatur, cum claritate sua præteriet,

LIBER TERTIUS DECIMUS

verbum autem tuum *manet in æternum*, quod nunc *in ænigmate* nubium *et per speculum* cæli, non sicuti est, apparet nobis, quia et nos quamvis Filio tuo dilecti sumus, *nondum apparuit quod erimus*. Attendit per retia carnis et blanditus est et inflammavit, et currimus post odorem eius. Sed *cum apparuerit, similes ei erimus, quoniam videbimus eum, sicuti est*; sicuti est, Domine, videre nostrum, quod nondum est nobis.

Anima sitit et esurit.

16. 19. Nam sicut omnino tu es, tu scis solus, qui es incommutabiliter et scis incommutabiliter et vis incommutabiliter. Et essentia tua scit et vult incommutabiliter et scientia tua est et vult incommutabiliter et voluntas tua est et scit incommutabiliter. Nec videtur iustum esse coram te, ut, quemadmodum se scit lumen incommutabile, ita sciatur ab illuminato commutabili. Ideoque *anima mea tamquam terra sine aqua tibi*, quia sicut se illuminare de se non potest, ita se satiare de se non potest. Sic enim *apud te fons vitæ*, quomodo *in lumine tuo videbimus lumen.*

Congregatio aquarum, seu societas ethnice viventium.

17. 20. Quis congregavit amaricantes in societatem unam? Idem namque illis finis est temporalis et terrenæ felicitatis, propter quam faciunt omnia, quamvis innumerabili varietate curarum fluctuent. Quis, Domine, nisi tu, qui dixisti, ut congregarentur *aquæ in congregationem unam et* appareret *arida* sitiens tibi? *Quoniam* tuum *est mare, et* tu fecisti *illud, et aridam terram manus* tuæ *formaverunt?* Neque enim amaritudo voluntatum, sed congregatio aquarum vocatur mare. Tu enim coherces etiam malas cupiditates animarum et figis limites, quousque progredi sinantur, atque ut in se comminuantur fluctus earum. Atque ita facis mare ordine imperii tui super omnia.

Terra arida eiusque fructus, seu animæ sitientes Deo et bene facientes.

17. 21. At animas sitientes tibi et apparentes tibi alio fine distinctas a societate maris occulto et dulci fonte irrigas, ut et terra det fructum suum; et dat fructum suum et te iubente, Domino Deo suo, germinat anima nostra opera misericordiæ *secundum genus*, diligens proximum in subsidiis necessitatum carnalium, *habens in se semen secundum similitudinem*, quoniam ex nostra infirmitate compatimur ad

subveniendum indigentibus similiter opitulantes, quemadmodum nobis vellemus opem ferri, si eodem modo indigeremus, non tantum in facilibus tamquam in herba seminali, sed etiam in protectione adiutorii forti robore, sicut lignum fructiferum, id est beneficum ad eripiendum eum, qui iniuriam patitur, de manu potentis et præbendo protectionis umbraculum valido robore iusti iudicii.

Sol, luna et stellæ, seu operationes spiritus.

18. 22. Ita, Domine, ita, oro te, oriatur, sicuti facis, sicuti das hilaritatem et facultatem, oriatur *de terra veritas, et iustitia de cælo* respiciat, et *fiant in firmamento luminaria.* Frangamus *esurienti panem* nostrum et egenum *sine tecto* inducamus *in domum* nostram, *nudum* vestiamus *et domesticos seminis nostri* non despiciamus. Quibus in terra natis fructibus vide, quia bonum est, et erumpat *temporaria lux* nostra, et de ista inferiore fruge actionis in delicias contemplationis verbum vitæ superius obtinentes appareamus *sicut luminaria in mundo* cohærentes firmamento Scripturæ tuæ. Ibi enim nobiscum disputas, ut dividamus inter intellegibilia et sensibilia tamquam inter diem et noctem vel inter animas alias intellegibilibus, alias sensibilibus deditas, ut iam non tu solus in abdito diiudicationis tuæ, sicut antequam fieret firmamentum, dividas inter lucem et tenebras, sed etiam spiritales tui in eodem firmamento positi atque distincti manifestata per orbem gratia tua *luceant super terram et dividant inter diem et noctem et significent tempora*, quia *vetera transierunt, ecce facta sunt nova*, et quia *propior est nostra salus, quam cum credidimus*, et quia *nox præcessit, dies autem appropinquavit*, et quia *benedicis coronam anni tui*, mittens *operarios in messem* tuam, in qua seminanda *alii laboraverunt*, mittens etiam in aliam sementem, cuius messis in fine est. Ita das vota optanti et benedicis annos iusti, *tu autem idem ipse es* et in annis tuis, qui non deficiunt, horreum præparas annis transeuntibus. Æterno quippe consilio propriis temporibus bona cælestia das super terram.

18. 23. Quoniam quidem *alii datur per spiritum sermo sapientiæ* tamquam *luminare maius* propter eos, qui perspicuæ veritatis luce delectantur tamquam in principio diei, *alii autem sermo scientiæ secundum eumdem spiritum* tamquam *luminare minus, alii fides, alii donatio curationum, alii operationes virtutum, alii prophetia, alii diiudicatio spirituum, alteri genera linguarum*, et hæc omnia tamquam stellæ. *Omnia enim hæc operatur unus atque idem spiritus, dividens propria unicuique prout vult* et

faciens apparere sidera in manifestatione *ad utilitatem. Sermo* autem *scientiæ*, qua continentur omnia sacramenta, quæ variantur temporibus tamquam luna, et ceteræ notitiæ donorum, quæ deinceps tamquam stellæ commemorata sunt, quantum differunt ab illo candore sapientiæ, quo gaudet prædictus dies, tantum in principio noctis sunt. His enim sunt necessaria, quibus ille prudentissimus servus tuus *non* potuit *loqui quasi spiritalibus, sed quasi carnalibus,* ille, qui *sapientiam* loquitur *inter perfectos. Animalis autem homo* tamquam parvulus in Christo lactisque potator, donec roboretur ad solidum cibum et aciem firmet ad solis aspectum, non habeat desertam noctem suam, sed luce lunæ stellarumque contentus sit. Hæc nobiscum disputas sapientissime, Deus noster, in libro tuo, firmamento tuo, ut discernamus omnia contemplatione mirabili, quamvis adhuc in signis et in temporibus et in diebus et in annis.

Electorum incitatio.

19. 24. Sed prius *lavamini, mundi estote, auferte nequitiam ab animis vestris atque a conspectu oculorum meorum, ut appareat arida. Discite bonum facere, iudicate pupillo et iustificate viduam, ut germinet terra herbam pabuli et lignum fructiferum, et venite, disputemus, dicit Dominus, ut fiant luminaria in firmamento cæli, et luceant super terram.* Quærebat dives ille a magistro bono, quid faceret, ut *vitam æternam* consequeretur; dicat ei magister bonus, quem putabat hominem et nihil amplius (*bonus est* autem, quia *Deus* est) dicat ei, ut, si vult *venire ad vitam*, servet *mandata*, separet a se amaritudinem malitiæ atque nequitiæ, non occidat, non mœchetur, non furetur, non *falsum testimonium* dicat, ut *appareat arida et germinet* honorem matris et patris et dilectionem proximi. *Feci*, inquit, *hæc omnia.* Unde ergo tantæ spinæ, si terra fructifera est? *Vade*, exstirpa silvosa dumeta avaritiæ, *vende quæ possides et* implere frugibus dando *pauperibus et habebis thesaurum in cælis et sequere* Dominum, *si vis esse perfectus*, eis sociatus, inter quos loquitur *sapientiam* ille, qui novit, quid distribuat diei et nocti, ut noris et tu, ut *fiant et* tibi *luminaria in firmamento cæli*; quod non fiet, nisi fuerit illic *cor tuum*; quod item non fiet, nisi fuerit illic *thesaurus tuus*, sicut audisti a Magistro bono. Sed contristata est terra sterilis, *et spinæ suffocaverunt verbum.*

19. 25. Vos autem, *genus electum, infirma mundi*, qui dimisistis omnia, ut sequeremini Dominum, ite post eum et confundite *fortia*, ite post eum, *speciosi pedes*,

et lucete *in firmamento*, ut *cæli enarrent gloriam* eius, dividentes inter *lucem* perfectorum, sed nondum sicut angelorum, et *tenebras* parvulorum, sed non desperatorum; lucete *super* omnem *terram*, et *dies* sole candens eructet *diei verbum sapientiæ et nox*, luna lucens, annuntiet *nocti verbum scientiæ*. Luna et stellæ nocti lucent, sed nox non obscurat eas, quoniam ipsæ illuminant eam pro modulo eius. Ecce enim tamquam Deo dicente: *Fiant luminaria in firmamento cæli, factus est subito de cælo sonus, quasi ferretur flatus vehemens, et visæ sunt linguæ divisæ quasi ignis, qui et insedit super unumquemque illorum* , et facta sunt *luminaria in firmamento cæli* verbum *vitæ* habentia. Ubique discurrite, ignes sancti, ignes decori. *Vos* enim *estis lumen mundi* nec estis *sub modio*. Exaltatus est, cui adhæsistis, et exaltavit vos. Discurrite et innotescite omnibus gentibus.

Reptilia, seu sacramenta; cœti, seu miracula; volatilia, seu nuntii Dei.

20. 26. Concipiat et mare et pariat opera vestra, et *producant aquæ reptilia animarum vivarum*. Separantes enim *pretiosum a vili* facti estis *os Dei*, per quod diceret: *Producant aquæ* non animam vivam, quam terra producet, sed *reptilia animarum vivarum et volatilia volantia super terram*. Repserunt enim sacramenta tua, Deus, per opera sanctorum tuorum inter medios fluctus temptationum sæculi ad imbuendas gentes nomine tuo in baptismo tuo. Et inter hæc facta sunt magnalia mirabilia tamquam cœti grandes et voces nuntiorum tuorum volantes super terram iuxta firmamentum Libri tui præposito illo sibi ad auctoritatem, sub quo volitarent, quocumque irent. *Neque* enim *sunt loquelæ neque sermones, quorum non audiantur voces eorum*, quando *in omnem terram exiit sonus eorum et in fines orbis terræ verba eorum*, quoniam tu, Domine, benedicendo multiplicasti hæc.

Aquæ, seu gentes.

20. 27. Numquid mentior aut mixtione misceo neque distinguo lucidas cognitiones harum rerum in firmamento cæli et opera corporalia in undoso mari et sub firmamento cæli? Quarum enim rerum notitiæ sunt solidæ et terminatæ sine incrementis generationum tamquam lumina sapientiæ et scientiæ, earumdem rerum sunt operationes corporales multæ ac variæ, et aliud ex alio crescendo multiplicantur in benedictione tua, Deus, qui consolatus es fastidia sensuum mortalium, ut in cognitione animi res una multis modis per corporis motiones figuretur atque dicatur. Aquæ produxerunt hæc, sed in verbo tuo. Necessitates

alienatorum ab æternitate veritatis tuæ populorum produxerunt hæc, sed in Evangelio tuo, quoniam ipsæ aquæ ista eiecerunt, quarum amarus languor fuit causa, ut in tuo verbo ista producerent.

20. 28. Et pulchra sunt omnia faciente te, et ecce tu inenarrabiliter pulchrior, qui fecisti omnia. A quo si non esset lapsus Adam, non diffunderetur ex utero eius salsugo maris, genus humanum profunde curiosum et procellose tumidum et instabiliter fluvidum, atque ita non opus esset, ut in aquis multis corporaliter et sensibiliter operarentur dispensatores tui mystica facta et dicta. Sic enim mihi nunc occurrerunt reptilia et volatilia, quibus imbuti et initiati homines corporalibus sacramentis subditi non ultra proficerent, nisi spiritaliter vivesceret anima gradu alio et post initii verbum in consummationem respiceret.

Anima viva, seu fidelis.

21. 29. Ac per hoc in verbo tuo non maris profunditas, sed ab aquarum amaritudine terra discreta eicit non reptilia animarum vivarum et volatilia, sed *animam vivam*. Neque enim iam opus habet baptismo, quo gentibus opus est, sicut opus habebat, cum aquis tegeretur: non enim intratur aliter *in regnum cælorum* ex illo, quo instituisti, ut sic intretur; nec magnalia mirabilium quærit, quibus fiat fides; neque enim *nisi signa et prodigia* viderit, non credit, cum iam distincta sit terra fidelis ab aquis maris infidelitate amaris, et *linguæ in signo sunt non fidelibus, sed infidelibus*. Nec isto igitur genere volatili, quod verbo tuo produxerunt aquæ, opus habet terra, quam fundasti *super aquas*. Immitte in eam verbum tuum per nuntios tuos. Opera enim eorum narramus, sed tu es, qui operaris in eis, ut operentur *animam vivam*. Terra producit eam, quia terra causa est, ut hæc agant in ea, sicut mare fuit causa, ut agerent *reptilia animarum vivarum et volatilia sub firmamento cæli*, quibus iam terra non indiget, quamvis piscem manducet levatum de profundo in ea mensa, quam *parasti in conspectu* credentium; ideo enim de profundo levatus est, ut alat aridam. Et aves marina progenies, sed tamen super terram multiplicantur. Primarum enim vocum evangelizantium infidelitas hominum causa extitit; sed et fideles exhortantur et benedicuntur ab eis multipliciter *de die in diem*. At vero anima viva de terra sumit exordium, quia non prodest nisi iam fidelibus continere se ab amore huius sæculi, ut anima eorum tibi vivat, quæ *mortua* erat *in deliciis vivens*, deliciis, Domine, mortiferis; nam tu puri cordis vitales deliciæ.

CONFESSIONES

21. 30. Operentur ergo iam in terra ministri tui, non sicut in aquis infidelitatis annuntiando et loquendo per miracula et sacramenta et voces mysticas, ubi intenta fit ignorantia mater admirationis in timore occultorum signorum (talis enim est introitus ad fidem filiis Adam oblitis tui, dum se abscondunt a facie tua et fiunt abyssus) sed operentur etiam sicut in arida discreta a gurgitibus abyssi et sint *forma fidelibus* vivendo coram eis et excitando ad imitationem. Sic enim non tantum ad audiendum sed etiam ad faciendum audiunt: *Quærite Deum, et vivet anima vestra, ut producat terra animam viventem. Nolite conformari huic sæculo*, continete vos ab eo. Evitando vivit anima, quæ appetendo moritur. Continete vos ab immani feritate superbiæ, ab inerti voluptate luxuriæ et a fallaci nomine scientiæ, ut sint bestiæ mansuetæ et pecora edomita et innoxii serpentes. Motus enim animæ sunt isti in allegoria: sed fastus elationis et delectatio libidinis et venenum curiositatis motus sunt animæ mortuæ, quia non ita moritur, ut omni motu careat, quoniam discedendo a fonte vitæ moritur atque ita suscipitur a prætereunte sæculo et conformatur ei.

Bestiæ terræ seu affectus animæ boni.

21. 31. Verbum autem tuum, Deus, fons vitæ æternæ est et non præterit; ideoque in verbo tuo cohibetur ille discessus, dum dicitur nobis: *Nolite conformari huic sæculo, ut producat terra* in fonte vitæ *animam viventem*, in verbo tuo per Evangelistas tuos animam continentem imitando imitatores Christi tui. Hoc est enim *secundum genus*, quoniam æmulatio viri ab amico est: *Estote*, inquit, *sicut ego, quia et ego sicut vos*. Ita erunt in anima viva bestiæ bonæ in mansuetudine actionis. Mandasti enim dicens: *In mansuetudine opera tua perfice et ab omni homine diligeris*. Et pecora bona neque si manducaverint, abundantia, neque si non manducaverint, egentia, et serpentes boni non perniciosi ad nocendum, sed astuti ad cavendum et tantum explorantes temporalem naturam, quantum sufficit, *ut per ea, quæ facta sunt, intellecta* conspiciatur æternitas. Serviunt enim rationi hæc animalia, cum a progressu mortifero cohibita vivunt et bona sunt.

Homo ad imaginem Dei factus, seu renovatus.

22. 32. Ecce enim, Domine Deus noster, Creator noster, cum cohibitæ fuerint affectiones ab amore sæculi, quibus moriebamur male vivendo, et cœperit esse anima vivens bene vivendo completumque fuerit verbum tuum, quo per Apostolum tuum dixisti: *Nolite conformari huic sæculo*, consequetur illud, quod adiunxisti statim

et dixisti: *Sed reformamini in novitate mentis vestræ*, non iam *secundum genus*, tamquam imitantes præcedentem proximum nec ex hominis melioris auctoritate viventes. Neque enim dixisti: "Fiat homo secundum genus", sed: *Faciamus hominem ad imaginem et similitudinem nostram*, ut nos probemus, *quæ sit voluntas tua*. Ad hoc enim dispensator ille tuus generans per Evangelium filios, ne semper parvulos haberet, quos lacte nutriret et tamquam nutrix foveret: *Reformamini*, inquit, *in novitate mentis vestræ ad probandum vos, quæ sit voluntas Dei, quod bonum et beneplacitum et perfectum*. Ideoque non dicis: "Fiat homo", sed: "*Faciamus*," nec dicis: "Secundum genus", sed: "*ad imaginem et similitudinem nostram.*" Mente quippe renovatus et conspiciens intellectam veritatem tuam homine demonstratore non indiget, ut suum genus imitetur, sed te demonstrante probat ipse, *quæ sit voluntas tua, quod bonum et beneplacitum et perfectum*, et doces eum iam capacem videre trinitatem Unitatis vel unitatem Trinitatis. Ideoque pluraliter dicto: *Faciamus hominem*, singulariter tamen infertur: *Et fecit Deus hominem*, et pluraliter dicto: *ad imaginem nostram*, singulariter infertur: *ad imaginem Dei*. Ita homo *renovatur in agnitione Dei secundum imaginem eius, qui creavit eum, et spiritalis* effectus *iudicat omnia*, quæ utique iudicanda sunt *ipse* autem *a nemine iudicatur*.

Quæ sit potestas hominis spiritalis.

23. 33. Quod autem *iudicat omnia*, hoc est, quod habet potestatem piscium *maris* et volatilium *cæli* et omnium pecorum et ferarum et omnis *terræ* et omnium repentium, *quæ repunt super terram*. Hoc enim agit per mentis intellectum, per quem *percipit quæ sunt spiritus Dei*. Alioquin *homo in honore positus non intellexit; comparatus est iumentis insensatis et similis factus est eis*. Ergo in Ecclesia tua, Deus noster, *secundum gratiam* tuam, quam dedisti ei, quoniam tuum *sumus figmentum creati in operibus bonis*, non solum qui spiritaliter præsunt sed etiam hi qui spiritaliter subduntur eis qui præsunt (*masculum* enim *et feminam* fecisti hominem hoc modo in gratia tua spirituali, ubi secundum sexum corporis *non est masculus et femina*, quia *nec Iudæus neque Græcus neque servus neque liber*) spiritales ergo, sive qui præsunt sive qui obtemperant, spiritaliter iudicant, non de cognitionibus spiritalibus, quæ lucent *in firmamento* (non enim oportet de tam sublimi auctoritate iudicare) neque de ipso libro tuo, etiam si quid ibi non lucet, quoniam summittimus ei nostrum intellectum certumque habemus etiam quod clausum est aspectibus nostris, recte veraciterque dictum esse (sic enim homo, licet iam spiritalis et renovatus *in*

agnitione Dei secundum imaginem eius, qui creavit eum, factor tamen *legis* debet esse, non *iudex*) neque de illa distinctione iudicat spiritalium videlicet atque carnalium hominum, qui tuis, Deus noster, oculis noti sunt et nullis adhuc nobis apparuerunt operibus, ut *ex fructibus eorum* cognoscamus eos, sed tu, Domine, iam scis eos et divisisti et vocasti in occulto, antequam fieret firmamentum. Neque de turbidis huius sæculi populis quamquam *spiritalis* homo *iudicat. Quid enim ei de his, qui foris sunt, iudicare* ignoranti, quis inde venturus sit in dulcedinem gratiæ tuæ et quis in perpetua impietatis amaritudine remansurus?

23. 34. Ideoque homo, quem fecisti ad imaginem tuam, non accepit potestatem luminarium cæli neque ipsius occulti cæli neque diei et noctis, quæ ante cæli constitutionem vocasti, neque congregationis aquarum, quod est mare, sed accepit potestatem piscium *maris* et volatilium *cæli* et omnium pecorum et omnis *terræ* et omnium repentium, *quæ repunt super terram*. Iudicat enim et approbat, quod recte, improbat autem, quod perperam invenerit, sive in ea solemnitate sacramentorum, quibus initiantur quos pervestigat in aquis multis misericordia tua, sive in ea, qua ille piscis exhibetur, quem levatum de profundo terra pia comedit, sive in verborum signis vocibusque subiectis auctoritati Libri tui tamquam sub firmamento volitantibus, interpretando, exponendo, disserendo, disputando, benedicendo atque invocando te, ore erumpentibus atque sonantibus signis, ut respondeat populus: *Amen*. Quibus omnibus vocibus corporaliter enuntiandis causa est abyssus sæculi et cæcitas carnis, qua cogitata non possunt videri, ut opus sit instrepere in auribus. Ita, quamvis *multiplicentur volatilia super terram*, ex aquis tamen originem ducunt. *Iudicat* etiam *spiritalis* approbando, quod rectum, improbando autem, quod perperam invenerit in operibus moribusque fidelium, eleemosynis tamquam terra fructifera et de anima viva mansuefactis affectionibus, *in castitate, in ieiuniis*, in cogitationibus piis de his, quæ per sensum corporis percipiuntur. De his enim iudicare nunc dicitur, in quibus et potestatem corrigendi habet.

Propagatio humani generis, seu fecunditas intellectus et oris.

24. 35. *Sed quid est hoc* et quale mysterium est? Ecce benedicis homines, o Domine, ut crescant et multiplicentur et impleant terram. Nihilne nobis ex hoc innuis, ut intellegamus aliquid? Cur non ita benedixeris lucem, quam vocasti diem, nec firmamentum cæli nec luminaria nec sidera nec terram nec mare? Dicerem te, Deus

noster, qui nos ad imaginem tuam creasti, dicerem te hoc donum benedictionis homini proprie voluisse largiri, nisi hoc modo benedixisses pisces et cœtos, ut crescerent et multiplicarentur et implerent aquas maris, et volatilia multiplicarentur super terram. Item dicerem ad ea rerum genera pertinere benedictionem hanc, quæ gignendo ex semetipsis propagantur, si eam reperirem in arbustis et fructetis et in pecoribus terræ. Nunc autem nec herbis et lignis dictum est nec bestiis et serpentibus: "Crescite et multiplicamini", cum hæc quoque omnia sicut pisces et aves et homines gignendo augeantur genusque custodiant.

24. 36. Quid igitur dicam, lumen meum, veritas? Quia vacat hoc, quia inaniter ita dictum est? Nequaquam, Pater pietatis, absit, ut hoc dicat servus verbi tui. Et si ego non intellego, quid hoc eloquio significes, utantur eo melius meliores, id est intellegentiores quam ego sum, unicuique quantum sapere dedisti. Placeat autem et confessio mea *coram oculis* tuis, qua tibi confiteor credere me, Domine, non incassum te ita locutum, neque silebo, quod mihi lectionis huius occasio suggerit. Verum est enim, nec video, quid impediat ita me sentire dicta figurata Librorum tuorum. Novi enim multipliciter significari per corpus, quod uno modo mente intellegitur, et multipliciter mente intellegi, quod uno modo per corpus significatur. Ecce simplex dilectio Dei et proximi, quam multiplicibus sacramentis et innumerabilibus linguis et in unaquaque lingua innumerabilibus locutionum modis corporaliter enuntiatur! Ita crescunt et multiplicantur fetus aquarum. Attende iterum quisquis hæc legis. Ecce quod uno modo Scriptura offert et vox personat: *In principio Deus fecit cælum et terram*, nonne multipliciter intellegitur, non errorum fallacia, sed verarum intellegentiarum generibus? Ita crescunt et multiplicantur fetus hominum.

24. 37. Itaque si naturas ipsas rerum non allegorice, sed proprie cogitemus, ad omnia, quæ de seminibus gignuntur, convenit verbum: *Crescite et multiplicamini*. Si autem figurate posita ista tractemus (quod potius arbitror intendisse Scripturam, quæ utique non supervacue solis aquatilium et hominum fetibus istam benedictionem attribuit) invenimus quidem multitudines et in creaturis spiritalibus atque corporalibus tamquam in cælo et terra et in animis iustis et iniquis tamquam in luce et tenebris et in sanctis auctoribus, per quos lex ministrata est, tamquam in firmamento, quod solidatum est inter aquam et aquam, et in societate amaricantium populorum tamquam in mari et in studio piarum animarum tamquam in arida et in

operibus misericordiæ secundum præsentem vitam tamquam in herbis seminalibus et lignis fructiferis et in spiritalibus donis manifestatis ad utilitatem sicut in luminaribus cæli et in affectibus formatis ad temperantiam tamquam in anima viva. In his omnibus nanciscimur multitudines et ubertates et incrementa; sed quod ita crescat et multiplicetur, ut una res multis modis enuntietur et una enuntiatio multis modis intellegatur, non invenimus nisi in signis corporaliter editis et rebus intellegibiliter excogitatis. Signa corporaliter edita generationes aquarum propter necessarias causas carnalis profunditatis, res autem intellegibiliter excogitatas generationes humanas propter rationis fecunditatem intelleximus. Et ideo credidimus utrique horum generi dictum esse abs te, Domine: *Crescite et multiplicamini.* In hac enim benedictione concessam nobis a te facultatem ac potestatem accipi et multis modis enuntiare, quod uno modo intellectum tenuerimus, et multis modis intellegere, quod obscure uno modo enuntiatum legerimus. Sic implentur aquæ maris, quæ non moventur nisi variis significationibus, sic et fetibus humanis impletur et terra, cuius ariditas apparet in studio, et dominatur ei ratio.

Herba et ligna, seu opera misericordiæ ministris Dei debita.

25. 38. Volo etiam dicere, Domine Deus meus, quod me consequens tua Scriptura commonet, et dicam nec verebor. Vera enim dicam te mihi inspirante, quod ex eis verbis voluisti ut dicerem. Neque enim alio præter te inspirante credo me verum dicere, cum tu sis *Veritas, omnis autem homo mendax.* Et ideo *qui loquitur mendacium, de suo loquitur.* Ergo ut verum loquar, de tuo loquor: *Ecce* dedisti nobis *in escam omne fænum sativum seminans semen, quod est super omnem terram, et omne lignum, quod habet in se fructum seminis sativi.* Nec nobis solis sed et omnibus avibus cæli et bestiis terræ atque serpentibus; piscibus autem et cœtis magnis non dedisti hæc. Dicebamus enim eis terræ fructibus significari et in allegoria figurari opera misericordiæ, quæ huius vitæ necessitatibus exhibentur ex terra fructifera. Talis terra erat pius Onesiphorus, cuius domui dedisti *misericordiam, quia frequenter* Paulum tuum *refrigeravit et catenam* eius *non erubuit.* Hoc fecerunt *et fratres* et tali fruge fructificaverunt, qui *quod ei deerat suppleverunt ex Macedonia.* Quomodo autem dolet quædam ligna, quæ fructum ei debitum non dederunt, ubi ait: *In prima mea defensione nemo mihi affuit, sed omnes me dereliquerunt: non illis imputetur.* Esca enim debetur eis, qui ministrant doctrinam rationalem per intellegentias divinorum

mysteriorum, et ita eis debetur tamquam hominibus. Debetur eis autem sicut animæ vivæ præbentibus se ad imitandum in omni continentia. Item debetur eis tamquam volatilibus propter benedictiones eorum, quæ multiplicantur super terram, quoniam *in omnem terram exiit sonus eorum.*

Recta sit voluntas datoris.

26. 39. Pascuntur autem his escis qui lætantur eis, nec illi lætantur eis, *quorum deus venter.* Neque enim et in illis, qui præbent ista, ea, quæ dant, fructus est, sed quo animo dant. Itaque ille, qui Deo serviebat, non suo ventri, video plane, unde gaudeat, video et congratulor ei valde. Acceperat enim a Philippensibus quæ per Epaphroditum miserant; sed tamen unde gaudeat, video. Unde autem gaudet, inde pascitur, quia in veritate loquens: *Gavisus sum*, inquit, *magnifice in Domino, quia tandem aliquando repullulastis sapere pro me, in quo sapiebatis; tædium autem habuistis.* Isti ergo diuturno tædio marcuerant et quasi exaruerant ab isto fructu boni operis, et gaudet eis, quia repullularunt, non sibi, quia eius indigentiæ subvenerunt. Ideo secutus ait: *Non quod desit aliquid dico; ego enim didici, in quibus sum, sufficiens esse. Scio et minus habere, scio et abundare; in omnibus et in omni imbutus sum, et satiari et esurire et abundare et penuriam pati: omnia possum in eo, qui me confortat.*

Recta voluntate datoris, non doni usu lætemur.

26. 40. Unde ergo gaudes, o Paule magne? Unde gaudes, unde pasceris, homo renovate *in agnitione Dei secundum imaginem eius, qui creavit te*, et anima viva tanta continentia et lingua volatilis loquens mysteria? Talibus quippe animantibus ista esca debetur. Quid est, quod te pascit? Lætitia. Quod sequitur audiam: *Verumtamen*, inquit, *benefecistis communicantes tribulationi meæ.* Hinc gaudet, hinc pascitur, quia illi bene fecerunt, non quia eius angustia relaxata est, qui dicit tibi: *In tribulatione dilatasti mihi*, quia *et abundare et penuriam pati* novit in te, qui confortas eum. *Scitis enim*, inquit, *etiam vos, Philippenses, quoniam in principio Evangelii, cum ex Macedonia sum profectus, nulla mihi Ecclesia communicavit in ratione dati et accepti nisi vos soli, quia et Thessalonicam et semel et iterum usibus meis misistis.* Ad hæc bona opera eos redisse nunc gaudet et repullulasse lætatur tamquam revivescente fertilitate agri.

26. 41. Numquid propter usus suos, quia dixit: *Usibus meis misistis*, numquid

propterea gaudet? Non propterea. Et hoc unde scimus? Quoniam ipse sequitur dicens: *Non quia quæro datum, sed requiro fructum.* Didici a te, Deus meus, inter *datum et fructum* discernere. Datum est res ipsa, quam dat, qui impertitur hæc necessaria, veluti est nummus, cibus, potus, vestimentum, tectum, adiutorium. Fructus autem bona et recta voluntas datoris est. Non enim ait Magister bonus: *Qui susceperit prophetam* tantum, sed addidit: *in nomine Prophetæ*; neque ait tantum: *Qui susceperit iustum,* sed addidit: *in nomine iusti*; ita quippe ille mercedem Prophetæ, iste mercedem iusti accipiet. Nec solum ait: *Qui calicem aquæ frigidæ potum dederit uni ex minimis meis,* sed addidit: *tantum in nomine discipuli,* et sic adiunxit: *Amen dico vobis, non perdet mercedem suam.* Datum est suscipere *Prophetam,* suscipere *iustum,* porrigere *calicem aquæ frigidæ* discipulo; fructus autem *in nomine Prophetæ, in nomine iusti, in nomine discipuli* hoc facere. Fructu pascitur Elias a vidua sciente, quod hominem Dei pasceret et propter hoc pasceret; per corvum autem dato pascebatur. Nec interior Elias, sed exterior pascebatur, qui posset etiam talis cibi egestate corrumpi.

Infideles non recta voluntate operantur bona.

27. 42. Ideoque dicam, quod verum est coram te, Domine, cum homines *idiotæ* atque *infideles,* quibus initiandis atque lucrandis necessaria sunt sacramenta initiorum et *magnalia* miraculorum, quæ nomine piscium et cœtorum significari credimus, suscipiunt corporaliter reficiendos aut in aliquo usu præsentis vitæ adiuvandos pueros tuos, cum id quare faciendum sit et quo pertineat ignorent, nec illi istos pascunt nec isti ab illis pascuntur, quia nec illi hæc sancta et recta voluntate operantur nec isti eorum datis, ubi fructum nondum vident, lætantur. Inde quippe animus pascitur, unde lætatur. Et ideo pisces et cœti non vescuntur escis, quas non germinat nisi iam terra ab amaritudine marinorum fluctuum distincta atque discreta.

Cuncta opera Dei bona valde sunt.

28. 43. Et vidisti, Deus, omnia quæ fecisti, et *ecce bona valde,* quia et nos videmus ea, et *ecce* omnia *bona valde.* In singulis generibus operum tuorum, cum dixisses, ut fierent, et facta essent, illud atque illud vidisti quia bonum est. Septiens numeravi scriptum esse te vidisse, quia bonum est quod fecisti; et hoc octavum est, quia vidisti omnia quæ fecisti, et *ecce* non solum bona sed etiam *valde bona* tamquam simul omnia. Nam singula tantum bona erant, simul autem omnia et *bona* et *valde.* Hoc

dicunt etiam quæque pulchra corpora, quia longe multo pulchrius est corpus, quod ex membris pulchris omnibus constat, quam ipsa membra singula, quorum ordinatissimo conventu completur universum, quamvis et illa etiam singillatim pulchra sint.

Verbo Dei non accedit tempus.

29. 44. Et attendi, ut invenirem, utrum septiens vel octiens videris, quia bona sunt opera tua, cum tibi placuerunt, et in tua visione non inveni tempora, per quæ intellegerem, quod totiens videris quæ fecisti, et dixi: "O Domine, nonne ista Scriptura tua vera est, quoniam tu *verax* et *Veritas* edidisti eam? Cur ergo tu mihi dicis non esse in tua visione tempora, et ista Scriptura tua mihi dicit per singulos dies ea quæ fecisti te vidisse, quia bona sunt, et cum ea numerarem, inveni quotiens?". Ad hæc tu dicis mihi, *quoniam tu es Deus* meus et dicis voce forti in aure interiore servo tuo perrumpens meam surditatem et clamans: "O homo, nempe quod Scriptura mea dicit, ego dico. Et tamen illa temporaliter dicit, verbo autem meo tempus non accidit, quia æquali mecum æternitate consistit. Sic ea, quæ vos per spiritum meum videtis, ego video, sicut ea, quæ vos per spiritum meum dicitis, ego dico. Atque ita cum vos temporaliter ea videatis, non ego temporaliter video, quemadmodum, cum vos temporaliter ea dicatis, non ego temporaliter dico".

Manichæorum insane dicta de operibus Dei.

30. 45. Et audivi, Domine Deus meus, et elinxi stillam dulcedinis ex tua veritate et intellexi, quoniam sunt quidam, quibus displicent opera tua, et multa eorum dicunt te fecisse necessitate compulsum, sicut fabricas cælorum et compositiones siderum, et hoc non de tuo, sed iam fuisse alibi creata et aliunde, quæ tu contraheres et compaginares atque contexeres, cum de hostibus victis mundana mœnia molireris, ut ea constructione devicti adversus te iterum rebellare non possent; alia vero nec fecisse te nec omnino compegisse, sicut omnes carnes et minutissima quæ que animantia et quidquid radicibus terram tenet, sed hostilem mentem naturamque aliam non abs te conditam tibique contrariam in inferioribus mundi locis ista gignere atque formare. Insani dicunt hæc, quoniam non per spiritum tuum vident opera tua nec te cognoscunt in eis.

Omnia quæ sunt, per spiritum Dei visa, bona videntur.

31. 46. Qui autem per spiritum tuum vident ea, tu vides in eis. Ergo cum vident, quia bona sunt, tu vides, quia bona sunt, et quæcumque propter te placent, tu in eis places, et quæ per spiritum tuum placent nobis, tibi placent in nobis. *Quis enim scit hominum, quæ sunt hominis, nisi spiritus hominis, qui in ipso est? Sic et quæ Dei sunt nemo scit nisi spiritus Dei. Nos autem*, inquit, *non spiritum huius mundi accepimus, sed spiritum, qui ex Deo est, ut sciamus quæ a Deo donata sunt nobis.* Et admoneor, ut dicam: certe *nemo scit, quæ Dei* sunt, *nisi spiritus Dei*. Quomodo ergo scimus et nos, *quæ a Deo donata sunt nobis*? Respondetur mihi, quoniam quæ per eius spiritum scimus etiam sic *nemo scit nisi spiritus Dei*. Sicut enim recte dictum est: *Non enim vos estis, qui loquimini*, eis, qui in Dei spiritu loquerentur, sic recte dicitur: "Non vos estis, qui scitis" eis, qui in Dei spiritu sciunt. Nihilo minus igitur recte dicitur: "Non vos estis, qui videtis" eis, qui in spiritu Dei vident; ita quidquid in spiritu Dei vident quia bonum est, non ipsi, sed Deus videt, quia bonum est. Aliud ergo est, ut putet quisque malum esse quod bonum est, quales supra dicti sunt; aliud, ut quod bonum est videat homo, quia bonum est, sicut multis tua creatura placet, quia bona est, quibus tamen non tu places in ea, unde frui magis ipsa quam te volunt; aliud autem, ut, cum aliquid videt homo quia bonum est, Deus in illo videat, quia bonum est, ut scilicet ille ametur in eo, quod fecit, qui non amaretur nisi per spiritum, quem dedit, *quoniam caritas Dei diffusa est in cordibus nostris per Spiritum Sanctum, qui datus est nobis*, per quem videmus, quia bonum est, quidquid aliquo modo est: ab illo enim est, qui non aliquo modo est, sed quod est est.

Conclusio

Gratiæ Deo aguntur pro bonis operibus eius.

32. 47. *Gratias tibi, Domine*! Videmus cælum et terram, sive corporalem partem superiorem atque inferiorem sive spiritalem corporalemque creaturam, atque in ornatu harum partium, quibus constat vel universa mundi moles vel universa omnino creatura, videmus lucem factam divisamque a tenebris. Videmus firmamentum cæli, sive inter spiritales aquas superiores et corporales inferiores, primarium corpus mundi, sive hoc spatium æris, quia et hoc vocatur cælum, per quod vagantur volatilia cæli inter aquas, quæ vaporaliter ei superferuntur et serenis etiam noctibus rorant, et has, quæ in terris graves fluitant. Videmus congregatarum aquarum speciem per campos maris et aridam terram vel nudatam vel formatam, ut

esset visibilis et composita herbarumque atque arborum mater. Videmus luminaria fulgere desuper, solem sufficere diei, lunam et stellas consolari noctem atque his omnibus notari et significari tempora. Videmus umidam usquequaque naturam piscibus et beluis et alitibus fecundatam, quod æris corpulentia, quæ volatus avium portat, aquarum exhalatione concrescit. Videmus terrenis animalibus faciem terræ decorari hominemque ad imaginem et similitudinem tuam cunctis irrationabilibus animantibus ipsa tua imagine ac similitudine, hoc est rationis et intellegentiæ virtute, præponi. Et quemadmodum in eius anima aliud est, quod consulendo dominatur, aliud, quod subditur ut obtemperet, sic viro factam esse etiam corporaliter feminam, quæ haberet quidem in mente rationalis intellegentiæ parem naturam, sexu tamen corporis ita masculino sexui subiceretur, quemadmodum subicitur appetitus actionis ad concipiendam de ratione mentis recte agendi sollertiam. Videmus hæc et singula bona et omnia bona valde.

Quomodo omnia facta sint.

33. 48. Laudant te opera tua, ut amemus te, et amamus te, ut laudent te opera tua. Habent initium et finem ex tempore, ortum et occasum, profectum et defectum, speciem et privationem. Habent ergo consequentia mane et vesperam partim latenter partim evidenter. De nihilo enim a te, non de te facta sunt, non de aliqua non tua vel quæ antea fuerit, sed de concreata, id est simul a te creata materia, quia eius informitatem sine ulla temporis interpositione formasti. Nam cum aliud sit cæli et terræ materies, aliud cæli et terræ species, materiem quidem de omnino nihilo, mundi autem speciem de informi materia, simul tamen utrumque fecisti, ut materiam forma nulla moræ intercapedine sequeretur.

Quæ in primo capite *Genesis* figurantur, iterum ac summatim exponuntur.

34. 49. Inspeximus etiam, propter quorum figurationem ista vel tali ordine fieri vel tali ordine scribi voluisti, et vidimus, quia bona sunt singula et omnia bona valde, in Verbo tuo, in Unico tuo cælum et terram, caput et corpus Ecclesiæ, in prædestinatione ante omnia tempora sine mane et vespera. Ubi autem cœpisti prædestinata temporaliter exequi, ut occulta manifestares et incomposita nostra componeres (quoniam super nos erant peccata nostra et in profundum tenebrosum abieramus abs te, *et spiritus tuus bonus* superferebatur ad subveniendum nobis *in tempore opportuno*) et iustificasti impios et distinxisti eos ab iniquis et solidasti

auctoritatem Libri tui inter superiores, qui tibi dociles essent, et inferiores, qui ei subderentur, et congregasti societatem infidelium in unam conspirationem, ut apparerent studia fidelium, ut tibi opera misericordiæ parerent, distribuentes etiam pauperibus terrenas facultates ad adquirenda cælestia. Et inde accendisti quædam luminaria in firmamento, verbum vitæ habentes sanctos tuos et spiritalibus donis prælata sublimi auctoritate fulgentes; et inde ad imbuendas infideles gentes sacramenta et miracula visibilia vocesque verborum secundum firmamentum Libri tui, quibus etiam fideles benedicerentur, ex materia corporali produxisti; et deinde fidelium animam vivam per affectus ordinatos continentiæ vigore formasti atque inde tibi soli mentem subditam et nullius auctoritatis humanæ ad imitandum indigentem renovasti ad imaginem et similitudinem tuam præstantique intellectui rationabilem actionem tamquam viro feminam subdidisti omnibusque tuis ministeriis ad perficiendos fideles in hac vita necessariis ab eisdem fidelibus ad usus temporales fructuosa in futurum opera præberi voluisti. Hæc omnia videmus et bona sunt valde, quoniam tu ea vides in nobis, qui spiritum, quo ea videremus et in eis te amaremus, dedisti nobis.

Det nobis Dominus quietem æterni sabbati.

35. 50. *Domine Deus, pacem da nobis* (*omnia enim præstitisti nobis*) pacem quietis, pacem sabbati, pacem sine vespera. Omnis quippe iste ordo pulcherrimus rerum valde bonarum modis suis peractis transiturus est: *et mane* quippe in eis *factum est et vespera.*

36. 51. Dies autem septimus sine vespera est nec habet occasum, quia sanctificasti eum ad permansio nem sempiternam, ut id, quod tu post opera tua bona valde, quamvis ea quietus feceris, requievisti *septimo die*, hoc præloquatur nobis vox Libri tui, quod et nos post opera nostra ideo bona valde, quia tu nobis ea donasti, sabbato vitæ æternæ requiescamus in te.

37. 52. Etiam tunc enim sic requiesces in nobis, quemadmodum nunc operaris in nobis, et ita erit illa requies tua per nos, quemadmodum sunt ista opera tua per nos. Tu autem, Domine, semper operaris et semper requiescis. Nec vides ad tempus nec moveris ad tempus nec quiescis ad tempus et tamen facis et visiones temporales et ipsa tempora et quietem ex tempore.

38. 53. Nos itaque ista quæ fecisti videmus, quia sunt, tu autem quia vides ea, sunt. Et nos foris videmus, quia sunt, et intus, quia bona sunt; tu autem ibi vidisti facta, ubi vidisti facienda. Et nos alio tempore moti sumus ad bene faciendum, posteaquam concepit de spiritu tuo cor nostrum; priore autem tempore ad male faciendum movebamur deserentes te: tu vero, Deus une bone, numquam cessasti bene facere. Et sunt quædam bona opera nostra ex munere quidem tuo, sed non sempiterna; post illa nos requieturos in tua grandi sanctificatione speramus. Tu autem bonum nullo indigens bono semper quietus es, quoniam tua quies tu ipse es. Et hoc intellegere quis hominum dabit homini? Quis angelus angelo? Quis angelus homini? A te petatur, in te quæratur, ad te pulsetur; sic, sic accipietur, sic invenietur, sic aperictur. Amen.

Made in the USA
Middletown, DE
05 December 2016